第一次投資
加密貨幣
就上手

Cryptocurrency Investing For Dummies

目錄

PART 2：投資加密貨幣的基礎知識

PART 3：投資加密貨幣的替代品

PART 4：加密貨幣基本策略和技巧

PART 5：投資加密貨幣十大注意事項

本書簡介

在撰寫本書之際，世界上已經有 2,000 多種加密貨幣。這些加密貨幣在 2017 年被市場主流派炒作，當時的比特幣價值成長了 1,318%。然而跟某些加密貨幣的收益相比，比特幣的漲幅依舊微不足道，例如瑞波幣（Ripple）就上漲了（請暫時停止呼吸）高達 36,018%！這些投資報酬率不僅超過大多數股票投資者一生中所能獲得的回報，同時也爆發吸引力，製造出真正的加密貨幣投資狂熱。

不過這場泡沫卻在 2018 年初破滅了，讓許多在當時以非常高的價格購買加密貨幣的後期投資者，完全不知所措。這種情況也足以讓一些投資新手把整個行業貼上「騙局」的標籤，也幾乎讓所有新手完全放棄投資加密貨幣，回到股票等傳統金融資產投資上。儘管當時的市況如此，但這幾年來加密貨幣市場仍然持續蓬勃發展，再創新高。而且整個加密市場也變得更加穩定，甚至受到全球和美國許多主要金融機構的關注支持。隨著越來越多人接觸加密貨幣，已經有越來越多賣家，願意接受以加密貨幣作為支付的方式，這也就是整個行業能夠持續蓬勃發展的主要原因。

比特幣等加密貨幣的基礎建立在一種稱為「區塊鏈」的新技術上；它是建構加密貨幣的基本架構。區塊鏈是一種顛覆性的新技術，許多人認為它比網際網路的出現更為重要。然而區塊鏈的應用絕對不會僅止於加密貨幣，就像網際網路的應用也不會只有電子郵件一樣。

加密貨幣投資和交易的獨特之處在於，加密貨幣位於資產（例如股票）和貨幣（例如美元）之間的交叉點上。分析加密貨幣背後的基本面與分析任何其他金融資產的基本面，有很大的差異。因此，傳統投資的「價值衡量法」在加密行業中行不通，主要是因為在許多情況下，這些加密貨幣的資料並未儲存在某個地方的中央伺服器上。事實上，大多數加密貨幣及其底層區塊鏈都是「去中心化」的，也就是並沒有一個負責管理的中央機構；這些管理的權力，是分散在區塊鏈或加密社群的成員之間。

關於本書

關於加密貨幣行業，你可能聽過比較著名的比特幣、以太幣等，但是當然不只這兩種加密貨幣而已，甚至還遠非如此。儘管加密貨幣市場波動很大，但它也可能讓你在選對「明智的投資目標」，加上「適合個人風險承受能力」的策略下，賺取到真金白銀。在這本書裡，我會詳細探討加密貨幣投資所涉及的風險，並展示我們可以用更好的方法來參與這個市場。

加密貨幣及其背後的區塊鏈技術主題，可能會讓一般人感到困惑。這就是為何我要盡一切可能讓本書維持「易懂」且「沒有令人畏懼的術語」。不過本書確實也包含許多關於制定投資策略、風險管理和整個加密貨幣行業的重要訊息。

當你深入閱讀本書時，請依需求自行決定是否跳過側邊欄（陰影框內的文章）或標有「Technical Stuff」（技術內容）圖示的段落。雖然它們包含許多有趣的訊息，但對於成為加密投資者來說並非絕對必要。

本書提供許多網址，可讓你獲得關於某些主題的更多內容。有些網址會超過兩行文字，如果你正在閱讀的是紙本並想造訪其中一個網頁時，只需輸入書中的網址即可（文字不需換行）。如果你是以電子書形式閱讀本書的話，你只要點擊網址即可直接進入網頁。

愚蠢假設

我在這個「小白系列」（For Dummies）書籍中，會先對你個人以及你對投資和加密貨幣市場的「基本知識」，預做以下假設：

>> 你可能聽說過甚至擁有一些加密貨幣，但你並不真正了解它們背後的運作原理。

>> 雖然你之前可能進行過股票市場之類的投資，但你不一定熟悉交易和投資加密貨幣的術語和技術等方面。

>> 你知道如何操作電腦和使用網路。如果你現在沒有高速網路，請在投資加密貨幣市場之前，準備好高速網路。因為必須有較高的網速，才能使用我在本書推薦的許多極富價值的線上工具。

>> 你可能讀的過程中會忘記前面提過的重點，所以我會不斷提醒某個基本知識的詳細說明在第幾章。

本書使用的圖示

「小白系列」系列書籍使用稱為「圖示」（icon）的小圖來標示某些文章段落。以下是這些圖示代表的含義：

Remember（牢記）：書中遇到特別重要，必須牢記的知識，我會使用這個圖示加以標記。

Tip（訣竅）：注意這種小圖示，可以協助你了解如何提高加密貨幣投資技巧，或可以在哪裡找到其他有用的資源。

Warning（警告）：加密貨幣市場的投資，普遍存在著許多風險。有些錯誤可能會讓你損失大量金錢，所以我用這個圖示來指出特別危險的雷區。

Technical Stuff（技術內容）：這個圖示代表一些相關技術說明，有時甚至是一段有趣的軼事。雖然我覺得你可能會有興趣閱讀，但它們對你的加密投資之旅影響並不大。

在本書之外

除了你現在正在閱讀的內容以外，本書還附帶在網路上可以自行造訪的資源。如果你只想快速提醒自己投資之前到底需要準備什麼？或是如何獲得加密貨幣基礎的基本知識，請直接查看 www.dummies.com 列出的免費備忘清單；你只需搜尋「Cryptocurrency Investing For Dummies Cheat Sheet」（暫譯：加密貨幣投資的小白速查清單）即可。

如何閱讀本書

這不是一本典型的投資書，並不會勸你一定要從頭讀到尾。你可以根據自己的興趣、對加密貨幣的了解程度和自己的投資目標，從任何章節開始閱讀，我也會在各個關鍵處，隨時提醒該概念來自哪個章節，以方便各位查詢。以下試舉閱讀本書時的可能方式：

» 若你已經熟悉加密貨幣基礎知識，也了解它們的工作原理，包括在哪裡購買、在哪裡可以安全儲存的話，你可以直接從第 4 單元開始，探索不同的投資和交易策略。

» 第 22 章概述了開始加密貨幣之旅前，必須考慮到的各種事情，而且也交叉引用本書其他章節，方便你快速了解更深入的訊息。

» 第 3 章則是各位探索本身「風險」管理能力（也就是投資不可獲缺的知識）的好地方，你可以先看完第 3 章再啟動行程，迎向這場加密貨幣之旅。

» 如果你正在尋找其他參與加密貨幣市場的方法，請查看第 12 章來深入了解挖礦、第 11 章來了解首次代幣發行（ICO）的意義，以及第 14 章了解加密貨幣期貨和選擇權等其他投資選項。

1

加密貨幣
投資入門

本單元內容包含：

在購買、投資或交易加密貨幣之前，了解你正一腳踏入的這個行業。

了解加密貨幣市場涉及的風險與如何管理風險。

了解加密貨幣背後的底層技術（區塊鏈），如何具有其獨創性與革命性。

熟悉不同類型的加密貨幣運作方式。

Chapter 1

何謂加密貨幣？

當你拿起這本書時，腦中浮現的第一個問題可能是：「到底什麼是加密貨幣？」用簡單一點的說法：加密貨幣是一種全新的「數位貨幣」形式，你可以把像美元這樣的傳統非加密貨幣，轉換為數位貨幣。不過，這種說法無法涵蓋整個加密貨幣的運作方式，一旦加密貨幣成為主流貨幣之一的時候，我們或許就可以把它們用在「電子支付」上，用來支付購物的行為，就像使用傳統貨幣的方式一樣。

然而加密貨幣之所以與眾不同，便是在其背後的「技術」。你可能會說：「誰會在乎錢背後的技術？我只關心錢包裡有多少錢！」話雖如此，但目前世界上的貨幣體系確實存在著許多問題，舉例來說：

» 信用卡系統和電匯支付系統已經龐大而過時。

» 在大多數支付過程裡，銀行和財富管理人這類「中間人」，會在貨幣轉移的過程裡分一杯羹，讓你的交易變得昂貴且緩慢。

» 全球各地「金融不平等」的情況正在加劇。

» 全球大約有 30 億的人沒有銀行帳戶或銀行帳戶餘額不足，無法獲得金融服務，這個數字將近地球人口的一半！

加密貨幣的目的在於解決其中的一些問題，現在我要向各位介紹加密貨幣的基礎知識。

加密貨幣的基礎

你知道我們日常使用的政府發行貨幣（法定貨幣），都是存放在銀行裡嗎？也就是你需要一台 ATM 或某種與銀行連線的方式，才能提款或轉帳給其他人。一旦人類社會開始使用加密貨幣後，就有機會完全擺脫銀行和其他中間人的剝削。因為加密貨幣背後所依賴的是一種稱為「區塊鏈」（blockchain）的技術，這項技術是「去中心化」（decentralized）的，亦即背後並沒有像銀行這樣的單一實體在掌控。在區塊鏈網路中的每部電腦，都可以協助確認你的交易（想瞭解區塊鏈的話，可以直接翻到第 4 章，學習更多關於區塊鏈的技術內容）。這些技術支持加密貨幣，以及現在逐漸開發出來的一些很酷的事物。

在接下來的內容裡，我將介紹加密貨幣的基本知識，包括它們的背景、優點等。

金錢的定義

在深入了解加密貨幣的基本知識之前，我們必須了解「貨幣」（金錢）本身的定義。貨幣背後的哲學有點像是一個「先有雞或先有蛋？」的問題。為了把這些貨幣賦予價值，就必須讓它具有許多特點，例如：

>> 必須有夠多的人願意使用它。

>> 商家必須接受它作為一種付款方式。

>> 社會必須相信它是有價值的，並且在未來仍將具有價值。

在過去以物易物的時代，當你用自己養的一隻雞到市場上換一雙鞋時，交換物的價值是其本身所固有。然而當硬幣、現金和信用卡開始使用時，貨幣的「定義」，更重要的是貨幣的「信任模式」就發生了變化。

貨幣的另一個重要的變化則是「交易方便」，因為把一噸金條從一個國家運送到另一個國家的重重困難，便是發明現金的主要原因之一。接著當人們變得更加懶惰之後，又發明了更方便的信用卡。不過信用卡裡面交易的錢，依舊是政府可以控管的數字。隨著世界變得更加緊密聯繫，並且更加關注政府是否會把百姓利益當成最大考量的疑問下，都讓加密貨幣成為可以提供價值交換的另一種選擇。

讓我們來看一個有趣的事實：由於加密貨幣的出現，因此你手上的政府支持的貨幣（例如美元），必須使用它的另一種花俏名稱 —— 法定貨幣（fiat currency）來稱呼。法定貨幣被描述為具有像硬幣和紙幣一樣的「法償」（legal tender，具有法定支付能力的貨幣）能力，而且只有經由政府指定才具有價值（你可以在第 15 章學習有關法定貨幣的相關內容）。

加密貨幣的歷史

世界上第一個加密貨幣就是（鼓聲音效）…比特幣！你所聽過關於加密貨幣行業，最多最響亮的名詞應該就是比特幣。比特幣是由一個名叫中本聰的匿名實體（人或組織）所開發出來的第一個區塊鏈的第一個產品。中本聰在 2008 年發表比特幣的想法，並將其描述為「純粹的點對點版本」電子貨幣。

TECHNICAL
STUFF

比特幣是第一種成熟的加密貨幣，但在比特幣正式出現之前，其實也曾經出現過許多創造數位貨幣的嘗試。

像比特幣這樣的加密貨幣是透過稱為「挖礦」（mining）的過程而產生。挖礦與開採真正礦石的不同之處，在於開採加密貨幣時，必須使用可以解決複雜計算問題的強大電腦（你可以翻到第 12 章，了解更多關於挖礦的訊息）。

直到 2011 年時，比特幣仍然是唯一的加密貨幣。然後比特幣愛好者開始注意到它的缺點，因此他們決定創建新的替代加密貨幣，一般也稱為山寨幣（altcoin），用來改進比特幣在設計上的缺陷，包括交易速度、安全性、匿名性等問題。最早出現的山寨幣之一是萊特幣（Litecoin），其目的是希望成為輔助比特幣「黃金」地位的類似「白銀」次要地位。不過截至撰寫本書時，世界上已經有超過 1,600 種以上的加密貨幣可供使用，可以確定的是，這個數字在未來還會持續增加（請翻到第 8 章，了解目前可用的加密貨幣）。

加密貨幣的主要優點

你是否仍然不相信加密貨幣（或任何其他類型的去中心化貨幣），是比傳統政府貨幣更好的解決方案？以下是加密貨幣可以藉由去中心化性質所提供的解決方案：

» **減少貪腐**：雖然權力越大，責任就越大，但是當你把大量權力授予一個人或實體時，他們濫用權力的機會就會增加。19 世紀英國政治家阿克頓勳爵（Lord Acton）說得最好：權力會趨向貪腐，絕對權力絕對會貪腐。加密貨幣的目的是透過分散權力給更多人，以解決絕對權力的問題，或者更好的說法是，把權力分配給在網路上的所有成員。無論如何，這就是區塊鏈技術背後的關鍵想法（詳見第 4 章）。

» **避免政府過度印鈔**：政府擁有中央銀行，因此中央銀行在面臨嚴重的經濟問題時，可以簡單的大量印鈔，這種過程稱為「量化寬鬆」（quantitative easing），也就是政府印更多的錢，用來紓困債務或將其貨幣貶值。然而這種作法就像在斷掉的腿貼上繃帶一樣，不僅難以解決問題，其負面的影響甚至可能會超過最初的問題。舉例來說，當伊朗或委內瑞拉過度印鈔時，其貨幣價值就會大幅下跌，以至於通貨膨脹飆升，讓一般百姓用同樣的錢卻買不到日常用品，現金變得比衛生紙還不值錢。反過來看，大多數加密貨幣的發行數量有所「限制」，也就是當這些加密貨幣在流通時，區塊鏈的背後並沒有單一的中央實體或公司，有辦法快速製造出更多貨幣或增加貨幣供應量。

» **讓人們可以掌管自己的錢**：使用傳統現金時，基本上就是把所有控制權交給中央銀行和政府。如果你信任政府當然很好，但請記住在任何時候，你的政府都可以輕易凍結你的銀行帳戶，不讓你使用自己的資金。舉例來說，在美國境內，如果你擁有企業資產卻未預立合法遺囑，當你去世時，政府有權獲得你的所有資產。還有一些政府甚至可以直接讓所有大面額紙幣全部作廢，就像印度政府在 2016 年反黑金所做的行為[註1]。因此只有使用加密貨幣，才能確保完全掌控自己的資金（當然，除非有人刻意竊取這些加密貨幣。想要了解如何保護你的加密資產，請翻到第 7 章）。

» **減少中間剝削**：使用傳統貨幣在每次轉帳時，銀行或數位支付服務等中間人，都會從中取得手續費之類的利益。對加密貨幣而言，區塊鏈中的所有網路成員都是中間人；他們獲得利益的方式與法定貨幣中間商龐大的既得利益有所不同，相較之下幾乎微不足道（第 5 章有更多關於加密貨幣如何運作的內容）。

» **服務沒有銀行帳戶的人**：世界上有很大一部分的人無法使用或被限制使用銀行等支付系統。加密貨幣的目的，是透過全球傳播的數位商務，解決這方面的問題，讓任何擁有手機的人都可以逕行支付。而且，這個世界上使用手機的人，絕對比使用銀行的人來得更多。事實上，擁有手機的人也比家裡有廁所的人還多，只是從目前的區塊鏈技術來看，可能還無法解決廁所不夠的問題（第 2 章有更多關於加密貨幣和區塊鏈技術所能帶來的社會利益）。

加密貨幣與區塊鏈的常見傳聞

在 2017 年比特幣大炒作期間，對於整個加密行業的許多誤會開始流傳，而這些傳聞可能在加密貨幣飆升之後的崩盤走向上，發揮了煽風點火的作用。各位請記住相當重要的一點：區塊鏈技術及其副產品加密貨幣市場，仍然處於起步階段，因此事情的變化會相當迅速、放大。現在就讓我為各位排除一些常見的誤解：

註 1　指印度政府在 2016 年廢止 500、1,000 盧比，紙幣的事件，主要目的是為了打擊國內貪污與恐怖主義活動。

>> **加密貨幣只適合犯罪分子使用。**有些加密貨幣將「匿名性」作為其主要功能之一，當你在進行交易時並不會透露身分。其他加密貨幣則基於去中心化的區塊鏈，也就是在它們背後的唯一權力來源並非中央政府。這些功能確實讓加密貨幣對犯罪分子具有相當的吸引力；然而同樣的情況，在腐敗國家的「守法公民」也可以從加密貨幣中受益。舉例來說，如果你因為政治腐敗不穩定而不信任你所在當地的銀行或政府時，儲存資金的最佳方式，可能就是透過區塊鏈的加密貨幣資產。

>> **所有加密貨幣都可以進行匿名交易。**由於莫名原因，許多人都將比特幣等同於「匿名」。事實上，比特幣以及許多加密貨幣根本不是匿名交易。因為此類加密貨幣的所有交易，均在公共區塊鏈上進行。當然確實有些加密貨幣如門羅幣，優先考慮了隱私性，不讓外人可以找出交易來源、金額或流向。然而大多數加密貨幣包括比特幣，並非匿名運作。

>> **區塊鏈的唯一用途只有比特幣。**這種想法與事實相去甚遠，比特幣和其他加密貨幣應該算是區塊鏈革命下的小小副產品。甚至有許多人認為中本聰之所以創造出比特幣，只是為了提供區塊鏈技術如何運作的範例。然而正如我在第 4 章將討論到的，世界上幾乎每個行業和企業，都可以在自己的特定領域使用區塊鏈技術。

>> **所有區塊鏈活動都是私密的。**許多人錯誤的認為區塊鏈技術並不對大眾開放，只開放給參與該網路的用戶。雖然有些公司自己創建的私有區塊鏈，確實僅供員工和業務合作夥伴使用，然而一般大眾都可造訪比特幣等著名加密貨幣背後的區塊鏈。事實上，任何擁有電腦的人，都可以即時造訪這些交易記錄。例如你可以直接在 www.blockchain.com，查看比特幣的即時交易記錄。

風險

如同生活裡的其他任何事物一樣，加密貨幣也有自己的一堆風險。無論是交易加密貨幣、投資加密貨幣，或打算投資並長抱到未來，你都必須事先評估和理解其中的風險。最受關注的加密貨幣風險，包括波動性和缺乏監管等。波動性在 2017 年的時候，簡直到了完全失控的地步，當時包括比特幣在內的大多數主要加密貨幣價格，幾乎都飆升到 1,000% 以上，然後又迅速暴跌。然而隨著加密貨幣炒作逐漸平息

後，價格波動也變得更可預測，幾乎遵循了股票和其他金融資產的類似模式。

「法規」則是加密貨幣行業的另一個主要話題。有趣的是，不論缺乏監管或暴露於監管下，都可能為加密貨幣投資者帶來風險。我將在第 3 章探討這種風險和其他類型的風險，以及如何管理這些風險的方法。

交易前的準備

加密貨幣的存在是為了讓交易更輕鬆、更快速。但在你利用這些優勢之前，必須先準備好必要的加密工具，找到交易各種加密貨幣的地點，並加入相關的加密貨幣社群。首先要認識的必要工具包括加密貨幣「錢包」（wallets）和「交易所」（exchanges）。

錢包

用來保管購買加密貨幣的加密錢包，有點類似於 Apple Pay 和 PayPal 等數位支付服務。但整體而言，它們與傳統錢包並不一樣，甚至還具有完全不同的形式和安全等級。

沒有加密錢包就無法涉足加密貨幣市場。因此我建議各位使用最安全的錢包類型，例如硬體錢包（離線儲存）或紙質錢包（印出來保存），而非使用方便的線上錢包。你可以翻到第 7 章，探索這些錢包的工作原理以及如何取得。

交易所

有了加密錢包之後，你就可以開始購買加密貨幣了。最方便的交易地點就是加密貨幣「交易所」。在這些線上的網路交易服務中，你可以把自己的傳統貨幣轉帳過來購買加密貨幣、或是將現有的加密貨幣交換為不同類型的加密貨幣，甚至還可以幫你儲存加密貨幣。

一般認為把加密貨幣存在交易所的風險較高，因為這類交易所過去曾發生過許多駭客攻擊和詐騙事件。所以當你完成交易後，最好的選擇還是把自己的新數位資產，轉移到個人的安全錢包中。

交易所有不同的特色和形式，有些甚至像是傳統證券交易所的經紀人一樣。加密貨幣愛好者認為這對試圖去中心化、消除中間人的加密貨幣市場來說，等於是開倒車。當然有些交易所也有完全去中心化，提供買賣雙方撮合，並以點對點方式進行交易的服務，但它們也有自己的一堆問題，例如遺失帳密便無法取用的風險等。第三種類型的加密交易稱為混合式，融合上述兩種類型的優點，為用戶創造更好、更安全的體驗（你可以翻到第 6 章，快速查看各類交易所的優缺點，並了解還有哪些地方可以購買加密貨幣）。

社群

了解加密貨幣「社群」，可能是你在市場上尋找交易標的的下一個必備步驟。網路上有大量聊天室和支援群組，可以讓你了解加密市場和交易人群正在談論什麼話題。以下是一些參與社群的方式：

>> **加密貨幣限定的 Telegram 群組**[註2]。許多加密貨幣都在 Telegram 運作自己的頻道（Channel）。要加入這些群組之前，必須先在手機或電腦下載 Telegram 應用程式（iOS 和 Android 均適用）。

>> **Reddit 或 BitcoinTalk 上的加密貨幣聊天室**：BitcoinTalk （https://bitcointalk.org/）和 Reddit（www.reddit.com/）擁有歷史最久的加密貨幣聊天室，訪客也可以查看一些話題。不過如果想要參與話題，就必須註冊（Reddit 上面當然不只加密貨幣的聊天話題，不過仍然很適合在此搜尋各種加密貨幣話題）。

>> **TradingView 聊天室**：TradingView（www.tradingview.com/）是目前最好的交易平台之一，他們也提供社群服務，讓各種交易者和投資者可以聚在一起分享他們的思考、問題和想法。

註 2　Telegram 是一種跨平台的即時通訊軟體，特色是具有點對點的加密對話功能，訊息不會留在伺服器上。

» **Invest Diva**（投資女王）網站：這是我自己的網站。如果你想尋找一個比較不擁擠，更注重投資／交易的地方，來獲得投資的各種想法時，歡迎各位加入我們（也可以直接與我對談），網址為 https://learn.investdiva.com/join-group。

許多詐騙分子會針對這類平台做廣告，引誘會員上當，進入這些群組內請隨時保持理智。

在投資之前訂好計畫

你可能只是想購買一些加密貨幣，並將它們保存起來等待將來上漲的潛在獲利。你也可能想要成為更積極的投資者，更加頻繁的買賣加密貨幣，盡可能提高獲利和收入。無論你的想法如何，都必須先有投資計畫和策略。就算你只打算進行一次交易，而且不打算在未來十年內聽到任何有關加密資產的消息，你仍然必須擁有以下事項所需的知識：

» 該購買哪一種加密貨幣

» 何時購買

» 花多少錢購買

» 何時賣出

以下段落會簡要概述第一次購買加密貨幣之前，必須採取的步驟。

如果你尚未完全準備好購買加密貨幣的話，也不必太過擔心：你可以先嘗試我在本書第 3 單元所描述，投資加密貨幣的其他替代品，例如首次代幣發行（Initial Coin Offering，簡稱 ICO）、挖礦、加密貨幣相關股票等。

選擇加密貨幣

在撰寫本書時,已經出現超過 1,600 種加密貨幣,這個數字仍然持續成長。其中的某些加密貨幣可能會在五年內消失,某些加密貨幣也可能會爆炸性成長超過 1,000%,甚至有機會取代現金交易。在第 8 章會介紹各種不同類型的加密貨幣,包括較有名氣的加密貨幣如以太幣、瑞波幣、萊特幣、比特現金和恆星幣等。

我也會在第 9 章討論根據類型、受歡迎程度、意識形態、區塊鏈背後的管理及其經濟模型等因素,來選擇自己想要投資的加密貨幣。

由於加密貨幣算是相當新的行業,我們很難斷定誰才會是「長線投資」下,表現最好的加密貨幣。然而這也就是為什麼你現在可以藉由「分散投資」各種形式和類別的加密貨幣,管理風險並獲利的原因。透過分散投資 15 種或更多種加密貨幣,就可增加投資組合中「獲勝者」的機率。不過從另一方面看,過度多元化的投資也可能成為問題。因此,你必須採取有計畫的投資策略(請翻到第 10 章了解更多關於投資多元化的相關內容)。

分析、投資、獲利

當你為想投資的加密貨幣縮小目標範圍後,接著就要決定購買的最佳時機。舉例來說,在 2017 年時,也就是許多人開始相信比特幣的想法,希望也加入投資的時刻。然而不幸的是,也有許多人對時機把握不當,結果在比特幣價格高點買入。不僅花同樣的錢買到的比特幣「比起來**特**別少」(原諒我的雙關語),而且還不得不按耐著虧損,苦等下一次的價格飆升(幸好等到了)。

我的意思並不是在說讀完本書四個單元之後,你就會搖身一變,成為某種新時代的加密貨幣分析師(Cryptodamus)。然而在透過分析價格行為,並且進行適當的風險管理後,你就能將賠率疊加到對自己有利的位置,並在未來獲取大量利潤。

Chapter **2**
為何投資加密貨幣？

無論你是除了加密貨幣行業以外，其他方面都經驗豐富的「資深」投資者；或者你是剛剛才開始打算進行投資任何事物的「新手」，可能都還對為何應該把加密貨幣放入投資組合中，感到相當疑惑。你很可能在許多場合聽過比特幣，甚至可能也聽過其他加密貨幣，例如以太幣和萊特幣。但是這些名字聽起來都很有趣的加密貨幣，到底有什麼大不了的？萊特幣指的是一種非常輕的硬幣，比較不會在實體錢包裡占用太多空間嗎？比特幣是由零碎的其他硬幣組成的嗎？為何我應該投資一些零碎拼湊的硬幣呢？[註1]

你可以在第 8 章讀到關於不同類型的加密貨幣、它們到底如何產生及其目的等內容。我在這一章要告訴各位的是整個加密貨幣市場的總體概述，讓你可以判斷這種新興的加密貨幣行業，是否真的是你增加財富的正確途徑。

註 1　萊特幣（Litecoin）的 Lite 原意為輕、小之意；比特幣（Bitcoin）的 Bit 原意則有小碎屑、一點點之意。

有越來越多的各式原因，讓加密貨幣投資對許多投資者來說，變成相當合理的投資標的。這些原因從最簡單的投資多元化，到更激勵人心的，例如加入人類如何看待金錢的一場「未來革命」運動等。在本章裡，我將為各位介紹這種新投資標的之所以令人興奮的一些特點。

雖然我已經建議各位可以按任何順序閱讀本書，不過我鼓勵各位在本章之後，繼續閱讀讀第 3 章，因為我在該章解釋加密貨幣所涉及的各種可能風險。

傳統投資多元化

多元化投資（分散投資）就是指那句「不要把所有雞蛋放在同一個籃子裡」的意思。你可以把這句話應用於生活中的任何事情，例如旅行的時候，不要把所有內衣褲全放入托運行李中，應該在隨身行李裡放一兩套內衣褲，預防行李遺失的情況。還有，在蔬果店購物時不能只買蘋果，雖然「一天一蘋果，讓醫生遠離我」，但你的身體仍然需要其他蔬果中的營養成分。

你可以透過各種方式讓投資多元化。例如透過「不同的金融資產」如股票、債券、外匯等來分散投資。還可以根據「不同的行業」，例如科技、醫療保健和娛樂業來分散投資。你也可以透過「不同的投資時間範圍」來分散投資，例如同時擁有短線和長線的投資（詳見第 17、18 章）。而在你的投資組合裡加入加密貨幣，本質上就是平衡投資組合的一種方式，尤其因為加密貨幣與傳統行業相當不同，這種多元化的投資方式，更可能增加投資組合的成長潛力。而且這種投資的成長潛力更高的原因，在於加密貨幣市場很可能會對許多全球事件或金融事件，做出與傳統投資截然不同的回應。

在接下來的章節裡，我將針對傳統投資市場與加密貨幣市場的差異，進行更詳細的解釋（第 10 章有更多關於多元化投資的內容）。

股票

股票市場讓你有機會從一家公司賺取的經營利潤中獲得收益。你只要購買該公司的股票，便可成為該公司的股東，購買的股票越多，所佔的股份就越大。不過當股價大跌時，你所面臨的風險也會變大。

股票市場可能是最吸引人的投資資產之一，投資新手很可能會因為喜歡某些公司而購買一、兩支股票。對大多數投資者而言，投資股票的魅力在於價格可能會隨著時間經歷而上漲，產生可觀的資本收益。有些股票還能透過一種稱為「股息」的分紅方式，為你提供定期的獲利（第 3 章會詳細解釋資本收益和股息收入）。對大多數股票而言，如果在經濟大環境樂觀的情況下，每年分配到的股息與股票價值的成長相比，簡直微不足道。

REMEMBER

這點也正是股票和加密貨幣的共同點：當市場強勁時，通常我們可以直接從價格上漲中獲利。

毫無疑問的，這兩個市場一定都會有慘澹的時期，有時更糟糕的情況甚至是會延續好幾年。但由於股票市場的歷史悠久，因此有機會讓投資者藉由分析而駕馭股市未來的走向。舉例來說，即使股市表面上看起來並非如此，然而慘跌的日子確實比上漲的日子更少見。圖 2-1 顯示，在 1947 年至 2017 年的 70 年間，作為主要股票市場指數之一的道瓊指數，只有 28.6% 的年底（有 20 年）是以下跌的較低指數收盤，其他 71.4%（有 50 年）的年底收盤指數均上漲。

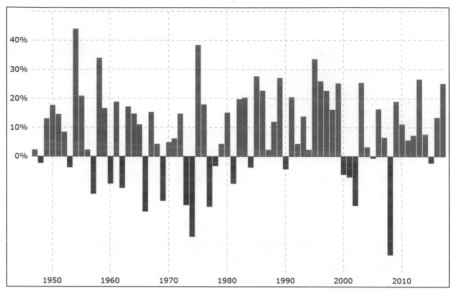

圖 2-1：
道瓊指數 70 年
歷史走勢圖。

資料來源：Macrotrends.net

股票投資當然也有一些缺點，例如：

>> **股票常會面臨不同類型的風險**：即使是最棒的股票也有難以避免的風險（詳見第 3 章），包括：

- 商業和金融風險
- 購買力風險
- 市場情緒風險
- 重大事件風險
- 政府監管和法規
- 國外競爭
- 總體經濟狀況

>> **選股過程讓人頭痛**：除了有數以千計的股票難以選擇之外，預測每家公司的未來表現也非常困難。畢竟今天的市場價格只反映公司的目前狀態，或反映市場參與者目前的看法。

TIP

透過投資加密貨幣市場，或許可以平衡上述的部分風險。加密貨幣的選擇過程也跟股票有所不同，這點我將在第 9 章加以解釋。

股票投資還有最後一項缺點，這點與加密貨幣投資類似，也就是它們產生的「經常收益」（current income，穩定收入），通常低於其他類型的投資。包括債券等其他幾種類型的投資，能夠支付更多的經常收益，也就是更穩定的收入。

TECHNICAL STUFF

加密貨幣投資的獲利相差懸殊。時機恰當時，加密投資可以產生巨大的投資報酬率（ROI）。例如未來幣（NXT）的投資報酬率最高為697,295%，以太幣的投資報酬率最高為 160,100%，IOTA 幣首次代幣發行的投資報酬率則高達 282,300%。目前世界上沒有任何投資，能夠超越加密貨幣的投資報酬率。舉例來說，十年來表現最好的股票是Netflix，十年來的漲幅也只約 64,000%，即使到 2021 年底又再翻了一倍，仍比不過許多加密貨幣的最佳表現！

債券

債券也被稱為固定收益證券，它們與加密貨幣和股票的不同之處在於，你是把錢借給某個實體（公司之類）一段時間，然後定期收到固定金額的利息，因此可以歸類為「固定收入」的投資。

就像加密貨幣和股票一樣，你也可以從債券獲得資本收益，只不過債券的資本收益運作方式略有不同。由於發行債券的公司承諾在債券到期時，歸還給你當初借出的固定金額，因此債券的價格通常不會隨著公司賺錢而上漲，其漲跌是隨著市場利率而變化。

債券、加密貨幣和股票之間的另一個相似之處在於，它們都是由許多「公司」所發行，然而有許多「政府機構」，同樣也會發行債券。因此，如果你希望在債券市場內實現投資多元化，就可在相對安全到高度投機的一系列債券中，分散你的投資。

債券與加密貨幣和股票相比，風險通常較小，並且能提供更高的資本收益，不過他們仍然會面臨各種風險。債券投資所涉及的風險，類似於加密貨幣和股票投資的風險，包括購買力風險、商業和金融風險以及流動性風險。而且債券還有另一種額外風險，稱為「贖回風險」

（或提前還款風險），這是指雖然債券離到期日還有很長一段時間，卻被發行方提前還款的風險。如果向你借錢的債券發行人因還款而贖回其債券，你就得為資金尋找另外的投資了。

REMEMBER

債券與加密貨幣和股票相比，有機會取得超高獲利回報的潛力要低得多，然而債券的相關風險也相對較低（你可以在第 3 章找到有關加密貨幣風險的更多內容）。

外匯

這是一種可能比加密貨幣的風險來得更大的投資類型，也是我的第一項投資。「外匯」（Forex）是外匯市場（foreign exchange market）的簡稱，我寫過幾本關於外匯的書籍，包括《Invest Diva's Guide to Making Money in Forex》（暫譯：投資女王的外匯賺錢指南）以及《Ichimoku Secrets》（暫譯：一目均衡表的祕密）等。事實上，我公司原來的名稱就是「外匯女王」（Forex Diva）！後來才改成「投資女王」（Invest Diva），因為我希望能強調投資多元化的重要性。

投資外匯是指在外匯市場買進或賣出貨幣。你所買賣的並不是加密貨幣，而是法定貨幣，例如美元、歐元、英鎊、澳元或任何其他政府發行的貨幣。也就是說，法定貨幣是一個國家的合法貨幣，並由其政府發行。

在 2017 年比特幣成為金融資產的明星之前，大多數人會把比特幣這類加密貨幣，與傳統的外匯市場聯想在一起，因為「加密貨幣」包含了「貨幣」一詞，而這些加密貨幣持有人，也希望能將這些資產用來進行支付。然而正如我在本章前面所提到的，加密貨幣不只像外匯，它跟股票也有很多共同點。

因為當你參與外匯市場投資時，並不一定會當成「長期資本收益」來進行投資。即使是最流行的貨幣，例如美元，在一整個年度裡也會出現大幅度的波動，而且就算美國的經濟面良好，也不一定會轉化成更強勁的美元走勢。

TECHNICAL STUFF

奇怪的是有些國家，例如日本，因為嚴重依賴出口，所以寧願自己的貨幣貶值。因為當他們的貨幣比想要銷售產品的國家貨幣強勢的話，產品在國外銷售的競爭力就會變差（亦即所謂的「貨幣貶值救出口」）。

參與外匯市場的投資，主要是在不同「貨幣對」（currency pairs）之間的中短線交易活動。舉例來說，你可以買入「歐元兌美元」（寫成EUR/USD，稱為歐元／美元對）。如果歐元相對於美元升值，你就能賺錢。但如果美元的價值高於歐元，你就會賠錢。

然而與股票或加密貨幣的分析相比，外匯市場的分析需要使用非常不一樣的方法。在查看外匯市場時，我們必須關注貨幣發行國的經濟狀況、即將到來的經濟數據如 GDP（國內生產毛額；在國內生產的商品價值）、失業率、通貨膨脹、利率以及該國的政治環境等。

不過，就像加密貨幣市場一樣，我們必須以「成對」的方式進行外匯交易。在我的外匯教育課程「外匯咖啡時間」（Forex Coffee Break）裡，我把這些配對的貨幣比喻為「舞伴」，也就是往來互推的國標舞伴，交易者透過推測這對舞伴的下一步走向來賺錢。圖 2-2 就是在描繪這種比喻，圖裡面的澳元（AUD；Mr. Aussie／澳洲先生）兌美元（USD；Ms. USA／美國女士）正在跳舞。

圖 2-2：
外匯比喻：
澳元兌美元
起舞。

資料來源：InvestDiva.com

你也可以把類似的概念應用在加密貨幣市場。舉例來說，你可以把比特幣（BTC）和以太幣（ETH）相互配對。甚至可以把比特幣這類加密貨幣，與美元等法定貨幣配對，然後相互推測它們彼此的價值。不過在這種情況下，你就必須個別分析每種貨幣，不論是加密貨幣或法定貨幣都要仔細分析，然後還必須衡量它們的相對價值，並預測未來哪種貨幣會贏得這場「舞伴之戰」。

TIP

我們也可以把加密貨幣視為股票和外匯的交集。雖然許多投資者是為了資本收益（漲幅）的目的而投資加密貨幣，但你也可以用像外匯市場的方式，交易不同的加密貨幣。我將在第 10 章討論「跨加密貨幣」（cross-cryptocurrency）交易的內容。

貴金屬

現在該來把最新的人造資產（加密貨幣）與最古老的資產（貴金屬）進行比較了！不過，我並不會一路回到人們透過交換商品和服務「以物易物」來滿足需求的年代。在接下來的章節中，我將討論一些閃閃發亮的東西。也就是在紙幣出現之前，長期被用來製造錢幣和購買物品的黃金和白銀等貴金屬。

REMEMBER

當有人爭辯說加密貨幣因為沒有任何內在價值而毫不值錢時，貴金屬的比較就是最好的論證。

先來談點背景

在以物易物的時代，人們會交換能夠滿足需求的具有真正內在價值的物品，例如雞隻、衣服或農事勞務等。據說最早使用金幣銀幣來換取商品和服務的人，是古代的利底亞（Lydia）文明。各位可以想像一下，第一個購物者試圖說服賣家接受一枚「金幣」，而非接受可以餵飽一家人一整個星期的三隻「雞」的情況。在這之後先出現皮革幣，然後是紙幣、信用卡，到現在要說服大家接受的就是加密貨幣。

有些人可能會說，像黃金這樣的貴金屬當然具有內在價值。例如它們很耐用，既能導熱又能導電，因此具有一定的工業應用價值。我在日本學習電機工程的日子裡，確實在許多實驗裡都用到金和銀這些貴金屬。但老實說，大多數的人不是因為可以導電的原因而投資貴金屬吧？他們的購買原因主要用途在珠寶或貨幣。到了今天，主要決定黃金和白銀價值的因素，則是來自「市場情緒」（market sentiment，市場中大多數投資者的共同情緒）。

TECHNICAL STUFF

銀作為工業金屬的用途比黃金還多，銀可以用在電池、電器、醫療產品和其他工業產品上。然而，儘管有這些額外需求，白銀的價值仍然低於黃金。在撰寫本書時，白銀的價格為每盎司 16 美元，而黃金的交易價格則高於每盎司 1,250 美元。

請記住，英格蘭直到 1816 年才將黃金作為其「價值標準」（Standard of value，亦即將訂定黃金兌換貨幣的價值標準。）1913 年，美國終於透過聯準會體系也加入此一行列。它以黃金支持票據，其目的在確保票據和支票都能被接受兌現，並可兌換為黃金。

儘管貴金屬沒有可談論的內在價值，但它們在長期以來，一直是市場參與者最喜歡的投資工具。主要原因之一是他們與財富的歷史互相關聯。通常當債券、房地產和股票市場等投資下跌，或遇到政治環境不確定時，人們便會湧向購買貴金屬。大家之所以會在這種時候更喜歡擁有貴金屬，可能是因為可以摸得到這些貴金屬，並收藏在床底下。

貴金屬與加密貨幣的比較

除了都需要「挖礦」才能獲得貴金屬和加密貨幣的這個共同點之外，貴金屬和加密貨幣之間另一個關鍵相似之處，在於這兩個類別都具有「不受監管」的特點。黃金在歷史上的許多不同時期和不同地點，一直都是一種不受監管的貨幣。當投資者不信任官方貨幣時，不受監管的貨幣就會變得更有價值，而加密貨幣似乎也是這種趨勢的另一個例子（第 12 章會討論加密貨幣挖礦的相關內容）。

REMEMBER

投資貴金屬也必須牢記一些風險因素。舉例來說，當你投資購買「實體」的貴金屬時，必須考慮它們的攜帶風險。由於貴金屬的重量、高昂的進口稅率以及高安全性的需求，都讓轉移這些貴金屬的代價相當昂貴。相較之下，除了我在第 7 章討論的硬體加密錢包外，你並不需要把加密貨幣進行實體轉移。不過即使用硬體錢包來轉移加密貨幣，也一定比轉移貴金屬更快、更便宜。

從另一方面看，加密貨幣價格在市場上的短時間內波動幅度，遠超過所有貴金屬的漲幅總和。例如我將在第 3 章解釋的，由於「市場炒作」導致了 2017 年的巨幅波動。隨著加密貨幣投資變得更加主流，越來越多的人將其用於日常交易後，加密貨幣的價格就會變得更有可能預測。

獲得資本增值

資本增值是指加密貨幣價格或價值上的增加，這也是許多投資者（或投機者，甚至一般人）跳上加密貨幣火車的原因之一。最早的比特幣擁有者一定也是等待了許多年，才終於看到資本增值的可能性。就我個人而言，我當年也是比特幣價值的懷疑者之一。早在 2012 年，我有位在瑞士從事投資的朋友告訴我，應該買一些比特幣放著。我記得當時很傲慢的忽略他的建議，然而，天啊，我真的後悔自己的傲慢態度了！所以當比特幣價格大幅上漲時，我開始從事加密貨幣的投資。透過一些研究之後，我自己找了一些比較買得起的加密貨幣，並預期它們將會具有類似幅度的資本增值。

在接下來的章節裡，我要來回顧加密貨幣的資本增值史，並探討它們的「成長潛力」，因為這是考慮投資加密貨幣的最重要因素。

REMEMBER

對資本增值的巨大期望和高成長潛力的期望，當然也必須伴隨著資本重大損失的可能性。這就是為什麼我強烈建議你在開始加密貨幣市場交易活動之前，先讀過本書第 3 章的理由。

歷史回溯

到 2017 年為止的加密貨幣市場收益，大部分都可歸類於市場炒作的結果。舉例來說，在 2013 年，比特幣的價格首次接近 1,000 美元，所以許多人購買了比特幣，過了不久之後，比特幣的價格暴跌至 300 美元左右，並在接下來的兩年裡一直保持在這個價格水平。一直到下一波成長浪潮出現在 2017 年 1 月，當時比特幣的價格突破了 1,000 美元，如圖 2-3 所示。

圖 2-3：
2013 年至
2017 年 1 月
之間的比特幣
價格。

資料來源：tradingview.com

也就是說，如果你在 2015 年底以 300 美元的價格購買一個比特幣，那麼到 2017 年 1 月，你將擁有價值 700 美元的資本增值（價格達到 1,000 美元）。當然，你的收益不只如此。如圖 2-4 所示，在突破 1,000 美元後，比特幣的價格在 2017 年底一路飆升至接近 20,000 美元，隨後再跌至 6,000 美元左右。

圖 2-4：
2016 年至
2018 年 7 月
期間的比特幣
價格。

資料來源：tradingview.com

對於那些在比特幣價值約為 300 美元時購買（或挖礦取得）比特幣，並在整個波動期間一直持有的人來說，跌到 6,000 美元並不是什麼大不了的事。因為他們以 300 美元購買的每個比特幣，就算在價值達到 19,000 美元以上時沒有賣掉比特幣，他們也已經有大約 5,700 美元的資本增值。

以 1,000 美元左右的價格購買比特幣，然後在 2017 年達到第一波高峰時以 19,000 美元賣出的人，他們擁有的每個比特幣將賺取到 18,000 美元。而那些當時以 19,000 美元購買比特幣的人，在崩盤之後不得不像坐以待斃般，期待下一個高點。

有許多市場參與者把比特幣和其他加密貨幣的升值，拿來與 1990 年代中期和 2000 年代初的網路泡沫相比。根據《財星》雜誌的報導，自 2009 年創建到 2018 年 3 月時，比特幣經歷了四次熊（下跌）波，亦即價格下跌 45 ～ 50% 後，通常平均會反彈 47%。而在網路泡沫期間，那斯達克綜合指數也有五次這種類型的波動，平均下跌 44%，然後反彈 40%，而且從交易量的模式觀察也非常相似。

目前那斯達克指數已經從 2002 年的低點，一路反彈到 2021 年了。雖然歷史和過去的表現，並不能完全代表未來的走向，但加密貨幣愛好者有理由相信，加密貨幣的成長潛力可能與那斯達克的反彈類似，甚至還更好，幸好事實也是如此。

巨大的成長潛力

比特幣和加密貨幣是 2017 年最重要的投資故事。CNBC、華爾街日報和紐約時報，幾乎每天都出現關於人們在一夜之間成為百萬富翁的故事。

然而在 2018 年 1 月之後，比特幣價格暴跌了 63%。媒體又紛紛開始說投資機會已過，加密貨幣牛市已經結束，整場泡沫已破滅⋯。

後來的轉變相當有趣，因為此時有許多億萬富翁，也都成為了加密貨幣投資者。例如摩根大通首席執行長傑米·戴蒙（Jamie Dimon），也成為追隨比特幣價格的最活躍大型基金買家之一。他曾經宣稱比特幣是一場詐騙，並表示任何被發現交易比特幣的摩根大通交易員，都會被開除！於是在戴蒙發表聲明後的幾天裡，比特幣的價格繼續下跌了24%。然而就是在這個狂跌的時刻，摩根大通和摩根史坦利開始「低價」為客戶購入比特幣。

這種故事在加密市場經常出現。例如對沖基金巨頭喬治·索羅斯（George Soros）曾在 2018 年 1 月，在瑞士達弗斯舉行的世界經濟論壇上公開抨擊比特幣，稱其為「泡沫」。然而他的 260 億美元家族辦公室（family office）註2，卻在八週後開始購買加密貨幣。

有趣的是，索羅斯將他的部分成功歸功於他對所謂「反身性」（reflexivity）的理解。這種理論簡單的說，就是指投資者的決策並非基於現實，而是基於他們對現實的看法。索羅斯曾說「這種扭曲的程度可能經常改變，有時微不足道，有時卻很明顯⋯每個經濟泡沫都由兩個部分組成：現實中盛行的潛在趨勢，以及對該趨勢的相關誤解⋯」。

註2　歐美富豪流行的「家族辦公室」業務，可以依據富豪的需求，打造客製化的財富管理策略。

問題是大多數人不知道加密貨幣市場到底發生什麼事，而且大多數人也不知道價格接下來會往哪個方向走。因此大多數對市場感興趣的人，都是在市場的鼓譟聲中行動。當大戶為自己的利益將市場走向往下壓時，價格便更容易下跌。

「逆勢而為」就是我在第 9 章將介紹的「投資女王鑽石分析」（IDDA 分析），以及我的網站上「讓你的錢為你工作」課程裡的關鍵技術之一。當大多數市場對資產價值下跌感到恐慌時，通常也是累積資產的最佳時機。加密貨幣市場也是如此，對於背後擁有強大區塊鏈技術支持的加密貨幣來說，一旦價格觸底，它的價值就只能上升。

增加收入潛力

雖然我在本章前面說過「資本增值」是投資加密貨幣最具吸引力的特點之一，但你也可以關注一些會支付類似於股票市場「股息」的加密貨幣。

關於傳統股息

根據定義，股息是上市公司定期支付給股東的一筆錢，例如美國公司每年會支付總價值超過數十億美元的股息。然而儘管看得到這些數字，但許多投資者（尤其是年輕投資者）可能都不太關注股息，而更喜歡資本收益，因為投資的回報更快，也可大幅超過任何數量的股息。

TECHNICAL STUFF

就傳統股票市場而言，公司通常會按季度或年度支付股息。一般由公司董事會決定是否向股東支付股息，每股支付多少股息？有時這些董事們在決定支付股息時，因為公司股票價格不佳，因此也可能選擇支付更高的股息，以維持投資者購買該公司股票的興趣。

REMEMBER

風險承受能力較低的投資者，應該比較能接受股息支付而非資本收益，因為股息支付不會像股票的價值波動方式。此外，如果股票市場像 2008 年一樣的崩盤時，股息能提供較好的保護。累積股息的最佳方式是「長期持有」你的資產（股票）。

加密貨幣配息基礎知識

在 2017 年的加密貨幣狂熱經典期間，許多加密貨幣平台意識到「定期支付」（regular payments）對於投資者滿意度的重要性。這些給付可能與傳統的股票股息有所不同，讓你可以透過多種方式在加密市場中產生定期的被動收入，以下是最受歡迎的兩種：

» **HODLing**：這個詞並不是把「Holding」拼錯了（不過它們的意思相近），它所代表的是「長抱」（Hold On for Dear Life.）的概念，這是最接近傳統股息的支付方式。也就是說，有些加密貨幣會支付利息給「長抱不賣者」（HODLers），這些人可能只是以他們的數位錢包購買加密貨幣，然後長期放置加密貨幣而已。

» **權益證明（PoS，Proof-of-stake）**：這是指加密貨幣挖礦中，對於工作量證明的一個簡化版本。亦即當你「質押」（stake）一枚代幣時，也就是將它放在一邊，不能在區塊鏈網路中使用。而當你質押大量代幣時，就有更高的機會（比誰質押的多）透過網路隨機選擇來認證區塊，以獲得認證區塊的報酬。這種權益證明的「年報酬率」大約在 1 ～ 5% 之間，具體報酬率取決於幣種（本書第 7 章會對此更深入解釋）。

2018 年當時最受歡迎的支付利息加密貨幣包括 NEO、ARK 幣以及幣安和放在 KuCoin 等交易所的加密貨幣。

REMEMBER

雖然只因為「持有資產」就能接收現金或數位貨幣的回報，確實是相當好賺的一件事。但有時把你的資產兌現並再次投資，可能會得到更高的獲利。

協助思想賦能過程

正如機器順利運轉需要潤滑油一樣，區塊鏈技術就是支持加密貨幣市場的潤滑劑。區塊鏈是加密貨幣的基礎技術，更可能是澈底改變世界上所有行業的突破性發展之一（第 4 章會進一步介紹區塊鏈）。

區塊鏈所能提供的貢獻還有很多，因為它的目的是在解決目前世界上許多經濟和金融問題，從處理共享經濟的缺陷，到協助沒有銀行帳戶和帳戶餘額不足的人，為他們提供類似銀行的金融服務等。以下章節將說明透過加密貨幣和區塊鏈技術，可以為社會帶來的好處。

未來的經濟

我們生活在一個共享經濟蓬勃發展的時代。共享經濟允許人們出租自己的財產供他人使用，而 Google、Facebook 和 Twitter 等網路巨頭的運作方式，也是依靠用戶的集體貢獻，在自己的平台上創造價值。如果你曾經搭過 Uber 或 Lyft，而非只搭計程車；或者你曾經在 Airbnb 上租房間，而非只訂飯店房間的話，你就屬於共享經濟人群中的一員。

然而，典型的共享經濟也有它本身的問題，例如：

- **»** 使用共享平台需要付出高額費用。

- **»** 犧牲個人用戶部分權益，讓架設平台的公司受益：在大多數情況下，由群體產生的價值，並未公平的分配給對價值有貢獻的每個人，大部分的利潤都由居中經營平台的大型公司獲得。

- **»** 任意使用消費者訊息：有些公司濫用權力，在客戶不知情的情況下利用個資獲利。

隨著共享經濟在未來的發展，這些問題可能還會變得更加複雜。

為了解決上述這些問題，有幾家公司正在開發基於區塊鏈的共享經濟平台。這些平台使用起來更經濟實惠，還能提供用戶迫切需要的透明度。它們可以限制（有時甚至完全消除）對集中式的經營平台需求。因為這種轉變可以允許真正的點對點交流，消除原先中心化平台索取的 20 ～ 30% 的交易費用。而且，因為所有交易都記錄在區塊鏈上，所有用戶都可以監控這些網路上的操作內容。

由於區塊鏈技術的去中心化特點，使得這種方法變得可行。最後可以成為個人協調共同活動、直接彼此互動以及以更值得信賴、去中心化的方式來自行管理的一種手段。

加密貨幣交易並非完全免費，通常每次在區塊鏈上進行交易時，你都必須支付區塊鏈「網路費用」（network fees），支付給正在處理你的加密貨幣交易的區塊鏈網路成員。如果你把等待交易清算所「浪費」的時間考慮進去的話（例如比特幣交易需要 78 分鐘才能達成「共識」），那麼實際上你在使用比特幣的區塊鏈應用時，可能也省不了什麼費用。

不過，區塊鏈仍然是推動未來經濟背後的重要燃料，而加密貨幣則是協助分配全球經濟的副產品。

擺脫政府對貨幣的控制

2017 年，比特幣和其他加密貨幣首度暴漲成億萬美元以上的資產類別，而且是在沒有中央銀行（或貨幣主管當局）的市場監督與信用保證的情況下出現。與美元和歐元等法定貨幣不同的是，大多數加密貨幣永遠不會受到央行「大印鈔票」的影響（也就是官方說法的量化寬鬆）。大多數的加密貨幣都有供應量的限制，也就是無法大量印鈔的情況。事實上，即使在需求很高的情況下，網路也可能自動限制其供應量。舉例來說，比特幣的供應會隨著時間經過而減少，並將在 2140 年左右達到最終數量。所有加密貨幣都會在程式碼內寫入的預設時間

表內，控制其代幣[註3]的供應量。簡單的說：加密貨幣在未來每個特定時刻的貨幣供應量，都可以在現在就大略計算出來。

政府對加密貨幣缺乏控制，也有助於降低通貨膨脹的風險。歷史一次又一次的證明，當某個政府實施不良政策、變得腐敗或面臨危機時，該國國民擁有的貨幣價值就會受到影響。這種貨幣價值的波動，可能導致該國政府印更多的錢，最後就會造成通貨膨脹。這也就是為何在你父母的年代買一加侖牛奶不到 1 美元，而你卻必須花至少 3 美元購買牛奶的原因。如果使用加密貨幣可以擺脫政府控制的通貨膨脹，讓你的子孫不必花更多的錢買牛奶，那該有多好？

為沒有銀行帳戶與帳戶餘額不足的人提供協助

可以用加密貨幣解決的最高等的問題之一，就是為沒有銀行帳戶的人提供銀行服務。根據 Cointelegraph 的報導稱「全球仍有 20 億人沒有銀行帳戶，這些人大多數生活在中低收入的新興市場，但即使在高所得國家，也有大量的人無法使用銀行來滿足日常財務需求。這表示他們無法獲得銀行所提供的便利、安全和好處。」

此外，有許多人屬於銀行存款不足的情況；即使他們擁有銀行帳戶，但卻無法充分使用銀行所提供的金融服務。即便是美國，在 2015 年時也有 3,350 萬個家庭沒有銀行帳戶或銀行帳戶餘額不足，以至於沒有儲蓄也無法申請信用貸款，於是這些人也被排除在經濟成長的循環之外。

TIP

加密貨幣則在區塊鏈技術支持下，具有協助無銀行帳戶和帳戶餘額不足者的潛力，讓他們可以更有效率且完全透明的使用自己的金融替代品。而讓這些人開始使用比特幣等加密貨幣，進行發送和接收資金的就是手機或筆電以及網路連線而已（各位可以翻到第 6 章，直接學習如何購買加密貨幣）。

註3　代幣（Token）指區塊鏈及平台產出或發行的加密貨幣簡稱。

本章內容

» 了解加密貨幣的投資報酬率概念

» 了解加密貨幣的風險

» 觀察加密貨幣獲利與風險的相關範例

» 了解不同類型的加密貨幣風險

» 將風險承受能力列入你的投資策略考量

Chapter **3**

了解加密貨幣的風險

很 高興各位能夠加入加密貨幣的行列，這很可能是因為你期望自己的投資能獲得巨額回報（利潤），基本上這算是「正確投資」的獎勵。然而，你無法在不考慮風險的情況下，直接幻想著豐厚的回報，因為風險是伴隨回報而產生的「不確定性」。

在我的投資教育課程中，我花了許多的時間來討論風險，並告訴每個人應該如何單獨處理自己的風險。因為大家各自的生活方式和財務狀況都有所不同。對我來說代表高風險的事，對你來說可能並沒有那麼大的風險。

加密貨幣已經顯示出這種波動風險的公平性，它會讓某些投資者獲利數百萬美元，當然也可能直接造成其他人的投資虧損。在本章中，我將研究 2017 ～ 2018 年這段加密貨幣經典時期，加密貨幣的典型價格波動情形。我也為加密貨幣的回報和風險下了相關定義，也會描述不同類型的風險，並指引各位如何管理自己的投資風險。

評估加密貨幣投資報酬率

不同的資產會產生不同類型的報酬。報酬來源之一當然是投資價值的改變。此外，當你投資股票市場或外匯市場時，可能會有股息或利息形式的收入。因此，一般投資者會把上述這兩種報酬來源分別稱之為「資本收益／資本損失」（capital gains / capital losses）和「經常收益」（current income）兩種。

雖然大多數投資加密貨幣市場的人，都是為了獲得資本收益，但有些加密貨幣也提供經常收益的機會，請參考第 2 章介紹過的加密貨幣報酬形式。

資本收益（或損失）

投資加密貨幣最普遍的原因，通常就是想看到加幣貨幣價值的成長。有些人會把加密貨幣想成類似黃金等貴金屬之類，這種想法也很合理。如同黃金一樣，大多數加密貨幣的蘊藏數量都是有限的，增加供應量的方法之一就是挖礦（當然在挖掘加密貨幣時，並不需要配備十字鎬和頭燈。有關加密貨幣挖礦的詳細訊息，請參閱第 12 章）。

因此，即使加密貨幣在技術上是可用於交易的貨幣，許多投資者仍會將它們視為「資產」。人們購買這些貨幣，希望在價格進一步上漲時賣出。如果你的加密貨幣的幣值從購買後開始上漲的話，那麼在你出售加密貨幣時就會獲得資本收益，恭喜恭喜！然而如果價格走低，你當然就會遭受到資本損失。

收入

「收入」（Income）是加密貨幣市場中，一種較不為人知的報酬類型，因為收入來自一種稱為「加密貨幣配息」（crypto dividends）的東西。

在傳統上，當上市公司將部分收益分配給股東時，就會產生股息。傳統的股息類型包括配息（現金）、配股（股票）或其他財物等。

然而在加密市場的配息可能會比較複雜。不同的加密貨幣會有不同的操作系統和自己的規則與規定，不過概念大致都會維持不變。加密貨幣支付配息的情況，在各種「山寨幣」（altcoins）之間越來越受歡迎（山寨幣是泛指比特幣以外的加密貨幣）。在為你的投資組合選擇加密貨幣時，可以考慮研究加密貨幣「配息」及「資本收益」兩者所蘊涵的不同潛力。

賺取加密貨幣配息最受歡迎的兩種方式：

>> **質押（staking）**：在特殊錢包裡持有權益證明用的加密貨幣

>> **持有（holding）**：在任何錢包裡購買和長期持有加密貨幣

第 7 章會詳細討論質押（staking）和持有（holding）這兩種方式的作法。

TIP

在撰寫本書時，支付股息的加密貨幣包括 NEO、KuCoin、BridgeCoin、Neblio 和 Komodo…等只本書第 8 章會提到這類加密貨幣的更多內容）。此外，除了質押和持有之外，還可以透過參與「加密貨幣借貸」的方式賺取定期利息。舉例來說，透過塞席爾斯網路（Celsius Network）這類公司，將自己持有的加密貨幣借給向大眾提供的加密貨幣貸款，便可獲得高達 5% 的加密貨幣利息。

風險：代幣翻轉後的另一面

投資的回報雖然令人興奮，但在獲得回報之外，也要考慮各種可能的風險。任何類型投資最可悲的事實是：對報酬的期望值越高，風險就越大。一般認為加密貨幣的風險比其他資產的風險更大，因為它們也可能提供更高的報酬。風險和收益之間的關係稱為「風險 - 報酬替換」（risk / return trade-off）。

REMEMBER

加密貨幣投資並非純粹只是一種快速致富的計畫，不應該用自己的畢生積蓄或去銀行貸款來投資加密貨幣。你必須考量自己的風險承受能力，並了解各種不同的加密貨幣風險來源，才能制定適合的投資策略 —— 即只適合你個人而非其他人的策略。因為你是獨一無二的，你的財務狀況也是如此。

記住一點，早期的比特幣投資者，也是經過多年等待才終於看到回報的可能性。如果你沒有足夠的耐心，等待投資需花費時間才可能出現有意義的回報，可能就必須放棄投資的想法。

話雖如此，健康的風險偏好（risk appetite，經過規劃的風險）不論在投資或在生活中，都是不可或缺的。因此不要對風險太過偏執，認為會發生車禍而不敢出門！

一瞥加密貨幣的報酬與風險

加密貨幣投資之所以在 2017 年突然成為熱門話題的主因之一，就是比特幣等主要加密貨幣價值的瘋狂飆升。

雖然你最常聽到的加密貨幣可能就是比特幣，但在 2017 年加密貨幣經典代表期裡，表現最好的十種加密資產之中並沒有比特幣。雖然當時比特幣的價值成長了 1,000% 以上，但那時候較少人聽過的瑞波幣（Ripple）和新經幣（NEM）才是榜上最大的贏家，兩者分別成長了 36,018% 和 29,842%。

比特幣在那段經典期間，排在業績表現榜上的哪個位置呢？第十四名！

這些回報讓投資者和非投資者，都對加密貨幣市場感到異常興奮。到了 2018 年初，幾乎你認識的每個人 —— 包括你的醫生、你的共乘車司機，甚至你的祖母，可能都在談論比特幣。這些人甚至可能沒有任何投資經驗，我還記得連 8 歲的侄子都在問我這件事。

然而，就像任何類型的投資一樣，有漲一定有跌，加密貨幣市場也是如此。由於加密貨幣價格上漲得如此之快，因此崩盤也來得又快又猛，到 2018 年 2 月，比特幣已從近 20,000 美元的高點跌至 6,000 美元的三個月低點。

接著加密貨幣開始在 6,000 美元的支撐線（support level，也稱支撐點）上方盤整，形成一波較低的高點，如圖 3-1 所示。我所說的支撐線，指的是市場難以「低於」過去價格的位置。亦即在這種情況下，價格在 2017 年 11 月很難跌破 6,000 美元。較低的高點指的是圖表上的那些高峰處。每個峰值（高點）都低於前一個峰值，表示市場參與的人氣下滑。我將在第 16 章討論更多關於支撐線（以及相關的「壓力線」）的內容。

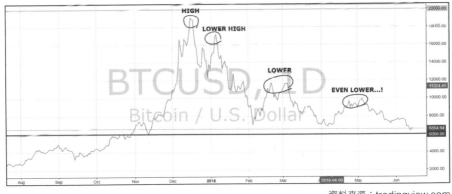

圖 3-1：2017 至 2018 年比特幣對美元的價格走勢。

資料來源：tradingview.com

許多分析師認為主要加密貨幣價值大漲是泡沫現象，因為在這麼短的時間，這種幅度的波動簡直就是在坐雲霄飛車！對於那些早期投資並在高點兌現獲利的人來說，投資報酬率相當驚人。但是請想像一下，當你在價格上漲時投資市場，然後看著你的投資價值越來越低時呢？這就是任何類型投資的主要風險因素之一。

深入瞭解不同類型的風險

接受有關風險的教育，可以讓你在投資遊戲中，處於領先的地位。了解自己的風險承受能力，可制定保護自己和財富的對應策略。加密貨幣相關的風險來自許多不同層面，以下是各種類型的加密貨幣風險。

加密貨幣的炒作風險

購買到夢想中的汽車而大肆宣傳（hype，宣傳炒作之意）的想法，對你來說可能是一件好事，但如果遇上加密貨幣的大肆炒作，就不一定都會是令人興奮的事了。一般加密貨幣被大肆炒作的主要原因，多半都是這些人並不清楚他們到底在投資什麼，他們只是跟著群眾的聲音「從眾」而一起加入。2017 年加密貨幣的大肆炒作，就是推動市場快速飆升的許多驅動因素之一，然而，當人們仔細了解他們到底跟著投資了什麼之後，價格便開始暴跌。這些群眾行為變得如此盛行，以至於加密貨幣技客（geek，技術狂熱者）們為此創造了相關術語。以下便是這些術語的解釋：

» **FOMO**：這個加密技客術語代表「害怕錯過」（Fear of missing out.）。當你看到你手上沒有的加密貨幣大幅上漲，隨著價格不斷上漲而急於入手時，就會發生這種情況。本書重要提示：千萬不要追漲！會漲的一定會跌，所以你最好等炒作平靜下來，再以更低的價格購買。

» **FUD**：這是「恐懼、不確定和懷疑」（Fear, uncertainty, and doubt.）的縮寫。當你聽到某位「末日博士」在談論市場時，就可以在 Reddit 討論串裡用上這個詞。例如摩根大通的首席執行官傑米·戴蒙（Jamie Dimon）在 2017 年 9 月就傳播了史上最大的 FUD 之一，他將比特幣稱為「一場詐騙」，結果在 2018 年 1 月，他說他對這種說法感到後悔。

» **ATH**：「歷史新高」（All-time high.）的縮寫。每當資產價格達到其歷史最高點時，你就可以說「它達到了 ATH」。

REMEMBER

在陷入市場的鼓譟聲浪之前，請先了解你正在考慮的特定加密貨幣知識，來保護自己。在加密貨幣市場上賺大錢的機會很多，花點耐心並獲得正確的知識，而非押注於目前的炒作上。除非把「賭博」稱為策略，否則在炒作交易下的被動投資者，很可能一點投資策略也沒有（你可以在本書第 2 單元和第 4 單元中，找到制定策略的不同方法）！

安全上的風險

詐騙、駭客攻擊、失竊等問題，自 2009 年比特幣問世以來，一直是加密貨幣市場出現的常見新聞主題。每當這類醜聞出現，加密貨幣的價格也會跟著下跌（通常是暫時的）。你的加密貨幣價值很可能被這三種主要的方式損害，所以我將在接下來的內容裡加以概述。同時我也建議各位，絕對要在加密貨幣投資策略的每一個步驟裡，仔細遵循這些安全預防措施。

安全檢查 1：加密貨幣本身

可供投資的加密貨幣已經數以百計，還有數以千計的新 ICO（首次代幣發行）正在籌備中（有關 ICO 的更多內容在第 11 章）。在選擇要投資的加密貨幣時，你必須對該幣的區塊鏈協議仔細研究，並確保沒有發現會損害投資的錯誤（或沒有聽到各種關於協議錯誤的傳聞）。這類協議是區塊鏈網路協定的通用規則，一般可以在其官網上的「白皮書」裡，了解該加密貨幣協議的性質。所謂的白皮書就是加密貨幣創始人在 ICO 之前，彙整公布的官方文件，裡面會列出關於該加密貨幣的所有訊息。當然這些公司不太可能在他們的白皮書裡分享自己的缺

點，因此你做研究的最佳選擇，就是到 Reddit（或我的投資女王網站 InvestDiva.com）這類資訊網站上，閱讀相關的加密貨幣評論。

這些類型的錯誤，甚至也會出現在主流的加密貨幣中。舉例來說，EOS（有稱柚子幣）在 2018 年 6 月 2 日之前發布了開放原始碼軟體的第一版，卻迎來許多負面報導。一家中國安全公司在 EOS 的程式代碼裡發現一個錯誤，該錯誤在理論上可以用來憑空創建出代幣。不過 EOS 可以修復這個錯誤，而且為了進一步將這些負面新聞轉正，EOS 的開發者 Block.one 還邀請大家一起尋找尚未發現的程式錯誤，並給予金錢獎勵（一般稱為「漏洞回報獎勵」）。

可靠的加密貨幣發行方，應該在發現漏洞後立即處理。但比較明智的做法是在解決漏洞之前，先不要碰他們的加密貨幣！

安全檢查 2：交易所

交易所是讓你交易加密貨幣的地方（詳見第 6 章）。你必須確保交易所的管理方可以信賴且信用卓著。事實上，加密社群曾經發生過無數次的安全事件和資料洩露事件，都與交易所有關。

早期最有名的駭客攻擊事件之一就是 2013 年日本最大的比特幣交易所 Mt. Gox 的攻擊事件。當時，Mt. Gox 負責處理全球大約 70% 的比特幣交易，然而這家交易所本身有許多問題，例如缺乏檢查策略，缺乏版本控制軟體，也缺乏適當的管理。所有問題累積在一起後，在 2014 年 2 月，Mt. Gox 交易所成為大規模駭客攻擊下的受害者，一共損失大約 850,000 個比特幣。儘管最終追回 200,000 個比特幣，但還有 650,000 個尚未追回。

後來的交易所多半已經從這次事件汲取教訓，也努力跟上最新的安全措施，只是這類交易所遭到駭客攻擊的事件，仍然幾乎每個月都會發生一次。

中心化的交易所最容易遭受駭客攻擊。各位可以翻到第 6 章，了解在加密貨幣交易中，發現「危險訊號」的方法。

我並不是想用這些故事來嚇唬各位。隨著加密貨幣的演變，市場當然會從過去的錯誤汲取教訓，朝向更美好、更安全的未來努力，但你仍然需要盡可能的親自參與處理這些問題。在選擇交易所之前，請查看其網站上關於「安全性」的說明。檢查它們是否有任何「漏洞回報獎勵計畫」來保障安全性。當然，你最好也要向合適的專家諮詢有關這些交易所的評價（我的投資女王網站也會密切關注市場的最新發展，以便隨時了解任何可疑的交易情況，歡迎各位造訪我的網站）。

安全檢查 3：你的錢包

最後一項安全檢查完全掌握在你自己的手中，因為要使用哪一種加密錢包完全取決於你。雖然我們並不需要隨身攜帶加密貨幣，但你仍然可以將它們儲存在安全的「實體錢包」中。你在錢包裡保存的是公鑰和私鑰，而且可以用錢包裡的加密貨幣進行交易。當然我們也可以使用「備份」的方式，讓錢包的安全性提升到更高層級（第 7 章將詳細探討安全的錢包保管方法）。

波動風險

「波動風險」（Volatility risk）指的是市場意外波動的風險。雖然波動可能是一件好事，但有時也會讓你措手不及。跟任何其他投資市場一樣，加密貨幣市場也可能會突然朝著與你預期完全相反的方向發展。如果你沒有為市場波動做好準備的話，很可能就會失去你在市場上投資的資金。

加密貨幣市場的波動由許多因素造成。一方面這等於是一項全新的科技，而這種革命性的技術（就像當初的網際網路）的出現，很可能會造成早期的波動情形。加密貨幣及其背後的區塊鏈技術（詳見第 4 章），都需要相當程度的適應過程，才有機會成為主流。

對抗加密貨幣波動風險的最佳方法，是將眼光著眼於大局。當你的投資期限（詳見第 17 章）為短線投資時，波動性就會變得很重要，因為它是你在短期內可能賺到或賠掉多少錢的指標。但如果你用的是長遠的投資眼光（詳見第 18 章）時，波動性可能就會變成你的賺錢機會。

你還可以在各個交易所使用「自動交易演算法」來抵消波動風險。舉例來說，你可以預先設定如果價格下跌 3%，自動下單「賣出 65% 的加密貨幣 A」、「100% 的加密貨幣 B」等。這種策略可以大幅度降低波動的風險，讓你晚上可以睡得安穩。

流動性風險

從定義上講，流動性風險（liquidity risk）就是指無法以合理價格儘快出售（或清算）投資的風險。流動性對任何可交易資產都相當重要，外匯市場（算是我在投資上的初戀）被認為是世界上流動性最強的市場，但就算是在外匯市場，也可能發生缺乏流動性的問題。如果你所交易的貨幣是交易量很低的貨幣，甚至還可能因為價格不會變動而無法「平倉」註1！

加密貨幣也可能出現流動性不足的情況，流動性問題是導致比特幣和其他山寨幣會具有高波動性的因素之一。當流動性低時，就有可能出現「價格操縱」的風險，市場大戶可以透過大量下單，輕鬆的把市場推向對他有利的方向。

加密社群將這類大戶稱為「鯨魚」。在加密貨幣市場中，鯨魚經常利用其巨額資金撼動小型山寨幣的價格。

從好的方面看，隨著加密貨幣投資變得更方便和更被接受，市場的流動性可能會變得更好。受信任的加密貨幣交易所數量增加，將可為更

註 1　平倉是指以等量但相反買賣方向的合約，來沖銷原有的買賣合約以脫離市場。

多人提供交易的機會。加密貨幣 ATM 和支付卡的出現，更有助於提高日常交易上對加密貨幣的認知和接受度。

影響加密貨幣流動性的另一個關鍵因素，就是各國對加密貨幣監管的立場。如果政府當局能夠定義類似消費者保護和加密稅等問題，就可以讓更多人樂於使用和交易加密貨幣，進而對其流動性產生正面影響。

在選擇欲交易的加密貨幣時，必須分析其接受度、受歡迎程度以及可交易的交易所數量，以整體考量其流動性。比較少人聽過的加密貨幣，雖然可能具有很大的上漲潛力，但也可能因為缺乏流動性而帶來麻煩。我將在本書第 2 單元，探討各種不同類型的加密貨幣及其特點。

消失的風險

我說的並不是這些「加密貨幣」會在神奇的區塊鏈行業中永遠消失。而是，雖然目前已經有千百種不同的加密貨幣，但幾乎每天都還有更多各式各樣的加密貨幣問世。所以我說的是也許十年之後，這些山寨幣中的許多「幣種」可能會完全消失，但一定也有一些幣種會蓬勃發展。

一般人最熟悉的消失風險實例是「網路泡沫」。在 1990 年代後期，世界各地的人都夢想著利用網際網路的普及來開拓業務。亞馬遜和 eBay 等公司，也確實成功征服了世界，但同時也有更多公司失敗和殞落。從歷史的軌跡看，各種加密貨幣的蓬勃發展，一定也會導致許多幣種失敗而消失。

為了盡量減低消失的風險，我們必須仔細分析欲投資加密貨幣的基本面。例如你了解他們的發行目標嗎？他們是否正在解決任何可能延續到未來的問題？他們的合作夥伴是誰？你無法讓加密貨幣消失的風險完全消失（又一個雙關語），但你確實可以盡量避免面對這種突然消失的風險。請看第 2 單元以了解更多關於基本面分析的內容。

監管風險

加密貨幣最初的吸引力之一是它們不會被監管。在那段加密貨幣界的美好時光裡，加密愛好者不必擔心政府逮捕他們。因為他們所擁有的只是一份白皮書和一個承諾而已。然而，隨著對加密貨幣需求的成長，全球監管機構正在為如何跟上潮流而努力摸清頭緒，投資者也希望在這種全新的經濟現實下不要賠錢。

到目前為止，大多數加密貨幣都沒有任何中央政府支持，亦即每個國家的標準都不一樣。

你可以將加密貨幣監管風險分為兩部分：監管事件的風險和監管法規的風險。

>> 監管事件（regulation event）風險並不一定都會讓加密貨幣市場表現不佳，這只代表市場參與者對突然出現的公告事件做出回應。在 2018 年時，每一個看似很小的監管公告，都牽動了許多主要加密貨幣的價格，造成巨大的波動。

>> 在撰寫本書時，尚未出現全球性的加密貨幣監管機構，因此現有法規都是分散的。舉例來說，在某些國家（例如日本和美國），只要在金管單位註冊的加密貨幣交易所，就是合法交易所。而在另一些國家（例如中國），對加密貨幣的管理更加嚴格，但對區塊鏈行業本身可能較為寬鬆。

從撰寫本書時的加密貨幣法規來看，前途似乎一片光明，但這些法規仍有可能影響未來的市場。當然隨著市場變得更加強大後，這些影響也可能會變成個別事件而已。

稅務風險

當加密貨幣投資開始流行時，幾乎沒有人為這些收益繳稅，因此發生許多漏報或短報稅金的情況。隨著市場變得更加規範後，當局可能會在稅收方面變得更加嚴格。截至 2018 年，美國國稅局將比特幣和其

他加密貨幣視為財產（儘管其中包含「貨幣」二字）。因此，使用各種山寨幣的交易，都需要繳納資本增值稅（capital gains tax）。

如果你居住在美國或是身為美國公民的話，稅務風險還會涉及到當局可能對稅法做出不利修法的風險，例如限制扣除、提高稅率和取消免稅等。其他國家的稅收風險也可能變得更加複雜。例如在撰寫本書時，菲律賓國稅局尚未明確決定是否會將加密貨幣視為股權、財產或資本增值稅。

雖然幾乎所有的投資都很容易受到稅率上升的影響，但加密貨幣稅收是個模糊地帶，大多數監管機構甚至無法就加密貨幣所代表的基本概念達成共識！

當然不同的國家就有不同的法規。就我個人而言，當我從一個國家搬到另一個國家，或者當美國國會修改稅法時，我都受到稅收的沉重打擊。幸運的是，我已經有能力支付每個地方的稅款。然而如果我的應急基金儲蓄不夠的話，我也必須申請延期支付並繳交滯納金罰款。這就是為何在制定投資策略之前，必須對稅收進行充分瞭解的重要性。各位可以翻到第 21 章，了解與加密貨幣相關的稅務訊息。

探索風險管理法

實現投資目標的唯一方法，就是在自己所能承受的風險範圍內進行投資。這就是為何我在投資女王教育課程中，談論了許多計算個人風險承受能力的方法。例如你可以考慮投資目標、每個目標的投資週期範圍、流動性需求等客觀指標，來衡量自己的風險承受能力。你還可以透過設定「長期目標」來提高自己的風險承受能力，使用線上投資以外的方法來增加你的資產，並降低你對貨幣流動性的需求。

這些事情當然說起來簡單做起來難，尤其考慮到我們永遠不知道什麼時候會突然受到財務面上的打擊時。以下章節將講述如何管理風險的內容，包括建立應急基金、對投資保持耐心和分散投資等方法。

TIP

這是我在投資女王網站上所開的大師班課程內容，用來解釋如何計算你的個人風險承受能力，讓你的錢為你的目標服務（網站的版本還提供分析工具和問卷等更多資訊）。

測量自己的風險承受能力

風險承受能力分成兩個主要部分：

- 你的冒險意願
- 你承擔風險的能力

財務規劃師通常會讓你填寫一份「風險承受能力」問卷，來衡量你的冒險意願。這份問卷會透過詢問風險相關問題，評估你承擔風險的意願。它可以幫助你確定自己是規避風險型或容忍風險型的投資者。規避風險型的投資者需要更高的回報，才會考慮更高風險的投資；而風險承受能力強的投資者，通常願意為小幅增加的報酬而接受風險。

但是，要真正了解你可以在市場上投資的金額，還必須根據自己的財務狀況和生活環境，找到你的風險能力底限。要計算你的風險承受能力，必須準備財務報表並分析一些比例，例如：

- **你的應急基金比例**：把你的可用現金除以每月必要支出來計算，其結果必須大於 6（可以無虞生活六個月）。
- **你的居住比例**：將你的居住成本除以你的總收入（住屋相關房租水電等成本）。如果你住在美國的話，比例必須低於 28%。
- **你的債務比例**：這個比例的計算是把你的總債務除以你的總資產，其基準會因你的年齡和財務目標而有所差異（你可以拿過去、現在、和未來的打算所計算出來的比例，相互比較一下）。
- **你的淨資產比例**：將你的「淨資產」（即你的所有資產減去你的債務）除以你的總資產來計算。

請使用這些計算後的比例，再將它們與基本數字進行比較，即可藉由這份簡單問卷來確定自己的風險承受能力。

請先準備好你的應急基金

我和我丈夫最近面臨了意料之外的經濟負擔。在我們兩人都取得了一整年的財務成功之後，我們進一步升級了預算，在一個很棒的社區買間新房子，還多花了一些平常不會刻意追求的奢侈品費用，這真是一段美好的「短暫」時光！

沒想到美國突然出現稅制上的改變，我們的稅級被提高了，還取消先前的一些免稅和可扣除額度。就在這件事情發生後，我們的女兒潔絲敏（Jasmine）出生了。不光如此，由於雙方家庭各自出現的健康問題，原先我們打算讓雙方父母幫忙照顧她六個月的計畫也泡湯了。而且俗話說「屋漏偏逢連夜雨」，我只能說這句話是比喻也是事實，因為我們居住的地區遭到幾場暴風雨襲擊，家裡的地下室整個都淹沒了，花園的樹木也被吹倒，新買的房子上面還被幾根大樹枝砸中，因此我們還需要花費額外的預算來修復損壞。

我講自己的故事，是為了說明無論你投資什麼資產或你的投資策略如何，擁有應急基金是最重要的一件事。多虧我們平常準備的應急基金，才能夠克服這個財務困難的時期，並將注意力重新轉移到新生兒的喜悅上。當然，現在我們必須從頭開始建立這筆應急基金。

你可以把你的可用現金總額除以每月的必要開支，來計算出你的應急基金。也就是計算出你在沒有額外現金流的情況下，可以生存的月數。其結果必須大於六個月，但越多當然越好（你也可以造訪我的網站，學習有關風險承受能力計算的更多內容）。

在建立投資組合之前，你必須擁有自己的應急基金，然後再來談購買加密貨幣的事。

耐心等待

加密貨幣所涉及的風險與其他更成熟的市場（例如股票和貴金屬）略有不同。然而無論你的投資為何，都可以使用類似的方法為自己的投資組合管理風險。

大部分在線上投資賠錢的交易者，最常見的原因都是「快速致富」的幻想。我可以很自信的說（而且可以驗證），我教過的大多數「長期」學生都賺到了錢，甚至有很多位賺了很多錢，他們賺錢最重要的關鍵就是「耐心」。

「耐心是有利可圖的美德」（Patience is a profitable virtue.），這句話是我的投資網站標語。雖然我們持有的投資組合以股票和外匯佔多數，但對於比特幣的持有者來說，信念也應該是如此。早期的比特幣愛好者等待多年（更準確的說法是 9 年），才從他們長期抱有的資產獲得回報。儘管 2017 年的幣圈出現一些泡沫感，但事實證明，絕對沒有什麼能夠阻止加密貨幣市場在未來幾年內，大幅超越並狠甩歷史最高點而一飛衝天。

剛才這句關於耐心的標語，不僅對於長線投資者有所幫助，它也適用於短線交易者和投機者。因為在很多情況下，你會遇到持有的投資或投機的部位持續下跌，或是橫盤整理的情況。然而市場遲早會達到某種集體情緒：不是上漲而打消了損失，就是下跌而創造了新的買入機會。

在圖 3-2 中，你可以看到「耐心」在投資報酬裡扮演的角色。雖然你希望市場能夠直接達到你的獲利目標（獲利了結點）價格。但一般情況下，它並不會按照你所想像的方式運作。

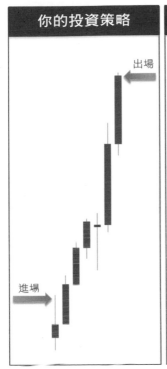

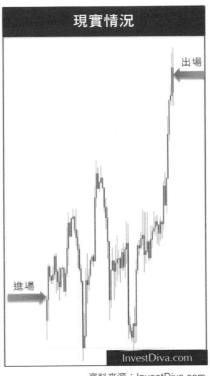

| 你的投資策略 | 現實情況 |

出場

進場

資料來源：InvestDiva.com

圖 3-2：
說明為何
「耐心是
有利叮圖
的美德」。

>> 左邊的圖是大多數交易者在購買投資資產時所「想像的情況」。他們希望價格能夠在交易時間範圍內，持續向著獲利目標前進，無論是短期的或長期的漲勢，一路漲到最後賺錢出場。

>> 右邊的圖則是「現實的情況」。交易者和投資者在市場達到自己的獲利目標之前，經常會看到價格大幅下跌的情形。有些投資者對低點恐慌，會自稱為了停損而退出市場，然而到了最後，都是那些在艱難時期保持耐心，堅守部位的人獲勝了。耐心對於短期和長線投資者來說都適用，因此圖表時間框架裡的漲跌並不重要。

REMEMBER

成功之路當然坎坷。你的投資組合甚至有可能在某些時期變成負數，然而如果你已經盡責的分析了自己的投資標的，你就必須把時間當成自己的朋友，才能耐心看到長期的利潤（有關「長線投資策略」的詳細內容，請參閱第 18 章）。

這種想法的最典型範例就是 2008 年的市場崩盤。由於次貸危機等經濟問題，全球股市包括美國股市在內，幾乎都像燙手山芋一樣的下跌。大多數投資者驚慌失措，不斷在鉅額虧損下撤出投資。如果他們能夠給市場一些耐心（嗯，應該說是很多很多的耐心），他們就會在大約五年內，看到自己的投資組合已經由負轉正，而且到了 2018 年，他們的投資報酬率還會翻倍。

讓你的加密貨幣投資組合澈底多元化

正如我在第 2 章所說，多元化的意思是「不要把所有的雞蛋都放在同一個籃子裡」的原則，這個古老的投資建議，當然也適用於革命性的加密貨幣市場。除了以股票、債券或指數股票型基金（ETF）等不同資產，讓你的投資組合多元化之外，在加密貨幣投資組合中的多元化也相當重要（第 10 章還會有更多關於投資組合多元化的內容）。

舉例來說，比特幣可以說是加密貨幣裡的超級巨星，所以每個人都想擁有比特幣。不過比特幣也是市場上年紀最大的加密貨幣，因此也存在一些難以解決的問題（例如交易速度）。而且每天都有更年輕、運作更完備的加密貨幣進入市場，提供各式各樣令人興奮的獲利機會。（不要把我的意思當成只要年輕就什麼都好，我指的是加密貨幣而不是人！）

除了加密貨幣的年齡以外，你還可以在多元化的目的下，用幾種不同的方式對加密貨幣進行分組。以下就是一些範例（更詳細的內容請參閱第 8 章）：

>> **按市值劃分的主要加密貨幣**：這個類別包括市值前十名當中的加密貨幣。例如在撰寫本書時，符合的選項包括比特幣、以太幣、瑞波幣和萊特幣等。

>> **交易型加密貨幣**：這個類別是加密貨幣的原始類別。這種交易用途的加密貨幣，其目的在於可以當成貨幣並用來交換商品和服務。比特幣和萊特幣是此類別的加密貨幣範例。

» **平台型加密貨幣**：這個類別的加密貨幣目的在擺脫中間商，創造市場，甚至可以用來推出加密貨幣。以太幣是這個類別裡最大家的加密貨幣之一，它也為未來的應用提供平台，NEO 則是另一個典型範例。這類平台型的加密貨幣通常被認為是較佳的長線投資，因為隨著在其區塊鏈平台上創建出更多應用後，它們的整體價值也會跟著上升。

» **隱私型加密貨幣**：這些幣類似交易型加密貨幣，但它們的重點在交易安全性和匿名性。範例包括門羅幣（Monero）、達世幣（Dash）、大零幣（Zcash）。

» **特定應用的加密貨幣**：這是最流行的加密貨幣類型之一。特定應用的加密貨幣，運用在特定的功能上，用來解決這個世界上一些最大的問題。範例包括 Vechain（供應鏈應用）、IOTA（物聯網應用）和 Cardano（加密貨幣擴展性、隱私優化等）。有些應用相當具體，例如 Mobius 幣，也被稱為區塊鏈行業的 Stripe（線上支付公司），它試圖在 2018 年解決農業相關行業的支付問題。依據每個幣種應用項目的具體情況不同，有些加密貨幣可能會非常成功，因此各位可以選擇自己認同的問題解決方案，並請各位務必正確分析這些加密貨幣的可用性、應用能力和背後的管理團隊。

REMEMBER

加密貨幣市場在多元化所面臨的一個關鍵問題，就是整個市場似乎「高度關聯」。當市場情緒轉為看漲（向上）時，大多數加密貨幣都會上漲，反之亦然。儘管存在這種趨勢，但你可以在投資組合裡添加更多加密資產，分散投資組合中「只有」加密貨幣的風險。當你同時投資多種加密資產，便能分散你可能面對的風險，而不會讓投資組合的所有波動性都來自一種或幾種資產而已（各位可以翻到第 10 章，全面了解加密貨幣投資的多元化組合）。

Chapter 4
深入了解區塊鏈技術

大多數人可能比較常聽到比特幣而非區塊鏈,而且許多聽說過區塊鏈的人,可能會認為它只是在背後為比特幣提供動力的一種技術。雖然比特幣是區塊鏈技術最著名的成果之一,但區塊鏈的用途遠不止於此。它可能是幾十年來最具破壞性創新的技術之一,而且可能永遠改變你我的生活。

簡而言之,比特幣與區塊鏈的關係,有點類似於電子郵件與網際網路的關係。為了能夠發送和接收電子郵件,我們需要網際網路的協助。同樣的情況,為了能夠使用任何加密貨幣,你需要區塊鏈技術。因此在本章中,我將幫助各位了解區塊鏈技術的工作原理、重要性以及它如何影響未來的生活。仔細了解區塊鏈技術,可能有助於重塑你對加密貨幣市場的看法,讓各位可以對這個行業做出更好的投資決策。

解析區塊鏈技術基礎

現代科技讓人們得以直接交流，例如你可以直接向他人發送電子郵件、文字訊息、圖片和影片，而無須透過中間人（郵差之類）。無論對方身在何處，你都可以透過這種方式與他人保持聯繫，即使是遠距戀愛也不再那麼困難或令人心碎了。舉例來說，我和家人們多年來都是透過遠距離的聯繫方式，這只有在網際網路出現後才成為可能。當我在東京時，我透過 Skype 參加了姐姐在洛杉磯舉辦的婚禮；而我老公在澳洲的親戚因病無法遠行時，也能夠透過 FaceTime 參加我們在夏威夷舉行的婚禮。

雖然科技這麼進步，但在金融交易方面，人們仍然必須信任第三方（銀行、信用卡公司）才能完成。區塊鏈技術正是以一種較為激烈的手段，挑戰這種中心化的金融交易方式。我將在以下章節裡為各位解說區塊鏈技術的基礎知識。

何謂區塊鏈，如何運作？

簡單的說，區塊鏈是一種特殊的資料庫。根據 cigionline.org 的說法，區塊鏈一詞是指使用「分散式帳本技術」的一整個網路。而根據牛津詞典的說法，分類帳（ledger，帳本）指的是「記帳的帳簿或其他特定類型的財務帳戶資料集合」，所以當然也可以是用電腦記錄交易的一個文件檔案。分類帳是會計的基礎，其起源與文字和金錢一樣古老。

現在請想像一整套記錄清楚的數位交易帳本，其程式被編寫為不只可以完全記錄和追蹤金融交易，也包括記錄追蹤所有具有價值的東西。例如區塊鏈可以用來追蹤醫療記錄、土地所有權，甚至投票等（本章稍後會談到），而且它還是一個共享的、分散式的、不可變動的分類帳，裡面記錄了從第一筆交易開始以來的所有交易內容，它也能藉此建立信任、問責（歸咎責任）和交易的透明度。

REMEMBER

區塊鏈會將訊息分成一批一批的方式儲存，一整批訊息被稱為一個「區塊」。這些區塊會按先後順序串接在一起，形成一條連續的鏈，因此稱為區塊鏈。每個區塊就像分類帳本或帳簿裡的一頁。如圖 4-1 所示，每個區塊內主要包含三個元素：

» **資料（Data）**：資料類型取決於該區塊鏈的用途。舉例來說，在比特幣區塊上的資料，包含關於「交易」的所有詳細訊息，包括發送者、接收者、比特幣數量等。

» **雜湊（Hash，哈希）**：這不是你想像的那種哈希（原意為搭配馬鈴薯泥類的餐點）。區塊鏈中的雜湊[註1]類似於指紋或簽名，可以用來認證一個區塊及其所有的內容，而且這個雜湊值是獨一無二的。

» **前一個區塊的雜湊**：這個部分正是區塊鏈之所以稱為鏈的原因，因為每個區塊都攜帶了前一個區塊的訊息，所以這種資料鏈在認證上會變得非常安全。

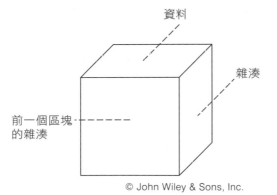

資料

雜湊

前一個區塊
的雜湊

圖 4-1：
區塊的三個
主要組成元
素。

© John Wiley & Sons, Inc.

以下是區塊鏈中的區塊如何組合的範例，假設你有三個區塊（以下雜湊均為簡化過的數據範例）。

註1　雜湊（Hash）是指一種從資料中建立數字「指紋」的密碼用法。由雜湊演算法所計算出來的雜湊值（Hash Value），無法逆向演算回原本的數值，因此可以有效的保護密碼。

第 1 個區塊包含以下內容：

>> 資料：佛雷德給傑克 10 個比特幣

>> 雜湊：12A

>> 前一個區塊的雜湊：000

第 2 個區塊包含以下內容：

>> 資料：傑克給瑪麗 5 個比特幣

>> 雜湊：3B4

>> 前一個區塊的雜湊：12A

第 3 個區塊包含以下內容：

>> 資料：瑪麗給莎莉 4 個比特幣

>> 雜湊：C74

>> 前一個區塊的雜湊：3B4

如圖 4-2 所示，每個區塊都有自己的雜湊和前一個區塊的雜湊。所以區塊 3 指向區塊 2，區塊 2 指向區塊 1。（注意：第一個區塊比較特殊，因為它無法連到前一個區塊，因此這個區塊就叫做創世區塊，genesis block）。

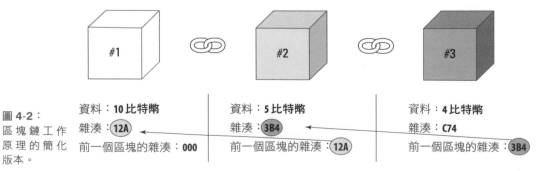

圖 4-2：
區塊鏈工作原理的簡化版本。

資料：**10 比特幣**
雜湊：12A
前一個區塊的雜湊：**000**

資料：**5 比特幣**
雜湊：3B4
前一個區塊的雜湊：12A

資料：**4 比特幣**
雜湊：**C74**
前一個區塊的雜湊：3B4

© John Wiley & Sons, Inc.

雖然每個區塊的雜湊值和資料都是唯一的，但既然是資料就可以篡改吧，因此區塊鏈必定有保護自己的方法。

區塊鏈如何保護自己？

事實上，我們幾乎不可能干擾區塊鏈上的資料。區塊鏈保護自己的第一種方式是雜湊，一旦篡改區塊鏈中的區塊，就會導致區塊的雜湊值發生變化。該變動會使最初指向第一個區塊的雜湊的後續區塊都無效。也就是說，更改單一區塊會使以下串連的所有區塊無效。這種設置為區塊鏈提供了一定程度的安全性。

WARNING

然而使用雜湊尚不足以防止篡改，因為現在電腦的計算速度非常快，每秒可以計算出數十萬個雜湊值。從技術上來看，駭客可以更改特定區塊的雜湊值，然後快速計算並更改後續區塊的所有雜湊值，以隱藏篡改的動作。

這就是為何在雜湊之外，區塊鏈還有額外的安全機制，包括「工作量證明」和「分散式節點」等。工作量證明（PoW）是一種減慢建立區塊速度的機制。以比特幣為例，計算所需的工作量證明並將新區塊添加到鏈中，大約需要十分鐘的時間。這個時間限制讓篡改區塊變得非常困難，因為如果你篡改了一個區塊，你就必須篡改後面的所有區塊。像比特幣這樣的區塊鏈包含了幾十萬個以上的區塊，成功篡改所有區塊可能要花十年以上的時間（第 5 章會探討更多關於工作量證明的內容）！

區塊鏈保護自己的第三種方式是分散式節點。區塊鏈不使用中央實體來管理鏈，相反的，區塊鏈使用的是對等（P2P，點對點）網路來管理。在像比特幣這樣的公共區塊鏈中，每個人都可以加入，網路上的每個成員都稱為驗證者或節點。當有人加入網路時，她會獲得區塊鏈帳本的完整副本。如此一來，每個節點都可以驗證一切資料是否正常。

每當有人在區塊鏈網路中創建一個新區塊時，會發生以下的情況：

1. 新區塊被發送給網路上的每個人。

2. 然後每個節點都可以驗證該區塊，並確保它沒有被篡改。

3. 如果一切順利的話，每個節點都會將這個新區塊添加到自己的區塊鏈上。

這個過程中的所有節點都會產生「共識」（consensus），即同意哪些區塊有效，哪些無效。若有篡改，網路上的其他節點都會拒絕被篡改的區塊。

因此，要成功地篡改區塊鏈上的區塊，就必須篡改鏈上的所有區塊，並為每個區塊重做工作量證明，才有機會控制這種點對點的對等網路！

當然，區塊鏈也在不斷的進化。加密貨幣生態系統的最新發展之一，是添加稱為「智能合約」（smart contract）的東西。智能合約是儲存在區塊鏈中的數位電腦程式。它可以根據一定的條件，直接控制加密貨幣或其他數位資產的轉移（第 5 章會有更多關於智能合約的內容）。

為何說區塊鏈是革命性的？

以下是區塊鏈與目前其他類型的資料庫、追蹤系統不同的三個主要原因。

由於追蹤和儲存數資料的方式，讓區塊鏈可以防止資料篡改

如果你改變了記錄在區塊鏈特定區塊中的資料時，並不會改寫它。相反的，你的更改會儲存在一個新區塊中。因此，沒有人可以篡改歷史記錄，因為新區塊會顯示更改的內容、更改的日期和時間。這種方法其實是基於具有百年歷史的古老分類帳記法。

我舉個例子來解釋古老分類帳與區塊鏈分類帳的差異。假設喬和他的表弟麥特，對於到底誰該擁有他們多年來共同管理的家具店，發生了爭執。因為區塊鏈技術所使用的帳本上，應該會有一個條目載明喬在 1947 年首先擁有這家商店。而當喬在 1976 年將商店賣給瑪麗時，他在帳本中也會記下新的條目，以此類推。這家商店所有權的每一次變更，都是由帳本中的新條目來表示，直到 2009 年麥特從他的叔叔那裡買了這家店。只要他們兩人透過這本帳本裡的歷史記載，就可以證明麥特才是目前的家具店所有人。

而這也就是區塊鏈如何以不同於古老總帳本方式，來處理這種爭議。傳統的分類帳方法使用的是一個人帳本，或是儲存在單一系統（集中式）的資料庫文件，區塊鏈則被設計為分散記錄在大型電腦「網路」中。這種訊息的分散化，降低了資料篡改的能力。

WARNING

不過最近的區塊鏈攻擊事件（例如 ZenCash 上的攻擊），證明區塊鏈資料庫上的數據篡改，並無法完全根除。如果有 51% 的礦工決定重寫帳本的話，便有可能改寫。他們可以對交易做任何想做的事情：延緩交易、雙花[註2]、推遲交易或者乾脆從交易中刪除區塊。目前有一些區塊鏈網路，正在為此制定新的解決方案（更多相關訊息，請參閱 https://medium.com/coinmonks/is-blockchain-really-tamper-proof-88d1bc5ee338）。

區塊鏈如何創造對資料的信任

區塊鏈獨特的運作方式，可以創造對資料的信任。雖然我在本章前面已經介紹過，但這邊還有一個「簡化」的版本可以說明原因。在將區塊添加到鏈中之前，必須先發生一些事：

註 2　指利用審核確認的「時間差」（例如比特幣必須等待六次確認才算交易完成），將同一筆加密貨幣資產重複花用。

1. 必須解決密碼難題才能創建新區塊。

2. 解開難題的電腦必須與網路中的所有電腦共享解答。這個解決方案就是我在本章前面的「區塊鏈如何保護自己？」中，簡要提過的「工作量證明」（PoW，更多內容可參考第 5 章）。

3. 最後所有網路上的電腦驗證工作量證明。如果有 51% 的網路證明這個工作量證明是正確的，則將新區塊加入區塊鏈。

這些複雜的數學難題和許多電腦的驗證相結合後，就能確保用戶可以信任鏈上的每一個區塊。我之所以是加密貨幣的大力支持者，主要原因之一就是我非常信任區塊鏈技術。由於區塊鏈網路為你建立了信任，所以現在才能夠有機會跟你的資料進行即時的互動。

不必依靠中心化的第三方

在我前面說的關於喬和麥特之間的糾紛案例中，這對堂兄弟可能各自聘請了律師或是受信任的中心化第三方，都很仔細的檢查跟商店所有權相關的帳本和文件，因為他們相信律師會對財務訊息和文件保密。第三方律師試圖與他們的客戶之間建立信任，並驗證麥特確實是這家商店的合法所有者（如果你已經忘記有關此範例的詳細訊息，請翻回前面的〈由於追蹤和儲存數資料的方式，讓區塊鏈可以防止資料篡改〉這一節的內容）。

中心化的第三方以及律師或銀行這類中間機構，所產生的問題在於他們為解決糾紛增加了額外的步驟，導致喬和麥特必須花費更多的時間和金錢。

現在假設麥特的所有權訊息儲存在區塊鏈中，他就可以省去中心化的中間人（例如他的律師）。因為添加到鏈中的所有區塊資料，都將被驗證為真實且無法篡改。換句話說，現在的第三方就是整個區塊鏈網路和礦工，因而使得這種儲存過程更快也更便宜，麥特可以很簡單的向喬展示區塊鏈上的所有權訊息。一旦不需要中心化的第三方中間人後，麥特將可節省大量的金錢和時間。

這種可信任的點對點的資料互動方式，可以澈底改變人們處理、驗證和彼此交易的方式。而且由於區塊鏈是一整個技術，而非單一的網路而已，它可以用多種不同的方式呈現，我在本章稍後會加以解釋。

區塊鏈使用問題

本章描述的區塊鏈技術相當具有吸引力和革命性，但在真的用於日常生活之前，一定還有很多問題必須解決。以下是區塊鏈必須克服的一些問題和障礙，以免你過於興奮或過於投入。

區塊鏈的可擴展性問題

可擴展性（Scalability）可能是區塊鏈技術面臨到最迫切的問題之一。在本章前面，我談到區塊鏈如何保護自己，以及駭客為何需要很長的時間才能成功篡改系統。結果這種安全性也讓用戶付出代價，即區塊鏈的交易緩慢且昂貴，舉例來說，比特幣網路能為全球幾百萬用戶每秒處理的交易次數最多七筆；此外，為了提高支付安全性，比特幣區塊鏈交易每十分鐘只記錄一次。現在，想像一下地球上的每個人都使用比特幣進行交易的情況。大家不得不為每個交易的吞吐量，等待這麼長時間，很可怕吧？

幸運的是，目前的區塊鏈社群已經針對這個問題，開發出許多解決方案。第一個也是最直接的解決方案就是增加區塊的大小。區塊可記錄的大小越大的話，每秒能處理的交易數量就越高。舉例來說，目前比特幣的區塊大小是 1MB，只要將每個區塊增加到 2MB，便可讓每秒處理數量增加一倍。然而從目前的情況看，這種修復程序本身可能會因擴展性問題而產生新的問題。例如創建區塊時，你必須將區塊發送給網路中的其他人，而向其他人發送大量區塊記錄時，可能又會導致網路延遲。

TECHNICAL STUFF

其他解決方案包括使用硬分叉（hard fork，待至第 5 章再解釋）、閃電網路（lightning network）和分片（sharding）等。

» 根據 CoinDesk[註3] 的說法：「閃電網路有效的在比特幣之上疊加一個交易層，可以實現快速便宜的交易，而且最後還可以在比特幣區塊鏈裡結算淨值。」這個概念是「基於比特幣區塊鏈，架在線下交易的網路，並完全依比特幣的區塊鏈運作方式而建立。閃電網路是由用戶彼此生成的通道所組成，這些通道以安全且無須信任的方式，來回發送交易（無須信任是指你不需要信任甚至不需要了解你的交易對象）。」從本質上來看，閃電網路是把交易從主區塊鏈中分離出來，因而可以減少交易費用和時間，等通道關閉後再記錄回主區塊鏈即可。

» 「分片」則是針對區塊鏈可擴展性問題所提出的另一種解決方案，這是一種已經廣泛用於資料庫伺服器來提高效率的概念。簡而言之，對於加密貨幣而言，分片是分配隨機節點，而非使用整個網路來驗證區塊鏈網路上的交易。其中心思想是把整個區塊鏈網路上的節點，分成一區一區較小的節點集，可更快速的分頭處理交易，隨機分佈，是指不會有個別節點被困在處理所有的交易上。不過分片技術也引起一些擔憂，最基本的問題就是不道德的行為者，是否有辦法操縱分片（因為分片就像是分成許多比較小條的區塊鏈，因此較容易被 51% 算力篡改）以及分片的成員是否應該得到補償等。

隨著所有可能解決方案被不斷提出，投資者可以期望區塊鏈的可擴展性問題能夠早日獲得解決。

環境問題

我在本章前面談到的所有區塊鏈安全性，都必須付出另一個重大的代價：能源和環境成本。因為目前的區塊鏈安全性需要運行複雜的算法，而這點背後需要強大的計算能力（尤其是比特幣等較舊的加密貨幣）。舉例來說，根據 Digiconomist 數位貨幣網站的「比特幣能源消耗指數」顯示，截至 2017 年 11 月為止，與加密貨幣相關的能源消耗，已經超越全球 159 個國家的平均能源消耗（詳見 https://powercompare.co.uk/bitcoin/）。

註 3　CoinDesk 是一個專門報導比特幣和其他加密貨幣的新聞網站。

隨著加密貨幣和區塊鏈技術的不斷發展，效率更高且耗能更少的硬體會被逐步引進。然而，目前迫切需求是轉向再生能源，減少使用會影響環境的石化燃料和煤炭（從好的方面來看，同樣的區塊鏈技術也可以用來協助清潔地球，我在〈能源〉的部分會加以探討）。

詐騙問題

區塊鏈行業裡有各種炒作，尤其是在本業的加密貨幣市場中（正如前面第 3 章所說）。在金融界裡的某些公司，正試圖利用圍繞區塊鏈的投資熱來發財。例如 2018 年時，那斯達克交易市場將一家公司退市，理由是擔心該公司發表的公開聲明，「利用一般投資者對比特幣和區塊鏈技術的興趣，誤導投資者」。美國證券交易委員會也採取行動，對抗那些以區塊鏈技術為餌，做出虛假和誤導性陳述來抬高本身股票價格的公司。然而這並非全新的詐騙行為，過去也有公司會改變遊戲規則，利用當時的熱門趨勢，發表毫無根據的聲明來吸引新投資者買入，然後再趁機拋售股票，這些完全是舊瓶裝新酒的老故事。

此外，有些詐騙會試圖利用區塊鏈的神祕和熱度來瞄準投資者，例如詐騙者冒充合法網站，針對不知情的用戶提供假的加密貨幣服務。

這類詐騙公司的名單還在持續成長。我所說的故事只是證明在被過度炒作和過度參與之前，事先接受相關主題教育的重要性。幸好各位手中已經有了這本書，可以幫助你開始學習！

政治問題

長期存在的（當然也可說是經過長期建立的）金融服務業，應該都很希望區塊鏈的運作失敗。我在本章稍前提過區塊鏈技術如何消除中間人的需求，現在請考慮一下這個中間人的行業範圍有多廣，亦即包括所有的銀行、經紀商、律師，你所能想到的金融從業人員等。他們都透過扮演中間人的角色，賺取巨額的利潤。到目前為止，由於交易成本分散在數以百萬計的客戶身上，因此用戶單獨支付的費用（各種手

續費）通常不多。話雖如此，如果區塊鏈繼續取代他們的角色後，就可能對他們的業務構成嚴重威脅。

包括美國在內的大多數國家，其銀行業對政府和立法者都有強大的遊說力量。成熟的金融服務業可能會拼命降低區塊鏈的實用性，為了有利於自身，甚至還可能限制區塊鏈的可用範圍（如果不能完全消滅區塊鏈的話）。但話說回來，人民也有自主的權力，當人們越了解使用區塊鏈技術的好處後，政客和金融機構就越難阻礙它的發展。

區塊鏈技術的用途

區塊鏈技術的誕生，引起許多人的猜想。一般的說法是由中本聰在 2008 年發明了區塊鏈，而區塊鏈的最早應用便是比特幣，或者也可說中本聰使用比特幣，作為向大眾介紹區塊鏈的工具。不論如何，人們很快地意識到區塊鏈技術，可以用於不同的目的，例如身分驗證和儲存醫療記錄等（以下會解釋幾種區塊鏈的應用）。更重要的是，加密貨幣市場如何使用區塊鏈。

沒有人知道中本聰到底是誰。它可以是一個男人、一個女人或一群匿名的技客專家。事實上，有一場「女性區塊鏈」（women-on-the-block）運動的目的就是在證明中本聰是女性！

支付

正如我在本書所說，轉帳匯款是區塊鏈技術的第一個，也是最流行的用法。40 多年來，經濟學家一直在尋找數位貨幣界的「聖杯」（亦即一種終極形式的數位貨幣），能夠消除前面提過的雙花問題，並可避開需要信任未知第三方的問題。然後，砰！中本聰的白皮書在 2008 年 10 月發布了，直接把銀行這類第三方的信任從等式中刪除了，情況真的就是如此。隨著中間人從交易裡移除後，透過區塊鏈處理的大多數支付，都應該可以在幾秒鐘內完成（只是後來出現了我在前面提過的可擴展性問題）。

投票

不論是在民主或不民主的國家，投票作假一直是不斷出現的爭議性主題。區塊鏈技術可以讓你（以及你在 Facebook 上辯論政治議題的所有人）安心投票，因為透過區塊鏈進行的數位投票，可以提供足夠的透明度，讓任何人都可以看到網路上所發生的變化。這種結合數位投票的便利性和區塊鏈的安全性，絕對讓你的投票結果有所保障。

供應鏈的監控

你是那種採購時必須確認「食物來源」的人嗎？例如這是有機的、「猶太潔食」認證的或「清真」認證的食品嗎？或者你很擔心「食源性疾病」（俗稱食物中毒）呢？在區塊鏈的幫助下，你可以從原產地到你的餐盤上，完整追蹤食物的源頭，也可以幫助你對所購買的商品，做出合乎道德、健康的選擇。

區塊鏈還可以讓消費者從「品質控管」的角度，直接查看產品從原產地到零售商的運輸過程。此外，它也可以幫助企業，快速查明供應鏈中效率較低的環節。也就是說，區塊鏈消除了紙本記錄商品運輸過程的方式，實現商品的即時定位。

身分驗證

這是一個人們被困在他們的「數位身分」以及「實際存在」之間的時代。各種信用機構和 Facebook、Instagram 等社交網路，等於充當了大家的線上身分看門人。與此同時，消費者也渴望有一個可靠的數位身分系統來維護信用記錄，並藉此向雇主、銀行或汽車租賃公司證明自己的身分，而且不希望被某些不肖公司出售他們的個資來賺錢。

為了克服這種挑戰，許多公司已經在使用區塊鏈技術創建一個安全的數位識別系統，為用戶提供一種控制其數位身分的方法。目前的範例包括微軟的「身分驗證器」（authenticator）應用，以及德勤（Deloitte）的「智慧身分系統」。

物品的合法所有權

一般人可能會有陷入各種可能的法律糾紛，例如家庭財產糾紛、法律文件遺失、難以證明所有權的資產等。由於大家的資產都記錄在紙上，因此正如我在本章前面所說，區塊鏈努力的目標，就是消除紙張與其相關的所有中間人。如果當你購買或出售土地、房屋或汽車時透過區塊鏈的話，可在其網路上儲存這些物品的所有權，能夠快速且透明的查看該物品的轉讓歷史、目前的合法所有權人。

此外，如果你的高價可攜式資產（例如高價自行車、水上摩托車、名牌手提包等）被偷時，你可以尋求提供此類區塊鏈服務的公司，追蹤這些高價物品的去向。

醫療保健

醫療記錄的主要問題之一就是紙本記錄難以保管，醫療部門（至少在美國）多年來一直嘗試擺脫這種困境。另一個醫療記錄的問題是醫療身分盜竊（medical identity theft）[註4]。僅在美國，根據美國「國家醫療保健反欺詐協會」（National Healthcare Anti-Fraud Association）的估計，每年因醫療保健欺詐造成的損失，大約為 800 億美元。

區塊鏈可以拯救這項缺失，因為與病人相關的所有醫療訊息，包括過去和現在的疾病，治療處方和家族病史等，都會被儲存在區塊鏈上。這種做法可以讓每個記錄永久化、可轉存且可讀取，因此可以防止醫療記錄丟失或篡改的情形。此外，病人本身擁有讀取這些數位記錄的密鑰，因而可以管控誰才能取用這些資料。

註4　醫療身分盜竊是指有人竊取你的個資，向醫療保險和其他健康保險公司提交假理賠訴求。這種醫療身分盜竊可能會妨礙你的醫療保健申請，並浪費納稅人的錢。

娛樂

區塊鏈並非都用來做一些乏味的事，娛樂業的各種分支，都可以從區塊鏈技術中獲益，例如音樂和電競行業就是其中的例子。

雖然 2000 年代初期的網際網路讓內容的創作過程相當民主化，但在這些數位內容的創作過程裡，出現一種新型的中間人。例如 YouTube（15 億用戶）、SoundCloud（1.75 億）、Spotify（1.4 億）和 Netflix（約 1.1 億）等平台，就等於是控制用戶和創作者的中間人。

這種控制也引發各種創作者補償的大量爭議。即使是像泰勒絲（Taylor Swift）這樣知名歌手也不得不妥協於 Apple Music 和 Spotify。隨著創作者對此類平台的幻想越趨破滅，區塊鏈技術就越有可能是個令人興奮的新選擇。

區塊鏈可以讓有品牌的公司擁有所有權的完整加密記錄。當應用於媒體消費（例如收費音樂下載）時，該技術可以解決跟內容有關的造訪、發送、抽成、管理資產和數位版權等問題。

娛樂業區塊鏈的另一個例子是電競運彩業。雖然我並不鼓勵這種類型的賭博娛樂，但電競運彩是當今體育運彩世界中，成長最快的行業之一。Unikrn 等公司處於業界領先地位，並急於採用區塊鏈技術來脫穎而出。更確切的說，Unikrn 正在使用一種基於以太坊平台，命名為 UnikoinGold 的加密貨幣，用在投注平台上。它也引起艾希頓·庫奇（Ashton Kutcher，演員）和馬克·庫班（Mark Cuban，達拉斯獨行俠隊老闆和熱門電視節目《Shark Tank 創智贏家》的合作者）等人的注意。2015 年時，Unikrn 在二人的協助下籌集到 1,000 萬美元。我們也應該可以說這件事「極具娛樂性」吧？

能源

根據能源新聞（Renewable Energy World）網站的報導，如果使用區塊鏈的話，人們可以在彼此之間進行能源交易，一腳踢開能源公司

（是的，又是中間人）。「這種轉變到點對點的能源分配，將刺激更多的再生能源項目結合成一個整體，達成推動人類離開碳排放發電的目的。而對於再生能源進行區塊鏈代幣化的做法，則可讓風能、太陽能和水電生產者，與願意付費使用再生能源的投資者，無縫的互相連結在一起。這代表當能源供應成為分散式系統後，中間人便可被移除。」

物聯網

基本上，物聯網（IoT，Internet of Things）就是把你的大部分東西都連接到網際網路的情況。舉例來說，我們幾乎可以透過網路控制家裡的所有物品，範圍從床頭燈到空調，再到微波爐甚至嬰兒床等！例如當我的父母來我們家一起照顧新生兒時，我的丈夫有時會在他們不知情的情況下，用他的手機遠端關掉電燈或電視來捉弄他們（所以如果我們生了另一個孩子的話，他們應該不會想再來幫我們照顧吧）。

除了可以讓你當個控制狂之外，物聯網還可以讓所有連接網路的實體設備，發送並接收資料。如果你把實體世界直接連結到電腦系統時，還有機會可以減少人的疲累，提高效率。根據 IEEE Internet Initiative eNewsletter 中的一篇文章所說：「物聯網功能與大數據分析和雲端計算的概念相結合，被認為是真正改變遊戲規則的做法」（這也是科技界的另一個熱門話題）。把物聯網跟區塊鏈放在一起，就可能真正朝向未來邁出下一步。

這篇文章的內容還提到「區塊鏈技術可以幫助提高物聯網在醫療保健、智慧城市、農業、能源電網、水管理、公共安全、供應鏈管理、教育和類似應用領域的安全性。」基本上，一切都是朝向未來的最新發展。如果各位想得知更多內容，可造訪 IEEE 網站，了解物聯網區塊鏈應用的更多內容。

Chapter **5**

加密貨幣如何運作

我在第 4 章解釋了區塊鏈技術的工作原理。而加密貨幣，更具體地說是比特幣，一直是區塊鏈技術的首批用例之一。這也就是為什麼大多數人對比特幣的了解，可能比對底層區塊鏈技術的了解還更多的原因。

在本章中，我將更詳細介紹加密貨幣到底如何使用區塊鏈技術，包括區塊鏈如何運作以及加密貨幣如何生成，甚至還包括一些加密貨幣的技客「術語」，完全可以讓你的約會對象對你留下深刻印象。

加密貨幣過程中的基本術語詳解

加密貨幣也被稱為數位硬幣，但它們跟你撲滿裡的硬幣完全不同，因為它們並不歸屬於任何中央銀行、國家或監管機構。

舉個例子來說，假設你在當地書店拿了一本新書準備結帳時，當你使用一般的信用卡或金融卡結帳，其交易過程大致是以下的情況：

1. 你把卡片的詳細訊息提供給收銀員或商店的銷售系統。

2. 商店檢查帳戶訊息，基本上就是連結到銀行的電腦，詢問你的銀行帳戶是否有足夠的錢來購買這本書。

3. 銀行檢查其記錄以確認是否有足夠的錢。

4. 如果你有足夠的錢，銀行便發送許可給書店。

5. 然後銀行更新其記錄，以顯示資金從你的帳戶轉移到書店的帳戶。

6. 銀行因為充當中間人的管理而獲得一點收益。

現在，如果你想從整個過程中刪除掉銀行這個中間人的話，你會信任誰來保存這些交易記錄而不會被篡改，或以任何方式作弊呢？是你最好的朋友？或是幫你遛狗的人呢？（我希望你想到的不是奈及利亞王儲之類的人）事實上，你可能無法信任任何一個人。那如果是信任一整個網路裡的每個人呢？

REMEMBER

正如我在第 4 章所說，區塊鏈技術可以消除中間人，因此當應用於加密貨幣時，區塊鏈便消除了中心化的交易記錄。區塊鏈會把交易分類帳的副本，透過區塊鏈網路發送到世界各地的節點，每個收到副本的人，都會記錄到你買書的這筆交易。

如果你使用加密貨幣購買這本書的話，其交易過程大致是以下的情況：

1. 你將你的加密貨幣訊息提供給收銀員。

2. 書店會請全網路的人幫忙，看你的錢包裡是否有足夠的加密貨幣來買書。

3. 於是網路中的所有記錄持有者，檢查他們自己的記錄副本，看看你的加密貨幣是否足夠（這些記錄持有者稱為節點；我在本章稍後會詳細解釋它們的功能）。

4. 如果你的錢包裡有足夠的加密貨幣，每個節點都會向收銀員說 OK。

5. 每個節點都會更新它們的記錄，以顯示加密貨幣從你的加密錢包，轉移到書店的加密錢包。

6. 在隨機選取下，某個節點獲得了工作獎勵。

這樣的交易過程，完全沒有任何組織追蹤你的貨幣存放在哪裡，也不需要專人調查任何欺詐的交易行為。事實上，如果沒有整個記錄者（節點）網路和「密碼學」這個難懂的小東西的話，像比特幣這樣的加密貨幣就不可能存在。在本章接下來的內容裡，我將解釋這一點，並說明與加密貨幣運作相關的其他重要術語。

密碼學

噓，不要把這個祕密告訴任何人：加密貨幣（Cryptocurrency）的加密，就是來自密碼學（Cryptography）中的「加密」（crypto），意思就是「祕密」。在加密貨幣世界中，最主要是指可以「匿名」的用途。

從歷史上看，密碼學是一種用於發送隱藏訊息的古老技藝（crypto 這個術語來自希臘語 krypto logos，原意是指祕密寫作）。發送者使用某種「密鑰」來加密訊息，接收者則必須能夠加以解密。舉例來說，當拿破崙的士兵於 1799 年在埃及羅塞塔附近發現「羅塞塔石碑」（Rosetta Stone）[註1] 後，19 世紀的學者便可藉此解密古埃及象形文字。到了 21 世紀的資訊網路時代，發送訊息者可以對訊息內容進行數位加密，接收者則使用加密服務和算法對訊息進行解密（不過你可能完全不知道自己的訊息經過了加密和解密的過程）。

拿破崙跟加密貨幣有什麼關係呢？加密貨幣使用密碼學來維護安全性和匿名性，這也就是數位硬幣即使未被任何中央機構或監管機構加以貨幣化，也能維持安全性和防止雙花的風險（即防止數位貨幣被同時多次使用）。

註 1 　「羅塞塔石碑」製作於公元前 196 年，這塊石碑刻有同一段內容的三種不同語言版本，讓近代考古學家得以解讀失傳千年的埃及象形文。

TECHNICAL
STUFF

密碼學主要使用三種加密方式：

>> **雜湊**：我在第 4 章簡單提過雜湊，解釋它如何類似於指紋或簽名的作用。雜湊函數先取得輸入數據（可以是任何大小），然後雜湊函數對原始數據執行操作，得到代表原始數據但具有固定大小（通常更小）的輸出數據。在比特幣等加密貨幣中，它是被用來猜測類似一個區塊的「密碼鎖」的組合。雜湊可以維護區塊鏈的數據資料結構、對用戶的帳戶地址進行編碼、並使區塊鏈的挖礦得以成為可能（關於挖礦的內容會在本章稍後加以討論，在第 12 章也會有更詳細的介紹）。

>> **對稱式加密**：對稱加密是密碼學所使用的最簡單加密方法，只涉及發送者和接收者的一個密鑰。對稱加密的主要缺點是雙方必須先交換用於加密數據的密鑰，才能對其進行解密。

>> **非對稱式加密**：非對稱加密使用兩個密鑰：公鑰和私鑰。你可以使用接收者的公鑰加密訊息，但接收者必須使用自己的私鑰對其進行解密。

節點

我在前面的例子裡提過的節點（Nodes），就是指在區塊鏈網路中負責記帳工作的許多電子設備，並以其分散方式讓去中心化成為可能。這些作為節點的電子設備可以是電腦、手機甚至印表機，只要可以連接網路並造訪區塊鏈網路即可成為節點。

挖礦

由於這些節點的所有者，願意貢獻他們的計算資源來儲存和驗證交易，因此他們有機會收取交易費用並獲得背後的區塊鏈加密貨幣獎勵。獲得加密貨幣的這種過程被稱為挖礦（mining），做這件事的所有者被稱為礦工（miners）。

REMEMBER

我要再解釋清楚一點：不是所有的加密貨幣都可以挖礦。除了比特幣和其他一些著名的加密貨幣可以挖礦，其他許多加密貨幣如瑞波幣（XRP），完全避免挖礦這件事。因為這些加密貨幣希望擁有一個在

挖礦過程中不會消耗大量電力的平台。事實上，耗能是我在第 4 章中提出的重大區塊鏈問題之一。不過無論如何，到目前為止，挖礦仍然是許多加密貨幣的重要組成。

以下是挖礦的工作原理：加密貨幣礦工（透過軟體）解決加密難題，然後將交易添加到分類帳（區塊鏈）中，期待獲得加密貨幣作為獎勵。這個過程之所以稱為挖礦，這是因為整個過程就像是從系統中挖取出新的加密貨幣。任何人（包括各位）都可以加入挖礦的群組，只是你的電腦必須搶先「猜測」出一個隨機數字，用來解決區塊鏈系統所生成的方程式。事實上，你的電腦必須計算許多 64 字符的字串，或者計算 256 位元的雜湊數值，並用該難題的方程式檢查答案是否正確。這也就是為何擁有計算能力強大的電腦如此重要的原因，當你的計算能力越強大，它在一秒鐘內可以做出的猜測就越多，因而可以增加你贏得這場比賽的機會。如果你先猜對了，除了可以獲得挖出來的比特幣之外，還可以在區塊鏈上寫下比特幣交易的「新區塊」。

由於挖礦是基於一種猜測的形式，因此不同的礦工對於每個區塊競猜數字，而得到更新區塊鏈的權利。雖然誰擁有最大的計算能力，可以控制 51% 的選票，誰就能控制這條鏈，而且每次都可以獲勝。然而從統計上的機率來看，同一個礦工並不可能每次都成功。另一方面，這個遊戲有時可能真的不公平，因為算力最強的人，確實較可能最先解決這個難解的方程式，並且更常「獲勝」。

工作量證明

如果你是礦工，想要將你的區塊和交易加入到區塊鏈中，你就必須為特定的難解題目提供答案（證明）。這個證明很難產生（需要大量的算力、時間和金錢），不過其他人可以很容易的驗證答案是否正確，這種過程被稱為工作量證明或 PoW。

舉例來說，猜測這種鎖的組合被證明是很難的一件事，因為必須透過所有不同的可能組合以得出正確答案，確實相當困難。不過當你得到答案之後，很容易就可以被驗證是否正確，你只需輸入組合並查看鎖

是否能打開即可！每個區塊裡第一個解決區塊鏈問題的礦工，將會獲得獎勵。這些加密貨幣的獎勵，基本上便是他們繼續挖礦的動力，讓礦工願意競相成為第一個找到數學問題解決方案的人。比特幣和其他一些可開挖的加密貨幣，主要就是使用這種工作量證明的概念，來確保網路不被輕易操縱。

然而正如我在前面所說，整個工作量證明的作法，對區塊鏈技術有一些不利之處。主要問題之一就是它為了產生隨機猜測，浪費地球大量的計算能力和電力。而這也就是為何新的加密貨幣已經走向稱為「權益證明」（PoS，proof-of-stake）的替代方案，讓我們接著說下去。

權益證明

權益證明（PoS）與工作量證明（PoW）不同之處在於，權益證明系統要求你展示一定數量的資金（或權益）的所有權。亦即你擁有的加密貨幣越多，擁有的挖礦能力就越強大，就更有機會新增區塊。這種方法消除了對成本高昂的挖礦過程的需求，而且計算很容易證明，也就是你擁有可用加密貨幣總量的百分之幾（實際過程必須質押加密貨幣，並且計算質押的時間長短）。

另一個差異是 PoS 系統不提供區塊獎勵，因此礦工獲得的是交易費用。這就是 PoS 加密的成本效益比 PoW 高上幾千倍的原因（千萬不要誤解他們的縮寫，以為 PoW 系統一定比較 Power，比較快）。

PoS 當然也有自己的問題。對新手而言，可能會抗議 PoS 系統是在獎勵囤積代幣的人。在權益證明模型下，節點挖掘的是與自己在加密貨幣中的權益，相對應的「交易百分比」。舉例來說，擁有 10% 加密貨幣的權益證明礦工，將能夠挖掘出網路上 10% 的區塊。這種共識模型的局限性，在於它為網路上的節點所提供的是「保存」自己的加密貨幣的理由，而非「交易」這些加密貨幣的動力。而且它還產生一種「富人更富」的情況，因為大量持幣者能夠在網路上挖掘更大比例的區塊。

重要性證明

重要性證明（PoI，Proof-of-importance）最初由名為 NEM（New Economy Movement，新經幣）的區塊鏈平台引入，以支持旗下的 XEM 加密貨幣。從某些方面看，重要性證明類似於權益證明，如果參與者（節點）擁有一定數量的「已歸屬」（vested）加密貨幣，就會被標記為「合格」的節點，然後網路會給符合條件的節點評定一個「分數」，他們就可創建一個與該「分數」大致相同比例的區塊。不同之處在於，這些節點不只透過持有更多加密貨幣來獲得更高分數（也就是權益證明採用的方法），還有其他變量也會影響分數。NEM 社群特別使用一種稱為「收穫」（harvesting）的方法來解決權益證明的「囤積」問題。

以下是 Investopedia 金融網站對這種「收穫」的定義：「每個礦工不是像比特幣一樣以累積的方式，把自己的挖礦能力交給一個計算節點，而是讓參與者只要把他的帳戶連結到現有的超級節點，並使用該帳戶的計算能力即可完成區塊。而持有大量貨幣或是積極使用該貨幣的人，也就是說「對貨幣的貢獻度」越高，重要性就越高，在收穫過程中得到審核的機會也越大」（本章後面還會討論到「收穫」的問題）。

交易：總結一下

REMEMBER

在此整理出加密貨幣的工作原理（其中一些術語的詳細訊息，可查看前面的內容）：

1. 當你想使用加密貨幣購買東西時，首先你的加密網路和你的加密錢包會自動檢查你以前的交易，以確保你有足夠的加密貨幣來進行交易，因此你需要有私鑰和公鑰（第 7 章還會詳細解釋）。

2. 接著交易被進行加密，廣播到加密貨幣的網路上，並排隊準備被添加到區塊鏈上的公共分類帳（區塊）中。

3. 礦工必須透過挖礦才能把交易記錄在公共帳本上。發送和接收地址是與用戶身分無關的錢包 ID 或雜湊值，因此這個部分是匿名的。

4. 如果是使用工作量證明的（PoW）的加密貨幣，礦工必須解決數學難題來驗證交易。如果是使用權益證明（PoS）的加密貨幣，則是把算力歸因於礦工持有加密貨幣的比例多寡，而非利用算力解決數學問題（解決了工作量證明「浪費能量」的問題）。如果是使用重要性證明（PoI）的加密貨幣，則是把挖礦能力歸因於節點持幣多寡外，再加入其他變量的權重分數（解決了權益證明「囤積貨幣」的問題）。

其他重要的加密貨幣概念

在本章前面與第 4 章裡，我們討論了加密貨幣的基礎知識及其與區塊鏈技術的關係。雖然我將在第 2 單元深入探討有關經紀商、交易所、錢包和不同類型的加密貨幣等更多細節。不過在這裡，我想先討論更多相關概念，以防有人開始跟你談論這些話題。因為有很多其他因素，讓加密貨幣與政府支持的法定貨幣（也稱法幣，例如美元等），顯得特別與眾不同。

適應性縮放

「適應性縮放」（Adaptive scaling）是投資加密貨幣的優勢之一。亦即隨著時間演進，挖掘特定的加密貨幣會變得越來越困難。如此可以讓加密貨幣在小規模和大規模經濟性上，都能完美的應用。因此加密貨幣會採取一些措施，例如隨著時間經過限制供應量（造成稀缺性），並隨著更多的加密貨幣被開採出來而減少挖礦的獎勵。由於這種適應性縮放，挖礦難度便會根據代幣和區塊鏈的受歡迎程度而上下波動，也讓加密貨幣在市場上能夠長長久久。

去中心化

正如我在第 4 章所解釋，區塊鏈技術背後的整個理念是「去中心化」，這個概念就是為了讓任何一個實體都不能影響加密貨幣。

TECHNICAL
STUFF

有人聲稱瑞波幣等加密貨幣並非真正去中心化，因為它們沒有完全遵循比特幣的挖礦協議。瑞波幣沒有礦工，取而代之的是讓交易透過「中心化」的區塊鏈推動，使其更可靠、交易也更快。瑞波幣之所以走這條路，是因為它想跟大銀行合作，想結合法定貨幣和區塊鏈加密貨幣二者的優點於一身。瑞波幣等無法挖礦的貨幣是否可以被視為加密貨幣，可能還有待討論，但這個事實並不代表你不能投資它們，而這也就是本書的主要目的！

收穫

前面說過「收穫」（harvesting）是另一種替代方案，用來取代維護區塊鏈網路完整性的傳統挖礦。它是由名為 NEM 的區塊鏈平台所設計，用來生成自己的加密貨幣 XEM。更進一步的解釋可以參考 finder.com 網站的說法，收穫的工作原理是這樣的：「每當有人進行交易時，第一台看到並驗證該交易的電腦，將通知附近的用戶這項交易，創建一個訊息的彙集。這種過程就代表「生成一個區塊」。每當擁有超過 10,000 個已歸屬 XEM 加密貨幣的人，在 NEM 中生成一個區塊時，他們就會收到該區塊的交易費用」。此外，正如我在本章前面所說，NEM 的收穫使用的是重要性證明（PoI）系統，而非權益證明（PoS）或工作量證明（PoW）。

開放原始碼

加密貨幣通常會開放原始碼，亦即礦工、節點和收穫者都可以加入和使用區塊鏈網路，無須付費加入。

公共分類帳

我也在第 4 章說過分類帳是用來記錄訊息和資料的古老記錄系統。加密貨幣使用公共分類帳來記錄所有交易資料。世界上的每個人都可以造訪這些公共區塊鏈，查看使用加密貨幣進行的所有交易。

請注意，並非所有區塊鏈都使用公共分類帳，有些企業和金融機構所使用的是私人分類帳，因此大家無法看到這些交易。不過這種做法就與區塊鏈技術背後的原始理念互相矛盾。

智能合約

「智能合約」（Smart contracts）也稱為自動執行合約、區塊鏈合約或數位合約。它們的功能就像傳統合約一樣，只是變成完全數位化。智能合約消除了買賣雙方之間的中間人，因此可以實現自動支付和自動投資產品等功能，完全不需要銀行這類中間機構。

智能合約是一個在區塊鏈平台上儲存與運行的小型電腦程式。正因如此，所有交易都是完全分散式，不需要中間機構來控制其執行。此外，由於智能合約儲存在區塊鏈上無法變動，亦即智能合約創建後就無法再進行更改；這種不可篡改的特點，正是繼承自區塊鏈技術的特點。

然而這種不可變動的特點也有自己的麻煩，因為你無法更改智能合約中的任何內容，亦即如果程式碼有任何錯誤，你也無法加以修復。這點也讓智能合約的「安全性」保障更加困難，有些公司會透過智能合約安全稽核（auditing）來解決這種安全問題，但其代價可能非常昂貴。

隨著時間經過，我們可以期待更好的程式碼實作與開發的生命週期，來解決智能合約的安全問題。因為智能合約仍算是一種創新的應用，因此它們的整個生命週期，幾乎都還在反覆實驗中。

把叉子插進去：加密貨幣分叉概念

加密貨幣的分叉（fork，原意為叉子），並不會幫你把肚子填飽，但它可能用錢來填滿你的加密錢包！許多流行的加密貨幣，都是從比特幣等其他加密貨幣的分叉而誕生。所以我將解釋這些加密貨幣分叉的基礎知識，並告訴你如何從中獲利。

何謂分叉，為什麼會出現分叉？

當一群開發人員不認同加密貨幣的發展方向時，有時部分成員會決定走自己的路而發起分叉。你可以想像一個實體的雙齒叉一樣，從一根長柄分叉成樹枝狀，這真的就是加密貨幣分叉所發生的情況。

正如前面說過，有些加密貨幣是在開放原始碼的軟體中實施，這些加密貨幣都有自己的協議，網路裡的每個人都應該遵循。這類規則主題的範例包括：

- » 區塊大小
- » 礦工、收穫者或其他網路參與者獲得的獎勵
- » 費用如何計算

REMEMBER

不過由於加密貨幣本質上是軟體項目，所以它們的開發永遠可能處在進行式中，因為軟體總是有改進的空間。加密貨幣開發人員通常會定期推出更新，以解決某些問題或提高軟體的運行能力。有些更新幅度可能很小，但有些更新可能會從根本上改變原始加密貨幣的工作方式。就像在其他類型的關係一樣，要不就是一起成長，要不就是分道揚鑣。因此當開發人員或網路參與者之間的分歧加劇時，他們可能選擇分手，自己創建新的協議版本。最後導致了潛在的心碎，需要多年的心理治療才能復原…好吧，最後一部分並沒有真正發生。

硬分叉和軟分叉

加密貨幣可能發生兩種類型的分叉：硬分叉（hard fork）和軟分叉（soft fork）。

大多數加密貨幣由兩大部分所組成：協議（一套規則的集合）和區塊鏈（儲存所有曾經發生過的交易記錄，參考第 4 章）。如果加密社群的一部分人員決定創建自己的新規則時，他們會先複製原始協議的程式碼，然後進行修改（假設此加密貨幣完全開放原始碼）。當開發人

員完成想要的更改後，他們會定義一個分叉來當成活動的起點。更明確的說，他們會選擇從某一號區塊開始分叉。如圖 5-1 所示，這群人可以說，當區塊 999 發佈到加密貨幣區塊鏈時，新協議將上線。

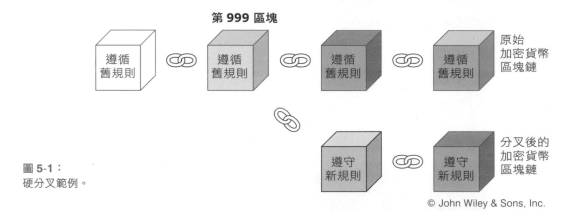

第 999 區塊

圖 5-1：
硬分叉範例。

© John Wiley & Sons, Inc.

當加密貨幣區塊鏈長度達到該區塊編號時，此加密社群將一分為二。某些人決定支持原始協議，另一些人則支持新的分叉，然後兩組人各自開始向他們支持的分叉添加新區塊。此時，兩條區塊鏈互不兼容，便發生了硬分叉。在硬分叉中，節點等於經歷了爭議下的「分手」，並且不再繼續交往，甚至也不承認彼此區塊鏈上的節點或交易。

另一種軟分叉則像是你與前任「維持朋友關係」的分手類型。如果開發人員決定變動加密貨幣規則，但在分叉時「與舊版本相容」的話，這種情況稱為軟分叉。你可以在圖 5-2 所示範例中，看到兩者的差別。

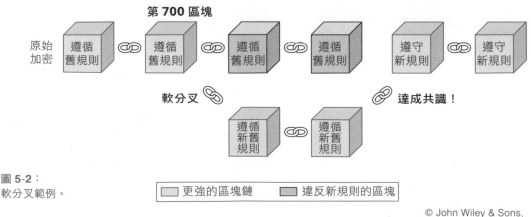

第 700 區塊

圖 5-2：
軟分叉範例。

© John Wiley & Sons,

假設軟分叉即將發生在第 700 個區塊，社群裡的大多數人，可能會支持遵循新舊規則可相容的更強大區塊鏈。一旦雙方在經過一段時間後達成共識，新規則便將在全網升級。任何仍在挖礦的未升級節點（即頑固的節點）基本上都會變成浪費時間。此時社群就像溫和的重新復合了，大家從此過上幸福的生活 —— 當然，直到下一次重大爭端再起時。

分叉免費送加密貨幣

因為新的分叉是基於原始區塊鏈，所以之前在區塊鏈上記錄的所有交易，也會記錄在分叉上。新鏈的開發人員在分叉發生的特定塊號（例如圖 5-1 中的第 999 號區塊）處，對帳本進行「快照」（記錄當下所有內容），創建了區塊鏈的副本。意即如果你在分叉前擁有一定數量的加密貨幣，你也會在分叉後獲得相同數量的新加密貨幣。

分叉範例：比特幣與比特現金

即使是加密貨幣的大明星比特幣（BTC）也發生過分叉。加密貨幣界最著名的比特幣分叉之一，發生在 2017 年 8 月 1 日，也就是比特現金（Bitcoin Cash）的誕生之日。當時的開發人員們，無法就區塊的大小達成共識，有些人希望區塊的大小從 1MB 增加到 2MB，其他人則希望增加到 32MB。社群中有些人喜歡新的大區塊創意，而另一些人則認為他們瘋了。因此，兩組都決定走自己的路。藉由硬分叉誕生的比特現金，採用全新的貨幣代碼（BCH），也讓已經擁有比特幣（BTC）的人，在加密錢包中直接出現相同數量的比特現金（BCH）。

截至 2018 年 8 月，經過硬分叉誕生的 BCH 價值上升到 750 美元，而 BTC 的價值則高出十倍，約為 7,500 美元。只有時間才能證明 BCH 是否超越原始協議的價值。不過，至少分叉者已經從中獲得了一些利益！

要從分叉中獲得免費代幣，必須在發生分叉的區塊編號之前，在支持分叉的平台上事先擁有加密貨幣。你可以稱之為「免費的錢」。不過最後新誕生的加密貨幣價值，仍要取決於新分叉的表現如何，以及在社群中的受歡迎程度而定。

2

投資加密貨幣
的基礎知識

依據自己的市場參與程度，尋找適合的交易所或中間商作為投資夥伴。

依據自己的需求，選擇一個安全的加密貨幣錢包來儲存你的數位資產。

搜尋目前的加密貨幣背景訊息。

找出在任何時間內，均適合自己投資的最佳加密貨幣。

探索加密和非加密資產的多元化投資方式，盡量降低投資組合的風險。

Chapter **6**

加密貨幣交易所和經紀商

當你熟悉加密貨幣的風險和回報，也確定加密貨幣投資非常適合你之後，即可開始著手購買加密貨幣。或許你已經猜到了，由於這些加密貨幣是數位資產，所以大多數加密貨幣的購買、投資和交易都是在線上進行。你有許多方法可以「支付現金」購買數位貨幣，不過這種交易並不常見；我的意思是除非你有一個朋友成為了加密貨幣百萬富翁，並希望出售一些加密貨幣資產，你當然就可以直接給他現金來換取加密貨幣。

最常見的加密貨幣購買方式，應該是直接透過線上的加密貨幣交易所來購買。根據加密貨幣投資目標的不同，你也可能必須考慮其他購買方法。舉例來說，如果你想頻繁地進行加密貨幣交易的話，可能就會發現「傳統的」加密貨幣交易所或經紀商，在買賣上會更方便。不過如果你只想購買一些加密貨幣存放在加密錢包裡的話，那麼值得信賴的「線上 / 本地」交易所，就可完成這項工作。因此在本章中，我將向各位介紹不同類型的交易所、經紀商和其他加密貨幣提供商，並向大家說明如何為加密貨幣目標，選擇正確的交易對象。

REMEMBER

為了投資這種熱門數位資產而找尋投資方式，可能會是相當漫長的過程。然而隨著政府監管立場的變化，越來越多交易被允許與接受度提高，加上市場對加密貨幣的整體信心提升等，都讓你辛苦尋找加密貨幣投資的過程，有機會獲得很好的回報。無論你打算使用哪種方式購買加密貨幣，都必須先準備好一個加密貨幣「錢包」來儲存數位資產（第7章會詳細討論大家必須了解的加密貨幣錢包相關訊息）。

加密貨幣交易所的種類

加密貨幣交易所也稱為「數位貨幣交易所」（digital currency exchange），簡稱 DCE。這是一種網路服務，可以協助人們將現金兌換成加密貨幣，反之亦然。不過大多數交易所可能更專注於提供「兌換」的服務，也就是協助你將比特幣等加密貨幣，兌換成以太幣、萊特幣等其他數位貨幣。

大部分交易所都是在線上經營，但確實也有很多家「實體」企業，可以為客戶提供在傳統支付方式和加密貨幣之間交換匯兌的服務。這些實體交易所類似於機場的貨幣兌換處，可以讓你把自己國家的貨幣，兌換成該國的貨幣。

REMEMBER

最常見的加密貨幣交易所形式如下：

» **中心化的加密貨幣交易所（CEX）**：CEX 類似於傳統的證券交易所。

» **去中心化加密貨幣交易所（DEX）**：DEX 的目的在遵守加密貨幣行業背後的去中心化理念。

» **混合型加密貨幣交易所**：混合式交易所被視為新一代的加密貨幣交易市場，因為可以結合 CEX 和 DEX 的優點。

接下來的章節裡，我將向各位介紹 CEX、DEX 和混合式交易所的底細，最後還會給各位一些選擇交易所的指導方針。

中心化交易所

中心化交易所就像傳統的證券交易所，買賣雙方一起進入市場，交易所則扮演中間人的角色。這些交易所通常是收取佣金來促成買賣雙方之間的交易。在加密世界裡，這種「中心化」交易就代表信任別人來處理你的錢。

REMEMBER

中心化交易所通常以下列方式運作：

1. 你把錢交給交易所。

2. 交易所為你保管（就像銀行或任何受信任的中間人一樣）。

3. 接著你在交易所查看可交易的加密貨幣價格。

4. 根據交易所的不同，你可以將法定貨幣（例如像美元這樣的傳統貨幣）換成加密貨幣（如比特幣）。然而在大多數交易所中，你將發現把兩種加密貨幣配對交換會更划算。

5. 接著你下委託單進行交易。

6. 交易所依你的買單尋找賣家。如果你是要出售的話，交易所也會為你找買家。

7. 成交！你在交易所購買了加密貨幣。

大多數中心化加密貨幣交易所，都會有「加密貨幣 / 加密貨幣」的配對[註1]，不過並非所有交易所都提供「法定貨幣 / 加密貨幣」的配對。

>> 「加密貨幣 / 加密貨幣」配對是指將一種加密貨幣（如比特幣），交換為另一種加密貨幣（如以太幣）。

>> 「法定貨幣 / 加密貨幣」配對則是指將傳統貨幣（如美元），兌換成加密貨幣（如比特幣）。

註 1　這就像外匯市場的貨幣配對交易方式，判斷某幣對某幣相對是漲或跌來進行交易，亦即藉由財務槓桿方式來賺取獲利。第 10 章還會詳細討論加密貨幣「配對」的情形。

以下將深入研究提供這些配對交易服務的交易所。

WARNING

中心化加密貨幣交易所的主要問題之一，就是它們比較容易被駭客入侵。然而在過去的一些駭客案件中，解決方式都是交易所自掏腰包賠償客戶。這就是為何必須慎選中心化交易所，了解該交易所是否有能力對抗駭客，並且在被駭客入侵時，是否能賠償你的損失，這點非常重要。當然，隨著加密貨幣的普及，市場上一定會出現更加中心化的加密貨幣交易所。有些會很成功，有些當然可能失敗。因此，請明智的選擇自己的加密貨幣交易所，我也會在本章稍後討論如何選擇最佳交易所的方法。

提供「法定貨幣 / 加密貨幣」配對的中心化交易所

如果你還不熟悉加密投資的話，從提供法定貨幣 / 加密貨幣配對的交易所開始進場，可能會比較合理。這也正是提供這項服務的交易所，會成為早期最受歡迎的交易所之故。

在撰寫本書時，一些較受歡迎的法定貨幣 / 加密貨幣配對中心化交易所，包括以下這幾間：

» **Coinbase**：又名比特幣基地，這是世界上最受歡迎的交易所之一，也是加密貨幣界最早在那斯達克上市的公司。Coinbase 支援比特幣（BTC）、比特現金（BCH）、萊特幣（LTC）和以太幣（ETH）等加密貨幣。在法定貨幣方面，依你所在地點不同，可以使用美元（USD）、歐元（EUR）和英鎊（GBP）等。

» **Bittrex**：暱稱 B 網。這家發展快速的交易所位於美國西雅圖，支持美元（USD）、比特幣（BTC）、以太幣（ETH）、泰達幣（USDT）和其他各種加密貨幣配對。

» **Kraken**：Kraken 有多種加密貨幣 / 法定貨幣配對，除了美元（USD）和歐元（EUR）外；也可以在交易所的網站上查看列表。不過就個人而言，我曾經在 2018 年遇到過 Kraken 在服務和客戶支援方面的問題。

» **Gemini**：Gemini 總部位於紐約，在美國屬於監管標準較高的交易所。它支持比特幣（BTC）、以太幣（ETH）、Zcash（ZEC）和美元（USD）等。

» **Robinhood**：Robinhood（羅賓漢市場股份公司）是一種流行的金融服務和交易應用程式，最初提供股票和 ETF（交易所交易基金）服務，現在也提供法定貨幣與比特幣（BTC）和以太幣（ETH）的配對。它還提供更多加密貨幣的即時市場數據，包括達世幣（DASH）、瑞波幣（XRP）、恆星幣（XLM）等。由於使用方便，因此是我個人最愛使用的交易所。

» **Bitfinex**：Bitfinex 交易所很適合活躍的加密貨幣交易者使用，你需要至少 10,000 美元的資產才能開始操作。它提供多種法定貨幣，例如美元（USD）、日圓（JPY）、歐元（EUR）和英鎊（GBP）與多種加密貨幣進行交易。而關於 Bitfinex 必須記住的是：如果你的帳戶有餘額卻不積極參與市場的話，它會向你收取「閒置費」（inactivity fee）（可到 Bitfinex 官網查詢最新的說明）。

然而正如我在本章稍後將解釋的：在選擇其中一個交易所之前，你必須先考慮這間交易所的其他特點，而非僅看它能提供哪些法定貨幣 / 加密貨幣對。

提供「加密貨幣 / 加密貨幣」配對的中心化交易所

許多中心化加密交易所僅提供加密貨幣 / 加密貨幣配對，在撰寫本書時，最受歡迎的包括：

» **幣安**：幣安（Binance）是從 2018 年起成長最快的交易所之一（目前交易量全球最大），有提供行動裝置應用程式，這也是我投資加密貨幣所使用的交易所之一。

» **火幣**：火幣（Huobi）支援泰達幣（USDT）、比特幣（BTC）、以太幣（ETH）和火幣代幣（HT）與其他各種加密貨幣配對。火幣在 2018 年進軍美國，但由於政府政策，讓美國用戶難以使用這些中國的加密交易所服務（火幣於 2021 年撤出中國後，轉往新加坡成立總部）。

>> **KuCoin**：這個快速發展的交易所，除了支援其網站上的各種加密貨幣，也提供行動裝置應用程式。

去中心化交易所

去中心化加密貨幣交易所（DEX）是一種「不依賴中間人」持有你資金的交易所。換句話說，這是一個買家和賣家聚集在一起，並可直接彼此處理交易的市場，DEX 即可促成「點對點」的交易。

TECHNICAL STUFF

在去中心化交易所裡，你可以直接向其他市場參與者買賣加密貨幣資產，也可以透過智能合約和原子交換（atomic swaps）等方式進行交易。正如 Investopedia 網站的解釋：智能合約是「自動執行的合約，買賣雙方之間的協議條款會直接寫入程式代碼中。」這也是原子交換的基礎技術，在不使用中心化交換的情況下，將一種加密貨幣直接兌換為另一種加密貨幣。透過 DEX、智能合約和原子交換，我們就不需要把加密貨幣交給中心化交易所（CEX），而是將它們交由交易所的網路集中託管。託管當然必須存在，因為這種交易需要長達五天的時間才能清算。你的資金會先從你的帳戶轉出，但要等到加密交易清算後，才會轉移到賣家的帳戶中。

你可能認為去中心化交易所（DEX），才更適合用來買賣加密貨幣，因為整個加密貨幣市場不就是為了去中心化而誕生的嗎？而且，加密貨幣之所以變得流行，也是因為它們允許你成為自己的銀行，並且負責自己的資產交易吧。這也就是為何許多 DEX 迷都會說：如果不使用去中心化交易所，就是在危及加密貨幣背後的基本理念。

以下章節將談到關於 DEX 所面臨的一些問題，以及更多值得注意選擇 DEX 交易所的要素。

DEX 潛在問題

儘管未來去中心化交易所（DEX）可能會完全取代中心化交易所（CEX），不過這種去中心化交易所也有自己的問題。

WARNING

去中心化的加密貨幣交易所較難駭入，也表示你很有可能容易鎖住自己的錢而拿不到。例如當你忘記登錄訊息，或系統認為你是想要闖入的駭客，你的帳戶就可能被鎖定。DEX 的其他問題還包括交易量低和流動性低。流動性就是你在市場上買賣加密貨幣的速度。由於 DEX 不如中心化交易所的便利與受歡迎（至少目前如此），因此你可能會面臨更多交易上的難度，需要較長時間才能在 DEX 上找到願意配合此筆買賣委託單的人。而這樣的問題是「惡性循環」，因為 DEX 比較不受歡迎的話，流動性就會變得很低，而流動性一變低，DEX 就更不受歡迎了。這就是為什麼到目前為止，中心化交易所會比去中心化交易所更受歡迎之故。

此外，大多數去中心化交易所不提供存取美元等法定貨幣服務，有些操作可能既昂貴又緩慢，例如取消委託單或轉移加密貨幣等一切過程，都需支付費用並等待區塊確認，時間從幾個小時到幾十個小時都有可能。幸好目前的去中心化交易所，已經慢慢走向免除交易手續費的作法。

較知名的去中心化交易所

不論去中心化交易所可能會有哪些問題，仍有最受歡迎的去中心化加密貨幣交易所，如下：

» **IDEX**：用於交易以太幣（ETH）的去中心化交易所，該交易所是對用戶最友善的去中心化交易所之一，可以輕鬆連接到你的加密錢包，我將在第 7 章詳加介紹。

» **Waves DEX**：該交易所允許你交易比特幣（BTC）、以太幣（ETH）、萊特幣（LTC）、門羅幣（XMR）和其他各種加密貨幣，包括交易所自己的加密代幣 Waves（WAVES）；此外，你還可以交易法定貨幣，例如美元和歐元。目前 Waves DEX 的日交易量約為 7,100 萬美元。

» **Stellar DEX**：該交易所基於 StellarTerm.com 網站，是 Stellar 平台的去中心化交易系統。它支持比特幣（BTC）、以太幣（ETH）、瑞波幣（XRP）和萊特幣（LTC）以及美元、日圓、港幣和人民幣等法定貨幣。要開始在此 DEX 上交易時，必須存入 20 恆星幣（XLM，類

似做法會在第 8 章詳細說明）若要了解更多關於 Stellar 去中心化交易所的最新說明，可造訪前述官網網址。

» **Bisq DEX**：這是一家基於純粹點對點基礎的交易所。你可以用美元、歐元或日圓等法定貨幣兌換比特幣，也可以用多種山寨幣兌換比特幣。

這類去中心化交易所是最純粹的去中心化交易所形式，其操作完全在鏈上，所有交易都會直接透過區塊鏈相互交換與上鏈（詳見第 4 章）。然而，正如我在上一節所說，這些類型的交換有其本身的問題，而在中心化的加密貨幣交易所中，這些問題相對較少。

混合式交易所

加密貨幣的「混合式交易所」（Hybrid exchanges），目的在結合中心化和去中心化交易所的優點，為消費者提供兩全其美的體驗。更具體的說，混合式交易所希望能提供中心化交易所的功能性和流動性，以及去中心化交易所的隱私性和安全性。許多人認為此類交易所正是加密貨幣交易體驗的未來發展。

TECHNICAL
STUFF

混合式交易所希望能以類似於傳統交易所的速度、輕鬆和流動性，為用戶提供加密貨幣交易服務。混合式交易所將其中心化元素，連接到去中心化元素的網路。這種方法允許用戶像中心化交易所一樣的使用交易平台，然後像去中心化交易所的方式參與點對點交易，最後可以在區塊鏈上提供交易的確認與記錄。

混合型交易所也被稱為「半去中心化」（semi-decentralized）交易所，因為它們同時包含鏈上和鏈下元素，這種「鏈下交易」（off-chain transaction，亦稱鏈外交易）會將你的加密貨幣價值轉移到區塊鏈之外。

第一個混合式交易所是 2018 年推出 Qurrex（https://qurrex.com）。Qurrex 團隊，是在 2016 年由擁有多年外匯市場工作經驗的專家、交

易終端開發人員，以及成功經營股票和期貨交易所等創始人員所組成。他們看到了應用傳統交易所的最佳實踐，來創建新一代加密貨幣交易所的巨大潛力，因而能夠提供中心化和去中心化元素的協調結合。

另一個受到關注的混合加密貨幣交易所，是 NEXT 交易所。若你持有其原生代幣 NEXT，可在法定貨幣和加密貨幣對之間進行交易，包括比特幣（BTC）與歐元（EUR）對，或以太幣（ETH）與美元（USD）對等。

如何選擇交易所

在前面討論過的內容裡，你可能注意到網路上並不缺乏加密貨幣交易所，而且必定會有更多種類的交易所加入市場。然而到底哪種類型的交易所最適合你，是 CEX、DEX 還是混合式交易所呢？就算你終於決定選擇某種類型的交易所了，也還要決定到底該選擇這個類型下的哪一家交易所？

對於這些問題，我當然無法給你一個絕對可靠的答案，但我可以提供一些方法來過濾這些交易所裡最重要的一些特點，以協助你做出最佳決定。以下章節便在說明選擇加密貨幣交易所時，必須考慮的一些重點。

如果你是加密貨幣交易新手，最好先研究過加密貨幣，再來選擇交易所。一旦你更有經驗之後，就可以根據目前的市場條件，更輕鬆的選擇加密貨幣來進行交易。

就我個人而言，我非常喜歡「多元化」投資。由於這些交易所有著不同的優缺點，因此在多個交易所中分散你的加密貨幣投資，可能是較為明智的做法。就像許多人購物時的做法：你可能會去 A 商店購買品質較好的肉，但你的義大利麵都是在 B 商店購買。

安全性

REMEMBER

安全是加密貨幣行業最重要的問題之一，因為交易所不斷面臨到駭客攻擊、詐欺和「拉高出貨」詐騙（pump-and-dump scheme）的風險。拉高出貨是指有人鼓動投資者購買加密資產，亦即以人為方式抬高加密貨幣價值（也就是「拉高」的部分），然後再以高價出售自己的資產（也就是「出貨」的部分）。這就是為何在選擇加密貨幣交易所之前，最重要的事情之一就是進行研究。研究 Reddit 網站或富比士等新聞機構的口碑和線上評論，這些都是協助你選擇合法和安全平台的好地方。一般對於交易所安全項目的檢查事項包括：

» **雙重身分驗證（2FA）**：雙重身分驗證是一種透過結合使用兩個不同條件，以確認你所宣稱身分的方法：交易所知道的條件（你的密碼）和它擁有的條件（發送六位數號碼到你的手機或電子郵件地址）來進行二個步驟的驗證。

» **儲存大部分資金的冷錢包（Cold storage）**：「冷錢包」代表交易所將你的資金「離線」儲存，因此遇到駭客的風險較低（第 7 章會詳細解釋這種方式）。

» **儲量證明（Proof of reserve）**：這項檢查是要求對交易所進行稽核，以驗證交易所持有的資金總額，是否足以支付任何客戶帳戶餘額所需的金額。

支援的貨幣種類（加密貨幣和其他貨幣）

當你在幾千種可用加密貨幣中，決定哪一種最適合自己之後，就必須確保你的交易所可以交易這種加密貨幣（第 8 章會討論各種加密貨幣的選擇）。

此外，如果是第一次購買加密貨幣的話，你可能需要找一個允許你存入本國法定貨幣的交易所。

正如我在本章前面所說，有些交易所只提供加密貨幣的買賣，有些交易所則允許你使用法定貨幣進行交易，例如美元、歐元或你所在國家的貨幣。

流動性

如果沒有足夠的流動性，你的加密貨幣交易價格和速度，就很容易受到影響。在決定要購買哪種加密貨幣後，請確保你的交易所可以提供足夠的流動性和交易量，以實現快速輕鬆的交易。流動性還能確保你的加密貨幣買賣價格，不容易受到市場大戶的明顯影響。只要交易所的買家和賣家越多，其流動性就越大。

要衡量一家交易所流動性的最好方法，就是查看其最近的交易量。我推薦 Coinmarketcap.com 和 bitcoincharts.com 這兩個加密貨幣訊息網站，他們會根據交易量和流動性，對交易所進行排名。

費用

交易所會以各種不同名目向客戶收費。如果能不收費當然更好，不過交易所並不是慈善機構，向客戶收取費用正是他們用以維持業務運作的方式。其中最常見的方式，就是從你交易的金額中，抽取一小部分費用，雖然大多數交易所收取的費用低於 1%；不過為了保持競爭力，某些交易所的價格可能低至 0.2%，甚至不收任何費用。一般交易所通常會隨著用戶每月交易量的增加，機動調降收取費用的百分比。

交易費用越低，通常越有吸引力，但你該優先考慮的是安全性和流動性，而非把交易費用擺第一。如果不必支付任何交易費用，卻在駭客攻擊中損失所有資金的話，你的投資目標也無法實現。

易用性

這點對於新手來說尤其重要，因為我們都希望交易所可以提供易於使用、直觀且快速的用戶介面，最好還能配合你在投資加密貨幣活動時

所使用的設備類型。例如你經常在旅途中的話，可能希望選擇具有良好行動裝置應用服務的交易所。

良好的用戶體驗，可以協助你在選擇交易所時，採取更明智、更有效的行動。而具備出色介面和行動裝置支援的交易所，還擁有另一個好處，就是它們更可能快速成交，因而能在加密貨幣市場交易中，提供更多交易量和流動性。

位置

依據居住地不同，你可能會發現在你的國家 / 地區的特定交易所更適合你，而非那些在國際上更受歡迎的交易所。另外還要記得檢查該交易所支援哪些法定貨幣交易，以及他們對於本國人和外國人是否收取相同費用。

此外，交易所的「地點」也決定了它必須遵守的法律。在撰寫本書時，許多國家對加密貨幣並沒有任何具體的規定，但隨時間演進，這些逐漸出現的監管限制，很可能會嚴重影響你透過這些國家的交易所來參與市場的能力。

付款方式

請查看交易所接受的付款方式。有些交易所要求透過銀行轉帳，有些可以使用 PayPal，還有一些能接受信用卡和簽帳卡。通常支付越容易，需要支付的手續費用就會越高，舉例來說，很少有交易所允許你使用信用卡或簽帳卡進行支付，而允許的交易所就會讓你為這種「便利性」服務支付較高費用（「費用」的內容在前面提過；後面還會介紹關於「PayPal」的訊息）這種服務的範例之一是 xCoins，他們接受信用卡和 PayPal 來交換比特幣，不過他們稱此為「借」（lending），但其概念類似於買賣。

客戶支援

當我第一次進行加密投資時，在客戶支援上遇到的挫折，就是我決定不再繼續去那家大型交易所的原因之一。如果我信任的交易所能有回應迅速的客戶支援服務，才能讓我感到更自在。你可以嘗試直接聯繫交易所的客戶支援部門，詢問「常見問題解答」頁面上無法找到的任何問題，或是仔細閱讀 BitcoinTalk 等線上加密貨幣論壇（https://bitcointalk.org/）的評論來判斷該交易所客戶支援的情況。你可能會在這類論壇上發現對於這些交易所的相關投訴。不過請記住，那些得以成長快速的交易所，通常是透過改善客戶服務來應對這些投訴，這當然是件好事。

TIP

另一項可以在論壇上找到的關鍵重點，就是查看這間交易所是否曾經發生過關於「將用戶拒於帳戶之外」的投訴。如果有的話，你可能就必須另找其他交易所。

選擇權交易

選擇權（Options）交易對於活躍型交易者或資深交易者來說非常重要。舉例來說，根據你的風險承受能力和財務目標，你可能會希望能夠交易某些特別的委託單類型或保證金交易之類。在這種情況下，請先確保你在遇到麻煩之前，已經充分了解過這類交易活動所涉及的高風險（本書第 4 單元還會詳加討論）。

交易限額

大多數交易所都有每日提款／存款限額。除非你是為大型機構投資的交易員，希望每天都能進行幾百萬筆交易，否則這些限制可能並不會構成問題。不過依據投資風格和目標不同，你仍有可能必須記住這些限制。通常不必申請帳戶，就能直接在該交易所網站上了解其交易限制。

請考慮經紀商

如果你希望線上購買加密貨幣並將其作為資產進行投資,那麼加密貨幣交易所就是你的最佳選擇,本章前面所講述的也都是交易所的相關內容。但是,如果你比較偏向推估加密貨幣的價格行為來進行交易(而非真的購買)的話,那麼你可能要考慮選擇「經紀商」(broker)。

隨著加密貨幣越來越流行,一些傳統的外匯經紀商也開始將服務擴展到加密貨幣。但請記住,「經紀商」的概念在純粹的加密貨幣投資中並不存在,你無法透過傳統的外匯經紀商購買比特幣等加密貨幣。儘管經紀商可能會向你推銷加密貨幣,不過他們真正提供的,只是在他們的平台上波動中的「交易價格」。由此看來,你可以利用這種市場價格的波動,依自己推測價格的交易委託單來賺錢(或賠錢)。

在接下來的章節裡,我會先解釋傳統外匯經紀商的運作方式,然後再探討把你的加密貨幣交易活動交給經紀商的優缺點。

經紀商如何運作

傳統的外匯經紀商,就是協助交易者在其平台上執行交易的市場中間人,等於是個人交易和大銀行網路之間的中間人。外匯經紀商通常會從一家或多家銀行取得特定貨幣的價格。然後,他們會為你提供從這些銀行收到的最優惠價格,你就可以根據經紀商平台上的貨幣價格,買賣你想要的貨幣。

TECHNICAL STUFF

這類經紀商是在所謂的「場外交易」市場(OTC,over-the-counter,又稱櫃台市場)上運作,亦即貨幣是透過交易商網路進行交易,而不是在中心化的交易所進行。這些經紀商等於把他們的交易風險,轉嫁到稱為「流動性提供者」(liquidity provider)的第三方或內部後台。而對加密貨幣服務的平台而言,這些「流動性提供者」通常就是我在前面談的加密貨幣交易所。

WARNING

外匯經紀商主要藉由透明公開的（有時則是隱藏的）佣金來賺錢，因此經紀商在他們的客戶賠錢時也能賺錢，這也就是整個外匯行業開始聲名狼藉的原因之一。有些經紀商也因此被政府監管機構抓住把柄。我在我的另一本書《Invest Diva's Guide to Making Money in Forex》（暫譯：投資女王的外匯賺錢指南）裡，解釋了所有關於外匯經紀商和整個行業涉及的騙局。

使用經紀商的利與弊

REMEMBER

提供加密貨幣服務的外匯經紀商，已經開始如火如荼的宣傳具有投機性質的加密貨幣交易。以下便是我們在透過「經紀商」和「加密貨幣交易所」交易時，相互比較下的優點和缺點：

>> **優點一**：你的交易會有更好的流動性。經紀商可以從多個交易所獲得報價，因而能為客戶提供更多流動性，這也代表你有更高的機會，及時完成你的交易委託單。此外，還可以得到更接近你的初始買賣委託單價格，因為經紀商通常會有各種管道找到買家或賣家，來完成你的委託單。

>> **優點二**：可以立刻開始交易。如果你是透過交易所進行交易，有時必須等待幾天才能確認你的帳戶；如果是透過經紀商的話，通常很快就能確認你的交易。

>> **缺點一**：無法將加密貨幣作為長期資產進行投資。因為透過經紀商進行交易，等於只是在推測市場的價格波動「賺差價」，實際上並沒有購買或投資加密貨幣市場。也就是說，即使你在經紀商帳戶購買了加密貨幣，你也並未擁有自己的加密貨幣。

>> **缺點二**：你無權使用加密錢包。跟前一點相同的原因，沒有真正購買加密貨幣，就沒有加密投資組合或加密錢包可供使用，因此你無法實現真正的加密貨幣轉帳或購買行為。

除了上述這些優點和缺點之外，有些情況在透過經紀商交易加密貨幣時，可能是優點也可能是缺點。如果你造訪這些經紀商的網站，他們都會把這種模稜兩可的情況視為優勢。然而你必須了解藏在表面優勢之下的風險，以下便是最常見的情況。

優缺點參半：利用市場低迷的機會

這弔詭的優勢也是許多經紀商會大加宣傳的優勢。因為你並沒有真的購買貨幣（法定貨幣或加密貨幣），所以你可以押注市場下跌，當價格確實如你預期下跌的話，就可以賺到錢，這過程稱為「賣空」（short-selling）。賣空在交易所和傳統股票市場上都可以進行，不過它涉及較高的風險，因為你等於要從經紀商、交易所或任何提供交易服務的人那裡先借來賣掉，等跌了再買回來還，即可賺到差價。

優缺點參半：可以進行槓桿交易

槓桿交易是指從你的經紀商借錢來進行交易。有些經紀商可以讓你用100美元開一個帳戶，然後使用高達50倍（甚至更多）的財務槓桿交易，也就是說你只用100美元控制一個5,000美元的帳戶！但除非你是諾查丹瑪斯（Nostradamus，十六世紀法國預言家）或擁有神奇水晶球，否則使用槓桿操作可能會有很大的問題，因為槓桿會同時把收益的程度和損失的風險，擴大到相同的幅度。

以下說明槓桿操作如何對你的帳戶造成影響：假設你有一個1,000美元的帳戶，在不使用任何槓桿的情況下單，最後賺了50美元。如果你使用了10倍的槓桿操作，賺到的就是500美元，棒極了！

然而（這是相當可怕的然而）如果情況相反，當你使用該槓桿進行交易，市場走向卻與你的猜測完全相反的話，你將損失的是500美元而非只有50美元，等於直接抹去你帳戶裡的一半資金。新手交易者通常會在最初幾天內，徹底斷頭輸光自己的帳戶。根據不同經紀商的政策規則，投資人的損失甚至可能「超過」他們的初始存入的資金，因而投資人還得賠錢給經紀商！

如果你確實知道自己在做什麼，而且也有足夠高的風險承受能力，可以為最壞的情況（如你透過經紀商交易而損失部分或全部初始投資）做好準備的話，使用槓桿操作可能是一項優勢。

如何選擇經紀商

REMEMBER

選擇經紀商的步驟與選擇交易所的步驟非常相似，不過在選擇經紀商時，還需要牢記一些額外守則：

>> **確保該經紀商受到監管。** 每個國家都有嚴格的商業監管機構，定期對經紀商進行稽核，以確保他們的交易安全。因此你的最佳選擇通常是確保該經紀商，受到你所在國家／地區的兩個或多個監管機構的監管。這些監管訊息通常可以在經紀商網站上找到。

>> **考慮存款和提款是否便利。** 好的經紀商通常不會限制你存入或提取資金。這些經紀商完全沒有理由讓你難以提取你的利潤，因為他們持有你的資金的唯一原因，都是為了促進交易（他們賺的是佣金或手續費，所以你的資金流動越多越好）。

>> **小心促銷手段。** 有些經紀商認為人們喜歡打折促銷的情況！所以他們會利用這類促銷來吸引顧客。使用促銷的手段並沒有錯，但是你必須小心，因為有時經紀商會利用這些促銷，鼓勵交易者進行高風險投資，或推銷不可靠的產品和訊息等。這就是為何想要在促銷活動進場時，必須先努力調查並充分了解你的經紀商。

TIP

這個領域的主要經紀商之一是 eToro。你也可以在協助尋找經紀商的網站 Forest Park FX 查看，他們會幫你在當地尋找合適的經紀商。

尋找其他購買加密貨幣的方法

本章前面已經介紹了最常見的購買或投資加密貨幣的方法，然而這些並非僅有的選擇。你還可以查看接下來的內容，了解其他購買加密貨幣的簡便方式（第 7 章會介紹買完加密貨幣後的存放選項）。

基金

如果你想投資加密貨幣市場，卻不想投資如比特幣或瑞波幣這樣特定的加密貨幣時，也可以選擇投資類似共同基金（mutual fund）或交易

所交易基金（ETF）之類的產品，以連動一整批不同資產，例如股票或大盤指數（第 13 章還會詳談相關訊息）。

基金的優勢在於它天生就比較多元化，因為你可以在一個基金裡投資到多種流行的加密貨幣，而不必花時間慎選投資哪一種。不過大多數基金的缺點就是它們的手續費、贖回成本和限制等。

很可惜的是撰寫本書時，尚無真正的加密貨幣 ETF 或共同基金可供投資。最接近加密基金的是 Coinbase GDAX，他們提供廣泛的多元化資產投資，Coinbase 的指數基金可以讓投資人追蹤整個資產類別的表現，而不必選擇單一資產。Coinbase 仍在努力推出更多可購買的國際型基金，以涵蓋更廣泛的數位資產（你可以在 Coinbase 官網找到 GDAX 的更多相關內容）。

信用卡

Coinmama 等金融服務可以讓你使用信用卡購買比特幣（BTC）、以太幣（ETH）、萊特幣（LTC）、比特現金（BCH）、卡爾達諾（ADA）、Qtum（QTUM）和以太幣經典（ETC）等加密貨幣。但在撰寫本書時，尚非所有國家 / 地區都可使用，你可以到 Coinmama 官網查看最新訊息。

PayPal

我在本章前面談過加密貨幣交易所可能提供的各種支付方式，包括從你的銀行帳戶轉帳和使用你的信用卡 / 簽帳卡等。PayPal 則是另一種形式的線上支付系統，等於傳統貨幣的電子化替代品，以便進行匯款或各種服務。

早在 2014 年，PayPal 就領先其他金融服務業，更早開始致力於整合比特幣的服務，不過隨後他們卻放慢速度。在撰寫本書時，我們仍然無法直接透過 PayPal 帳戶發送和接收比特幣（或其他加密貨幣）。不過許多交易所確實可以接受 PayPal 匯款，你可以用 PayPal 間接購買

到加密貨幣。當然這種購買方式必須透過第三方或中間人，也就是可以接受 PayPal 付款的交易所或經紀商（還記得前面提過交易所和經紀商吧）。

你也可以用 PayPal 將資金轉移到 Coinbase 交易所（本章前面介紹過），不過在撰寫本書時，已經只剩名為 VirWox 的交易所，可以接受 PayPal 作為匯款形式（譯按：目前也已關閉），這類交易所的主要問題是費用頗高。如果你想透過經紀商交易加密貨幣，eToro 是可以接受 PayPal 支付的較知名平台。不過現在也已經有像 Paxful 這類點對點搓合的交易平台，可以協助你尋找願意接受 PayPal 支付的加密貨幣賣家。

由於加密貨幣目前還處於不穩定的波動狀態，因此這類訊息都會不斷變化。掌握加密貨幣相關新聞的最佳方式，就是造訪 NewsBTC 和 Coindesk 這類新聞網站。

現金

支付現金購買比特幣等加密貨幣的過程，就是找到擁有加密貨幣並願意出售以換取現金的人：

» 你可以在 LocalBitcoins 網站尋找加密貨幣的買家和賣家。這個網站可以免費註冊，輸入你要購買或出售的金額，然後選擇自己想要的付款方式（在本例中為現金），以找到對應的買家或賣家。

» 有些網站是將買家和賣家聯繫起來，賣家提供銀行詳細訊息，讓買家可以進行現金轉帳。買家必須保留收據以提供證明，讓賣家向你發送比特幣。這方面的中間人網站包括 Bitquick（位於芝加哥的 Athena Bitcoin 轄下分支）和 Paxful（位於德拉瓦州）。

注意：如果你在網路上搜尋「如何用現金購買加密貨幣」（how to buy cryptocurrencies with cash），可能會被引導到一個名為 Square Cash 的行動裝置應用程式，雖然這確實是一個協助你向朋友買賣比特幣的應用程式！不過這並非我在本節討論的「現金支付」類型。

加密貨幣 ATM

加密貨幣 ATM 機已經變得越來越流行。許多人甚至試圖自己經營這類機器來賺取被動收入。比特幣（和其他加密貨幣）ATM 的工作方式與任何 ATM 都一樣。第一個步驟都是找到離你最近的地點，您可以上網搜尋或直接在 Coinatmradar 網站直接輸入地點搜尋（例如台北）。

目前有好幾種不同廠商的加密貨幣 ATM，使用不同的方式來驗證你的 ID 和加密貨幣錢包地址（加密貨幣錢包中的代碼）。你可能必須先上網研究一下，以確保找到的是安全可靠且聲譽良好的 ATM。最簡單的研究方法是在 Google 輸入該 ATM 的名稱，查看是否有負面新聞。

在 ATM 購買加密貨幣的過程可能因機器而異，以下是大多數 ATM 購買時的操作步驟：

1. 驗證身分（例如使用身分證）。

2. 選擇想要購買的加密貨幣。

3. 提供加密貨幣錢包地址以供存入（第 7 章還會詳細介紹）。

4. 選擇購買的加密貨幣數量。

5. 將所需現金插入加密貨幣 ATM 現金入口處。

6. 確認操作。

有些加密貨幣 ATM 甚至除了購買之外，還能提供出售加密貨幣的服務。但請各位記住，這些加密貨幣 ATM 並非傳統意義上的 ATM，一般 ATM 連接的是你的銀行帳戶，加密貨幣 ATM 則是連接到網路的機器，把你引導到加密貨幣交易所進行加密貨幣交易。

Chapter **7**

使用加密貨幣錢包

傳統錢包是你存放貴重個人財物（例如現金、信用卡和身分證）的地方。但由於你現在使用的是最先進、最未來的貨幣形式（也就是加密貨幣啊），所以你當然需要一種「全新的」錢包來搭配，也就是所謂的「加密貨幣錢包」（Cryptocurrency Wallet）。

我們不僅可以透過加密貨幣錢包來儲存加密貨幣資產，還可以用來發送和接收加密貨幣。此外，你也可以像使用一般銀行帳戶的方式，監控裡面的餘額。我在本章將逐步引導各位了解和選擇你的第一個加密貨幣錢包。

加密貨幣錢包的定義

加密貨幣錢包是一種軟體程式，可以協助你管理數位貨幣資產。雖然你可能是那種不喜歡隨身攜帶傳統錢包，寧願把現金和信用卡都塞在褲子後面口袋裡的人。但如果你想使用任何類型的加密貨幣，就必須擁有數位形式的加密貨幣錢包，這點完全沒有妥協的餘地。加密貨幣

並不像黃金或現金等其他類型的傳統資產，會被人們儲存在實體銀行裡。如果沒有加密錢包的話，加密貨幣的整個概念就會消失！加密貨幣錢包，就像是維持整個加密貨幣系統存活般的空氣一樣重要。

雖然理論上比特幣是去中心化的，沒有人可以控制任何東西，但實際上它是一個由某人（隱藏在中本聰的名字後面的人）控制和維護的網路所運行。換句話說，雖然比特幣是分散式的，節點的礦工也算是匿名的，但實際的區塊鏈仍然完全儲存在網路上。由於它的規模相當大，因此這些分散的礦工在他們自己的設備上，大約儲存了 30 天的交易和區塊；整個完整的區塊鏈，實際上就像是由中心化的網路集中儲存控制著。

幾個重要術語

在開始說明之前，讓我們先來看看你在探索加密錢包世界時，可能會遇到的一些技客術語：

>> **熱錢包**：連接到網際網路的錢包。

>> **冷錢包**：不連接到網際網路的錢包。

>> **錢包地址**：一個類似於傳統銀行帳號的數字。

>> **公鑰**：允許你將加密貨幣接收到你的帳戶或錢包中的代碼。它在數學上與你的錢包地址相關聯，但並不相同。

>> **私鑰**：與公鑰相結合以確保使用安全的代碼。這就像是你在現實世界中，進入銀行帳戶時所用的私人密碼。

以下將解釋這些項目如何協同運作，讓你完成加密貨幣交易。

錢包的工作原理

加密錢包實際上並不儲存加密貨幣；相反的，它們儲存的是加密貨幣的私鑰和公鑰。這些密鑰類似於你銀行帳戶所使用的 PIN 碼。

REMEMBER

每個人的加密錢包地址均不相同，就像指紋一樣。這種區別代表其他人不小心獲得你的資金的可能性非常低。此外，你可以創建的錢包地址數量並沒有限制。

WARNING

不過也曾經出現過錢包 ID 被截取更改，讓加密貨幣跑錯錢包的狀況。舉例來說，有些惡意軟體會替換電腦剪貼簿出現的錢包 ID，因此當用戶剪下並貼上預期接收者的 ID 時，實際上會被換成錯誤的錢包 ID，亦即犯罪者的錢包 ID。

為了給各位一個加密貨幣錢包地址的範例，以下列出的便是一般認為屬於比特幣創造者中本聰的錢包地址：

1A1zP1eP5QGefi2DMPTfTL5SLmv7DivfNa

如你所見，這串地址使用了數字和字母的組合，還包含大小寫。不過請各位不必擔心，只要你有一個安全可靠的加密錢包，就不必記住這串加密錢包地址。就個人而言，我將錢包地址和其他密鑰保存在一台安全電腦上的鎖定文件中。你也可以考慮列印出公鑰與私鑰，藏在自己記得的安全處。

私鑰為你的個人加密錢包地址，提供唯一的個人密碼，公鑰還可以增加一層額外的安全性，確保你的錢包不會被駭客入侵。以下是私鑰與公鑰的範例：

私鑰：**03bf350d2821375158a608b51e3e898e507fe47f2d 2e8c774de4a9a7edecf74eda**

公鑰：**99b1ebcfc11a13df5161aba8160460fe1601d541**

雖然這些地址看起來完全不同，但透過軟體技術便可檢知這兩個密鑰相互關聯。這點可以用來證明你是這些加密貨幣的所有者，也可以讓你隨時轉移加密貨幣。

REMEMBER

任何人向你發送加密貨幣時，實際上就是在將這些加密貨幣的所有權，簽署到你的錢包地址。而為了能夠解鎖並使用這些加密貨幣，儲存在加密錢包中的私鑰，必須與接收加密貨幣的公鑰地址相匹配。只要公鑰和私鑰相匹配，你的錢包餘額就會增加，發送者的餘額也會相應減少。當然，在現實上並沒有發生任何加密貨幣搬過來給你的情況，整個交易只是透過區塊鏈上的交易記錄（參見第 4 章），以及你的加密貨幣錢包中的餘額變化來自動呈現。

不同類型的加密貨幣錢包

首先，讓我澄清一下傳統數位錢包和加密貨幣錢包之間的區別。你很可能已經在手機上使用數位錢包，也就是一般所說的電子錢包（e-wallet）。就我個人而言，我會使用這類電子錢包應用程式來購買火車票、支付停車票和 Apple Pay（蘋果公司的行動支付暨數位錢包服務，可以讓用戶在 iOS 應用程式中支付各種款項）。

然而加密貨幣錢包就像是完全不同的物種，而且還可區分為幾種不同的類型，以滿足不同需求。以下依安全級別（從安全程度最低到最高）順序，介紹幾種最流行的加密貨幣錢包類型。

在圖 7-1 中，你可以看到我在上課時與學生分享的「最常見加密錢包及其範例的摘要」。注意：根據比特幣維基（Bitcoin Wiki）所說：「助記詞、助記恢復片語或備用助記詞，是指一串回復比特幣錢包所需訊息的單詞列表。錢包軟體通常會幫你生成助記詞，並且指導用戶將這些助記詞寫在紙上。當用戶電腦壞了或硬碟毀損時，他們可以再次下載相同的錢包軟體，並使用前面記下的紙質備份來取回他們的比特幣。」表格裡面的 POS 代表權益證明，即在第 5 章解釋挖礦時所說過的其中一種證明。

加密貨幣錢包摘要

	軟體錢包	線上錢包	硬體錢包	紙錢包
優點	用戶可控制 POS 硬幣的安全性,可鑄幣(可加入區塊鏈)	便利性高,無須下載區塊鏈即可從瀏覽器使用	用戶私鑰儲存在受保護的設備上 可以用 PIN 碼和助記詞回復	非常安全。無法使用數位手段進行駭客攻擊 適合長期儲存
缺點	必須為不同類型的貨幣 / 代幣,下載區塊鏈內容	密鑰記錄容易受到駭客攻擊,無法質押 POS 貨幣,安全層級難以判斷	無法支援所有類型的貨幣 / 代幣,無法質押 POS 貨幣	交易不方便
範例	⚛ Electrum Armory	◆ Blockchain MyEtherWallet	Ledger Trezor	

圖 7-1:
常用加密貨幣
錢包類型。

© John Wiley & Sons, Inc.

REMEMBER

這裡所舉的錢包範例並非唯一可用的選擇,請不要把把它們當成我的推薦。你必須依自己所在地區進行研究,並依你想交易的加密貨幣選擇最佳錢包(本章後面還會更詳細討論加密錢包的選擇)。

線上錢包

雖然線上錢包可能不太安全,但對於只有少量的加密貨幣交易來說,確實具有很多優勢。線上錢包(或網路錢包)可以讓你透過網際網路交易你的加密貨幣。因此,只要你連接到網路(雲端),便可造訪或儲存你的加密貨幣,進行加密支付。線上錢包供應商會把你錢包的私鑰儲存在它們的伺服器上,他們可能會儲存你的密鑰並將密碼發送給你,讓你可以取得自己的密鑰。不同服務可能會提供不同功能,有些還能連接多種設備,例如手機、平板和電腦等。

線上錢包的優點如下:

>> 支援快速交易。

>> 能夠管理多種加密貨幣。

>> 適合行動使用或較為活躍的交易者。

線上錢包的缺點包括：

>> 線上安全風險，較容易受到駭客攻擊和詐騙。

>> 由於可能暴露於電腦病毒的風險下，因此容易危及個資安全。

>> 你的加密貨幣是由第三方保管，而非自己保管。

行動錢包

行動錢包可透過 app 的方式在手機上使用。一旦加密貨幣被更多人接受之後，很可能有機會可以在實體購物時使用手機錢包。注意：其他類型的錢包，如線上錢包（見上一節）也會提供行動版本，但是有些行動錢包只專屬手機使用。

行動錢包（屬於軟體錢包）的優點：

>> 會比線上錢包安全。

>> 方便於行動中使用。

>> 提供附加功能，例如掃描 QR 碼支付等。

行動錢包的缺點包括：

>> 如果你的手機遺失或損壞，就有遺失加密資產的風險。

>> 必須冒著行動裝置感染病毒和惡意軟體的風險。

桌面型錢包

你可以下載「桌面型錢包」（Desktop Wallet）安裝在自己的電腦上。有人認為如果你的電腦並未連接到網際網路的話，桌面錢包甚至更好、更安全，而且如果一台桌上型電腦從未連接到網際網路，它在本質上就變成「冷錢包」。但是，從未連接到網際網路的電腦，則可能更容易讓錢

包暴露在惡意軟體威脅下，這些惡意軟體很可能會自動從你連接到電腦的錢包驅動程式中感染電腦，因為一台未連接網路的電腦，就等於從未使用軟體更新來修補系統漏洞，也就有點像是因噎廢食！

要在從未連過網路的電腦上設置錢包時，必須先在連接網路的電腦上下載最新版本的錢包，然後將錢包文件搬到 USB 隨身碟或類似的儲存裝置上，以便將錢包文件放進離線電腦中。

桌面型錢包（同樣屬於軟體錢包）的優點包括：

>> 如果你是用電腦來交易加密貨幣的話，這是一個很方便的選擇。

>> 私鑰並不會儲存在第三方伺服器上。

>> 如果你的電腦從未連接到網際網路，桌面型錢包似乎可能會比線上錢包還安全。

桌面型錢包的缺點包括：

>> 較難在行動時使用加密資產。

>> 如果將錢包連接到網際網路時，可能會變成一個不太安全的熱錢包。

>> 當電腦掛掉且沒有備份的話，就會丟失你的加密貨幣。

硬體錢包

硬體錢包可以說是最安全的加密錢包類型之一。這些錢包是把你的私鑰儲存在 USB 隨身碟之類的設備上。你當然一樣可以進行線上交易，但錢包大部分的時間都處於離線狀態，因此可以視為冷錢包。

為了安全起見，硬體錢包對於大量加密貨幣來說絕對必要。將大量資產存放在其他不太安全類型的錢包上，絕對會增加遭受無法恢復的駭客攻擊風險。比硬體錢包更安全的大概就只有紙錢包了，我將在下一節討論。

硬體錢包的優點包括：

>> 最安全的加密錢包選項之一。

>> 非常適合用來儲存不會經常交易的大量加密貨幣。

硬體錢包的缺點包括：

>> 這是較昂貴的錢包類型。

>> 在使用上的友善度不如其他類型的錢包，尤其是對於初學者而言更是。

紙錢包

紙錢包是一種「超冷」的加密錢包。它的使用方式是把你的私鑰和公鑰列印出來。你可以利用錢包的地址來傳送資產，或者也可以輸入紙錢包上的私鑰或掃描上面的 QR 碼，來提取或發送資產。

紙錢包的優點包括：

>> 超冷，超能防止駭客。

>> 密鑰不是存在電腦、手機或第三方伺服器上。

不過，紙錢包確實有一些缺點：

>> 對於非技客的一般人來說，使用上並不算友善。

>> 與其他錢包類型相比，較難用於日常交易。

>> 易燃。

常見的紙錢包生成器包括 Bitaddress.org、WalletGenerator.net、Bitcoinpaperwallet.org 和 Mycelium（`https://mycelium.com/mycelium-entropy.html`）。Mycelium 提供一種原始且更安全的方式來生成紙錢包，你可以把 USB 隨身碟直接插入印表機（有支援的），就會自動列印出紙錢包，不必透過電腦。

如何選擇加密錢包

依據你的加密貨幣需求和目標的不同，你可能需要不只一種類型的加密貨幣錢包。就我個人而言，我使用冷錢包來儲存較大的加密貨幣儲備，熱錢包則用在較活躍的交易上，無論如何，你可以根據不同特點來選擇自己的加密貨幣錢包，以下將討論這些特點。

在決定使用特定錢包之前，請確保已經看過所有必須了解的相關訊息。

以「安全性」選擇錢包

就算你是活躍的加密貨幣交易者，我也建議你擁有一個超級安全的冷錢包，來儲存數量較多的加密資產。正如我在本章前面所說，雖然線上錢包相當方便，但絕對不是最安全的選擇。而如果你必須立即使用加密貨幣來參與投資／購買的機會時，也可以隨時把你的資產從冷錢包轉移到線上錢包。

另一件必須記住的事就是：最安全的硬體錢包通常也是最貴的。因此，你應該計算為某個類型的特定錢包所花費的錢，是否值得儲存在其中的加密貨幣數量。

在選到最安全的錢包之前，你必須問自己一些問題：

>> 這種錢包如何進行身分驗證？

>> 該錢包所屬網站安全嗎？

>> 網路社群對這種錢包的評價如何？

CoinCentral.com、99Bitcoins.com 和 CryptoCompare.com 都是提供年度加密錢包審查的網站。在做出決定之前，我通常會查看其中兩個網站的評價或全部看一遍。

在撰寫本書時，Ledger Nano S 硬體錢包（售價 99 美元）是最受歡迎和評價最高的安全錢包之一，你可以到 Ledger 官網尋找最新產品的相關訊息。Trezor 比特幣硬體錢包（由 SatoshiLabs 創建），也是另一個不錯的選擇。關於這些硬體錢包最常見的問題就是：如果 USB 隨身碟掛了，你的所有的加密貨幣都會跟著消失？不過你本來就應該額外備份，把密鑰也備份儲存在別的地方，以防硬體錢包掛掉後還能恢復你的資產。

以「加密貨幣種類」選擇錢包

並非所有加密錢包都可以處理不同類型的加密貨幣資產。事實上，有些錢包是專門為某一種加密貨幣而設計；而且許多加密貨幣都有自己的官方錢包，只能用來處理特定的加密貨幣。舉例來說，比特幣專用錢包包括比特幣核心錢包（Bitcoin Core Wallet）、Mycelium 和 Electrum。以太幣則可以選擇以太坊錢包（Ethereum Wallet）和我的以太幣錢包（MyEtherWallet，這是一種紙錢包；請參閱官網 **www.myetherwallet.com** 說明）。如果你不打算再多元化投資其他類型的加密貨幣時，很適合單一的官方加密貨幣錢包。一般情況下，你都可以在各種加密貨幣的官方網站上，找到該加密貨幣的官方錢包。

對於想要持有一種以上加密貨幣的人來說，可以同時管理多種加密貨幣的錢包是很好的選擇。加密貨幣交易所提供的大多數線上錢包（第 6 章介紹過），可以讓你在多種加密貨幣之間進行儲存和交易。不過如果你想使用這些錢包來「儲存」你的加密貨幣資產的話，請了解這種錢包的安全性，確實比較可能受到破壞。

我不建議各位把加密貨幣存放在交易所的線上錢包內。

TIP

Coinomi 是一款常見的多幣型手機錢包，可以支援 200 多種不同的數位代幣和各種區塊鏈。這是一種相當方便的多資產型加密貨幣錢包，但在撰寫本書時，它只適用於行動裝置。Exodus 是另一種多幣型錢包，只能在桌上型設備中使用。你的私鑰可以在你的設備上維持安全性，而且會一直留在裡面，Exodus 甚至還能幫你把私鑰加密（譯按：目前這兩種錢包，均可在桌上型電腦與行動裝置中使用）。

以「交易費用」選擇錢包

如果你打算購買大量加密貨幣，並使用原有的加密貨幣來交易的話，可能就要注意在此過程中必須支付的交易費用，這點對於活躍的交易者來說尤其如此。假設你是一位富沖交易者，然而你支付的交易費用卻比你在市場上賺的多，這樣不就違背了交易的獲利目的嗎？

以「匿名性」選擇錢包

匿名是你在選擇加密錢包時，可以額外考慮的多一層安全保護。使用匿名錢包時，你可以把個人訊息與你的資產分開，讓別人更難追蹤或竊取你的加密貨幣（當然，這項要求可能因人而異）。有些錢包提供完全匿名，有些則完全不提供匿名交易的選擇，如果匿名對你來說真的很重要的話，請選擇更私密的錢包。然而，請注意一點，優先考慮匿名性，很可能會影響你的交易費用和使用錢包的價格。

要查詢最新、最受歡迎的匿名錢包，只要在搜尋引擎打上「匿名加密貨幣錢包」（anonymous cryptocurrency wallets）查詢即可。匿名錢包通常以行動 app、硬體、軟體等形式出現。因此你可以根據自己的需求，擁有一個或多個匿名錢包。在撰寫本書時，比較常見的匿名錢包有：

» **BitLox**：這款比特幣硬體錢包可確保安全性和匿名性。它可以容納 100 多個錢包，並能為每個錢包創建幾百萬個地址（可以到 BitLox 官網查看最新訊息）。

» **Electrum**：這款比特幣桌面型錢包似乎是加密貨幣社群裡，最值得信賴的軟體錢包之一（可以到 Electrum 官網查看最新訊息）。

» **Samourai**：這款錢包是行動裝置專屬的一種比特幣錢包。據 Samourai 網站所說，其目的是在「保護你的交易隱私、隱藏你的身分以及確保你的資金安全」，其功能包括啟用「區塊鏈模糊化」使交易不可追蹤（可以到 Samourai Wallet 官網查看最新訊息）。

維持錢包的安全

選好與你的加密貨幣目標一致的錢包後，你一定希望加強保護自己的投資安全。因為無論錢包有多安全，你也必須像使用傳統錢包一樣，採取個人措施來增強錢包的安全性。由於你的加密貨幣錢包可能會儲存價值極高的資產，所以保證它們的安全就更加重要。我們之所以必須付出這些額外的代價，就是因為不須依賴第三方、政府和大銀行也能管理自己的資金。以下是維持錢包安全的一些重點提示：

備份你的錢包

還記得著名的「慾望城市」（Sex and the City）影集裡，主角凱莉（Carrie Bradshaw）弄丟自己的作品集，原因是她沒有為電腦備份的習慣。各位千萬不要讓這種情況發生在你的加密投資中，請備份你的加密貨幣錢包，就像備份你的照片、工作文件和電腦裡的資料一樣。

備份加密錢包，可以保護你免受電腦故障和許多人為錯誤的影響。如果你的手機或電腦被偷，也可以靠備份幫你回復錢包。當然，你必須把備用錢包放在一個安全的地方，也就是遠離原來的錢包，而且還要定期備份，以確保所有最新產生的加密地址都包含在你的原始錢包中。

此外，如果你的錢包有提供 PIN 碼、用戶名稱和密碼等身分驗證功能的話，你也應該備份這些資料。這種做法是為了預防因為時間經過

太久，你已經忘記這些資料的情況。就我個人而言，我會把這些項目做成隱藏文件，儲存在供個人使用、較為安全的本地雲上（個人伺服器），幾乎不可能被破解。

同時持有多個錢包

這是個多元化的時代！如果你在眾多安全錢包中難以抉擇的話，也別太過擔心。無論如何，把資產儲存在多個錢包裡，其實是一種很不錯的做法。如此一來，當某個錢包受到了某種程度的損害時，你也不會因損失其中的加密貨幣而導致全面破產。

TIP

比較好的組合方式是使用兩個或多個硬體錢包，來儲存較大數額的加密貨幣，其他數量較小的加密貨幣則分散在行動裝置、桌上型或線上錢包中，具體如何要取決於你在加密貨幣交易的日常使用情形。當然，這些錢包都必須有自己的額外備份（如上一節所說）。

提高安全層級

我們可以透過多種方式來提升錢包的安全層級，以下是我的建議：

» **雙重身分驗證（2FA）**。如果你的錢包有提供此功能的話，雙重身分驗證絕對是將錢包安全性提升到較高保障的有效方法。這種做法其實只是對你的身分進行雙重身分驗證，其執行方式有各種組合。就我個人而言，我使用的是 Google 身分驗證器（Google Authenticator）應用程式，它提供一個每分鐘更改一次的六位數代碼，因此竊得你帳密的駭客，無法在沒有你的行動裝置下，登入你的帳戶。

» **把錢包加密**。把你的錢包或行動裝置加密，等於為任何試圖提取資產的人，多加一道密碼防範。此舉有助於防止竊賊，不過它可能無法防止鍵盤側錄硬體或軟體（亦即記錄你的鍵盤輸入過程）。你甚至還可以考慮將備份加密，不過請記得有些可靠的加密方法，可能需要學習更多技術上的知識。如果要把錢包進一步加密，最好的辦法就是詢問你的錢包供應商，獲取更多相關訊息。

TIP

>> **使用強密碼。**強密碼必須包含字母、數字和標點符號，而且長度至少必須超過 16 個字符以上。避免使用只包含字母、純數字或只有符號的密碼。可以識別的英語單字最好不要用，因為很容易被破解。

你可以以用鍵盤上的某種「圖案」，而非使用單字來製作一個很長的強密碼。舉例來說，你可以利用鍵盤左側兩排按鍵來製作強密碼，先從上到下輸入沿此模式移動的鍵（在兩排小寫字母打完後，按住 shift 鍵把兩排按鍵再重新輸入一次），如此便可得到：1qaz2wsx!QAZ@WSX。這就是一組非常難以破解的強密碼，而且你很容易就可以記住！（不過當你嘗試用手機鍵盤輸入時，可能會變得很麻煩。）

記得更新軟體

REMEMBER

如果你使用的是手機或桌面型錢包，請確保你使用的是最新版本的錢包軟體。信譽良好的公司，會定期發送穩定性和安全性修復更新。請定期更新你的軟體，才能確保你所使用的是最新的安全功能，以防止程度從輕微到嚴重不等的各種安全漏洞問題（請注意這裡講的是「更新」你的錢包軟體，不是「備份」你的錢包）。

千萬要記得你把它們藏在哪裡！

這個建議雖然聽起來有點傻，但我已經發生太多次試圖藏好某些具有價值的東西，最後卻永遠失去它們的悲劇！如果你也像我一樣，會因為把東西藏得太好，以至於連自己都不記得到底藏在哪裡，請確保選擇一個永遠不會忘記的位置。如果你連加密貨幣錢包都會搞丟的話，從長遠來看，你的投資很可能也會輸個精光。

Chapter **8**

不同類型的加密貨幣

目前為止，你最常聽到的可能就是開啟這一切的加密貨幣：比特幣。不過比特幣當然已經不再是唯一著名或唯一值得投資的加密貨幣了，有些投資者甚至認為比特幣可能是加密貨幣裡，最不適合投資的加密貨幣。目前出現的各式各樣加密貨幣與數位代幣，多半都已經對比特幣模型進行大規模的改進，以避開其缺點。

本章將介紹一些著名的加密貨幣。但由於加密貨幣市場瞬息萬變，所以也會解釋如何在未來幾年內，瀏覽並選擇各種新興加密貨幣的方法。

按市值排名看加密貨幣

瀏覽目前熱門加密貨幣的最快方法之一，是根據其「市場價格總值」或簡稱「市值」（Market cap）來查看它們的排名。從傳統上看，市值是指在股票市場上交易的一家公司的總價值，我們可以將股票總數乘以目前股價來算出該公司市值。

在加密世界中，市值所顯示的是目前正在出售的特定加密貨幣，其所有單位的總價值。要計算加密貨幣的市值，只需將加密貨幣的目前價格乘以其流通供應量即可。流通供應量（circulating supply，簡稱流通量）是指該加密貨幣在市場和投資人手中，流通數量的最佳近似值。

市值 = 價格 × 流通量

了解加密貨幣的市值與市場排名相當重要，因為這些訊息可以快速顯示加密貨幣的受歡迎程度，以及你可能從中賺到多少錢。各位可以造訪 http://coinmarketcap.com、www.cryptocompare.com/、https://coincodex.com/ 和 www.coingecko.com/ 等網站，快速了解所有加密貨幣的市值。

光看市值並無法告訴我們加密貨幣的全部投資潛力，還要加入許多其他因素，例如加密貨幣的分叉、監管、各種謠言等，都會影響加密貨幣的價值（第 9 章會詳細討論如何分析加密貨幣的表現）。

市值高不一定是好事，可以承擔更高風險的投資者，很可能會更喜歡市值較低的加密貨幣，因為它們在市值的增加幅度上，才能有更多的空間。不過如果你行事穩當，想要避免大幅波動甚至某種加密貨幣「憑空消失」的風險（詳見第 3 章），你可能就會喜歡市值較高的加密貨幣。

了解加密貨幣市值在這個行業裡扮演的角色後，即可開始根據這項指標來評估加密貨幣。以下，將討論比特幣和其他主要加密貨幣的市值影響。

比特幣

市值排名第一的比特幣於 2008 年問世，截至 2018 年 10 月為止，比特幣市總值約為 1,150 億美元，在 2021 年更突破了一兆美元。

來談一點比特幣背景

TECHNICAL
STUFF

一個叫中本聰的「實體」發明了比特幣;中本聰自稱是居住在日本的男性,出生於 1975 年 4 月 5 日。在比特幣問世時,我剛好就住在日本,正在東京的大學努力完成電機工程的學習。我可以告訴各位,當時比特幣在日本並不算一件大事。這也就是為什麼大多數關於中本聰真實身分的猜測,幾乎都指向生活在美國和歐洲國家的非日裔密碼學家或電腦專家。

中本聰的匿名性並沒有太大問題,因為比特幣(和其他加密貨幣)本來就應該是開放原始碼和去中心化的(詳見第 5 章)。事實上,根據 Bitcoin.org 所說,沒有個人或實體「擁有比特幣網路,就像沒有人宣稱擁有電子郵件背後的技術一樣。」世界各地的比特幣用戶一起控制著比特幣,開發者改進軟體,分叉者做出一些重大的變革。但是,比特幣和比特幣協議背後的主要思想,無法被改變。

中本聰發布比特幣白皮書近十年後,比特幣的市值在 2017 年底,已經高達 3,200 億美元。如果你在 2011 年只投資 100 美元購買「一個」比特幣(我的投資圈朋友曾經建議我這樣做,我直接忽略了他的建議,唉~),到 2017 年底,你將擁有價值 20,000 美元的比特幣。當然,許多早期投資者都不只購買一個比特幣,這也正是所有比特幣百萬富翁形成的方式。如果你在 2011 年購買了 100 個比特幣,那麼到 2017 年底它們的價值就變成 200 萬美元了。

但是當每個人都開始談論比特幣時,它的市值已經迅速暴跌至約 1,200 億美元,並在 2018 年裡,有很長一段時間一直維持在這個位置不動。不過,比特幣在所有其他加密貨幣的排名中,依舊保持在第一名。背後的主要原因可能是大多數人(相對而言)聽說過很多關於比特幣的故事,但對其他加密貨幣並沒有太多了解。因此,即使市場有幾千種其他加密貨幣可供選擇,甚至其中有一些可能會是比比特幣更好的長期持有替代品,但大多數想要參與市場的新手,幾乎都是從比特幣開始。

比特幣市值巨大的另一個原因是它的「交易方便」。我可以很肯定地說，所有的加密貨幣交易所都可以交易比特幣（詳見第 6 章），但其他加密貨幣就不是所有交易所均可交易的情況（至少目前如此）。

比特幣特點

以下是比特幣的主要特點：

>> 比特幣的交易代碼是 BTC。

>> 比特幣可挖礦。

>> 透過工作量證明（PoW；詳見第 5 章）創建新幣。

>> 交易時間介於 30 分鐘到 24 小時之間。

>> 交易並非完全匿名。

>> 比特幣是去中心化的加密貨幣。

>> 開採比特幣需要花費（浪費）大量能源。

由於比特幣一直是加密貨幣界的超級巨星，因此它的一舉一動往往會影響整個市場。一般來說，整個市場情緒在較長時間範圍內，都會追隨比特幣的波動（當然也發生過許多次例外，我將在第 16 章為各位介紹，如何將這類訊息運用於投資的「技術分析」上），你可以在比特幣官網 https://bitcoin.org/ 上找到有關比特幣的更多內容。

以太幣

目前市值排名第二的以太幣（ETH，Ethereum，平台稱以太坊）是加密貨幣界的另一位超級巨星。截至 2018 年 10 月，其市值約為 230 億美元，到了 2021 年則已高達 2,294 億美元。

以太幣背景簡介

跟比特幣相較起來，以太幣算是相當年輕的加密貨幣；由俄裔美國人維塔利克·布特林（Vitalik Buterin）在 2013 年提出，以太幣比比特幣年輕近五歲，但在加密貨幣世界中仍然舉足輕重。

布特林出生於 1994 年，這一年小紅莓合唱團（Cranberries）剛推出他們的主打歌《Zombie》（行屍走肉），而新好男孩（Backstreet Boys）和辣妹合唱團（Spice Girls）在兩年後才紅遍世界。如果這個數字已經讓你覺得自己老了的話，請想像一下提出比特幣的中本聰感受如何。

以太幣使用了老比特幣的智慧和哲學，但它有著不同的目的和能力。根據其網站的說法，「以太坊是一個運行智能合約的去中心化平台。」正如我在第 5 章所解釋，智能合約允許人們在沒有中間人的情況下建立協議。以太幣使用跟比特幣相同的區塊鏈技術來創建這些智能合約，而且就像比特幣經由區塊鏈網路驗證所有權的方式，以太幣背後的區塊鏈也能驗證智能合約，並靠程式編碼規則執行這些合約。

以太幣與比特幣的比較

以太幣和比特幣之間的主要區別在於，以太坊希望自己成為用戶執行去中心化應用的地方。事實上，它的目標是成為一種執行智能合約的去中心化大型平台；這就是為什麼許多其他加密貨幣，可以在以太坊平台上運行的原因。以太坊區塊鏈形成了一個去中心化的網路，讓大家可以在其網路中，執行這些經過編碼的程式。

比特幣在這層意義上則有所不同。比特幣平台讓礦工們彼此競爭，解決第 4 章所說複雜的區塊鏈數學問題，第一個解決問題的人就是贏家並獲得獎勵。然而以太幣的平台以太坊，可以讓礦工當成共同工作空間，創建自己的加密產品，平台也能因提供基礎設施而獲得回報，並讓發明者能夠放心開發自己的新類型產品。

事實上，即使是像英特爾和微軟這樣的大型科技公司、摩根大通和瑞士信貸這樣的金融巨頭，也會使用以太坊平台來創造自己的新產品。除了這些大型創始成員以外，包括各種區塊鏈新創公司、研究小組和《財星》500大公司們，也合作創建一個名為「企業以太坊聯盟」（EEA，Enterprise Ethereum Alliance）的組織。在2019年之前，該聯盟就已經有500多家成員，甚至還包括埃森哲（Accenture）、AMD、瑞士信貸、達世、輝瑞、三星和豐田等企業成員（你可以在 https://entethalliance.org/ 官網上找到更多EEA的相關內容）。

以太幣特點

以下是以太幣的主要屬性：

>> 以太幣的代幣符號是ETH。

>> 以太幣是可開採的加密貨幣。

>> 要產生新的以太幣必須透過工作量證明（PoW）。

>> 交易時間可以短至14秒，不過根據確認要求，通常可能更長。

>> 交易並非完全匿名。

>> 以太幣在理念上比比特幣更去中心化。

>> 以太幣挖礦耗費的能源較比特幣少。

你可以隨時造訪Whattomine之類的加密貨幣比較網站，了解不同加密貨幣的最新挖礦獲利比較。

瑞波幣

在2018年的大部分時間裡，瑞波幣（Ripple）是市值約190億美元的第三大加密貨幣。然而，在2017年底和2018年1月上旬，它曾經短暫時超越了以太幣的排名有十天之久。

瑞波幣背景簡介

瑞波幣的想法可以追溯到 2004 年，也就是早過中本聰與比特幣之前。2004 年，萊恩·富格（Ryan Fugger）創立一家名為 RipplePay（瑞波支付）的公司。根據 https://blog.bitmex.com/the-ripple-story/ 官網的說法，他們原先的想法是「取代銀行金融關聯的點對點信任網路」（如果這句話聽起來很熟悉的話，可能是因為這也是區塊鏈的運作方式）。

到了 2011 年，瑞波原先的目標客群，開始注意到比特幣。此時比特幣剛開始流行，而且作為點對點支付網路而言，還比瑞波做得更好。當早期比特幣先驅傑德·麥卡來布（Jed McCaleb）於 2011 年 5 月加入瑞波網路時，他們的架構也開始轉變，接著隨時間演進，其他許多人也陸續加入瑞波的行列。

最後，根據瑞波官網的說法，於 2012 年發布的瑞波幣（XRP）是一種加密貨幣，也可作為金融機構的數位支付網路。XRP 與許多加密貨幣一樣，都是基於加密簽名的公共鏈。話雖如此，瑞波幣與比特幣甚至以太幣等傳統加密貨幣，有很大程度上的差異。你可以在瑞波官網找到更多關於瑞波幣的最新消息。

REMEMBER

我在稍後還會解釋一件事，那就是有些人並不認為瑞波幣是真正的加密貨幣。此外，瑞波作為一家公司和瑞波幣作為加密貨幣，這兩件事雖然相互關聯，但仍等於是兩種不同的東西。以 XRP 名稱交易的瑞波幣，是該公司某些支付系統所使用的加密貨幣。而瑞波公司則是以 Ripple Labs, Inc.（瑞波實驗室公司）的名義發展業務，並使用區塊鏈技術為大型銀行等提供全球支付解決方案。

瑞波幣 vs. 比特幣

以下，是這兩種加密貨幣之間的主要區別：

» **所有權和去中心化**：我在本章前面說過，比特幣不屬於任何特定的個人或實體，而且比特幣作為加密貨幣，與比特幣開放原始碼的平台幾乎是同一件事。這就是為什麼比特幣是高度去中心化和開放原始碼，而且是由一個改變必須經過共識同意的社群所擁有。這種設置會使升級變得困難，這就是為什麼比特幣在其歷史上有大量分叉的原因（詳見第 5 章提過的硬分叉和軟分叉）。

相較之下，瑞波是一家名為 Ripple Labs 的私人公司，在世界各地設有辦事處。瑞波的數位資產（加密貨幣）稱為瑞波幣 XRP，也歸 Ripple Labs 公司所有，該公司不斷尋求所有人（尤其是其合作夥伴）的共識，以加快升級速度。它具有一種修正系統，讓開發人員可以在對網路進行更改之前尋求共識。在大多數情況下，如果一項修正案在兩週內獲得 80% 的支持，它就會生效，並且所有未來的分類帳都必須支持它。基本上，瑞波等於是一個試圖避免硬分叉或意見分裂的民主國家！

» **交易速度和費用**：這是瑞波幣真正大放異彩之處。因為比特幣的交易速度有時必須花上一個小時，實際所花的時間還要取決於交易費用，根據不同需求，交易費用可能達到 60 美元。

而瑞波幣的交易可以在短短四秒內完成，其交易費用即使在 2017 年底需求超高時，平均也只要 0.007 美元，等於只佔比特幣交易費用的一小部分。

TIP

你可以在這裡 https://bitinfocharts.com/comparison/transactionfees-btc-xrp.html 看到加密貨幣的歷史交易費用。

» **每秒交易數**：比特幣在任何給定的秒數裡，可以進行大約不到 10 筆的交易；如果是瑞波幣的話，則提高到了 1,500 筆。儘管目前一些比特幣分叉的目的就是想要解決這個問題，但在撰寫本書時，瑞波幣這類較新的加密貨幣，似乎在遊戲中處於領先。

» **數量限制**：比特幣和其他可開採的加密貨幣總數量有限，因為它們只能透過挖礦能讓加密貨幣進入市場中。但瑞波幣的限制數量卻是在目前流通的 1,000 億枚，這很可能是為了吸引瑞波的最大客戶，也就是大型金融機構加入。

瑞波幣特點

以下是瑞波幣的主要屬性：

>> 瑞波幣的代幣符號是 XRP。

>> 瑞波公司的瑞波幣不可開採，因此沒有礦工。

>> 瑞波幣創建和算法處理是透過共識產生，而非工作證明。

>> 交易時間可以縮短至四秒。

>> 交易可以匿名進行。

>> 瑞波幣並未完全去中心化。

>> 每筆交易的能源成本非常低。

由於這些獨特的功能與比特幣相當不同，因此有些人認為瑞波幣並非真正的加密貨幣。事實上，瑞波幣就像是法定貨幣（政府支持的傳統貨幣形式，例如美元）和傳統加密貨幣的奇怪「混合體」。主要不同點是因為至少在 2018 年 10 月以前，瑞波公司專注尋求為美國運通等金融機構提供服務，而非專注於瑞波幣在日常用戶間的傳播，不過這點很可能會在未來發生變化。

萊特幣

萊特幣（Litecoin）自 2011 年成立以來，一直徘徊在市值排名前十的加密貨幣之間。它的排名曾經上升至第二位，再跌至第七位，因此就知名的加密貨幣來說，其市值的波動幅度較大。截至 2018 年 10 月，其市值約為 30 億美元，當時是繼比特幣、以太幣、瑞波幣、比特現金、EOS 和 Stellar 之後的第七大加密貨幣，在 2021 年的高點曾超過 250 億美元。

萊特幣背景簡介

萊特幣是 2011 年比特幣硬分叉產生的結果（加密貨幣的分叉請參考第 5 章），它的目的顧名思義是希望能成為更輕便、交易速度更快的比特幣版本。萊特幣是由 Google 員工暨麻省理工學院畢業生查理·李（Charlie Lee）所發布。到 2013 年 11 月時，它的市值已經達到 10 億美元（可以到萊特幣官網查詢最新消息）。

如果你在 2016 年底投資比特幣，到 2017 年底它會成長 2,204％。但如果你當時投資的是萊特幣，它的成長則超過 9,892％，比起來毫不遜色啊。

萊特幣 vs. 比特幣

萊特幣的技術與比特幣的技術並沒有太大的不同，查理·李甚至不希望它與比特幣競爭。他希望萊特幣可以用來補充比特幣的應用，就像過去白銀可以填補黃金的日常用途一樣。比特幣作為加密貨幣界的黃金地位，非常適合用來購買昂貴的東西如房屋和汽車等（這是因為一般認為比特幣比萊特幣更安全，當然也有許多加密愛好者，堅持認為兩者都不能算真正安全）。另一方面，萊特幣則很適合用來購買便宜的東西如日常用品，因為這種情況下的交易速度比安全性更重要。以下是兩者的其他不同之處：

>> 挖礦難度：萊特幣和比特幣的真正區別可能在於挖礦難度。隨著時間經過，挖掘比特幣會變得越來越困難和昂貴，想透過挖掘比特幣賺錢，需要許多威力強大的礦機，然而你只需要使用普通電腦就能開採萊特幣。

比特幣挖礦使用一種叫做 SHA-256 的演算法。萊特幣則使用稱為 Scrypt 的新算法。在同時允許大量平行處理的情況下，SHA-256 的計算一般認為比 Scrypt 來得更複雜，因此 Scrypt 的挖礦速度較快（我會在第 12 章詳細解釋這些算法）。

>> **總數**：比特幣限制約為 2,100 萬枚。

　　萊特幣可以容納這個數量的四倍，亦即最多可達 8,400 萬枚。

>> **交易速度和費用**：在比特幣網路上，交易確認時間平均在十分鐘左右
（生成一個區塊），有時可能需要到一個小時。

　　而根據 BitInfoCharts.com 的資料，萊特幣的交易確認時間大約為 2.5
分鐘。萊特幣的交易費用也遠低於比特幣，平均不到 0.08 美元。撰寫
本書時，萊特幣交易費用的歷史最高點約為 1.40 美元，這是發生在
2017 年 12 月，當時加密貨幣交易需求量非常高。

萊特幣特點

以下是萊特幣的主要屬性：

>> 萊特幣的代幣符號是 LTC。

>> 萊特幣是可開採的加密貨幣。

>> 萊特幣的產生和算法處理要透過工作量證明（PoW）。

>> 產生一個區塊約為 2.5 分鐘。

>> 交易可以匿名進行。

>> 萊特幣也屬於去中心化。

>> 萊特幣每筆交易的能源成本低於比特幣。

TIP

雖然比特幣團隊和萊特幣團隊都認為自己的加密貨幣才是最好的，但
在撰寫本書時，兩者都不是明顯的贏家。因此，制定投資策略的最佳
方法，就是讓自己的資產多元化，也就是不僅在這兩者之間選擇投
資，在本章介紹的其他加密貨幣類別的「分散投資」也很不錯（第 10
章還會介紹更多關於多元化投資的內容）。

其他前十大加密貨幣

前面介紹了最知名、最具代表性的幾種加密貨幣，雖然它們的平均市值也最高，但最有名的並不代表著他們一定更適合投資。事實上，許多分析師和投資者都認為一些明星級的加密貨幣，很可能會在十年內消失。此外，擁有更大的市值並不一定代表擁有更光明的未來，他們目前的受歡迎程度，很可能只是眾所周知的「15 分鐘成名時間」（正如我們目前看到的加密貨幣大起大落一樣），因此比起那些較不為人知的加密貨幣而言，他們的成長機會可能較低。

如果主要加密貨幣發生任何問題的話，可能就會出現一個硬分叉來加以拯救。而正如我在第 5 章所解釋的，如果你在分叉之前已經投資該加密貨幣，那麼無論如何你都會得到相同數量的新幣。這就是為什麼我建議我的投資會員在 2017、2018 年，開始進行他們的加密貨幣投資組合：先在市值前十名中進行多元化投資，然後再深入其他不同類別的加密貨幣。

以下是當時在前十名加密貨幣裡，不斷在榜單上下波動的一些成員，表 8-1 顯示他們（按字母順序）在 2017、2018 年經典期間，更一致的出現在榜單上，這也是我個人在 2018 年的加密貨幣投資標的。

表 8-1 我在 2018 年十大加密貨幣裡選擇的投資標的

加密貨幣	貨幣代號	描述
比特現金 （www.bitcoincash.org/）	BCH	來自比特幣分叉，提供更便宜的交易費用與更開放的開發過程
艾達幣 （www.cardano.org/en/home）	ADA	由以太幣聯合創始人創立；智能合約平台；又被稱為「日本的以太幣」
達世幣 （www.dash.org/）	DASH	數位現金；透過主節點（有完整分類帳副本的電腦錢包）進行私人交易；有交易確認時間快速以及交易費用較低廉的優點

加密貨幣	貨幣代號	描述
EOS 幣 （https://eos.io/）	EOS	類似於以太幣的智能合約平台，但具有速度較快和可擴展性等優勢
IOTA 幣 （www.iota.org/）	MIOTA	沒有區塊鏈，而是使用一種叫做 Tangle 的技術，針對物聯網的應用；無挖礦；無交易費用
恆星幣 （www.stellar.org/）	XLM	類似瑞波幣；建構一個用來連接各地人們的金融產品開放平台

百大主要加密貨幣

你可以深入研究排名前 100 名的主要加密貨幣，但仍有可能找不到自己想要與之建立長期關係的一種。說實話，選擇與你的投資組合匹配的加密貨幣，真的就像線上約會一樣。你必須根據第一印象做出決定，然後繼續約會（開始進行小額投資並進行更多研究），才能發現這種貨幣是否值得在你的加密貨幣投資組合中，佔據更大的部分。表 8-2 是按字母順序，列出我在 NewsBTC 的每日廣播中，持續關注的一些加密貨幣選項。

表 8-2　2018 年排名前 100 大加密貨幣裡的投資標的精選

加密貨幣	貨幣代號	描述
Golem （https://golem.network/）	GNT	全球超級電腦網路；目的在成為計算、機器學習和人工智慧領域的 Airbnb（短租共享）
門羅幣 （https://getmonero.org/）	XMR	以匿名、難以追蹤和私人交易而聞名
新經幣 （https://nem.io/）	XEM	全球第一個「智慧資產」（Smart Assets）區塊鏈；以企業為本
NEO （https://neo.org/）	NEO	號稱「中國的以太幣」；目的在成為智慧經濟平台

加密貨幣	貨幣代號	描述
OmiseGo （https://omisego.network/）	OMG	使用基於以太幣平台，以規模證明（見第 5 章）的智能合約平台，希望「讓銀行非銀行化」
Populous （https://populous.com/）	PPT	為中小企業提供以太幣區塊鏈上的「發票貼現」（應收帳款融資）平台
SiaCoin （https://sia.tech/）	SC	使用區塊鏈促成支付的去中心化雲端儲存平台
TRON （https://tron.network/）	TRX	使用區塊鏈的去中心化娛樂、內容共享平台
VeChain （https://www.vechain.org）	VET	基於區塊鏈的平台，讓零售商和消費者能夠確定他們購買產品的品質和真實性
Verge （https://vergecurrency.com/）	XVG	與比特幣類似，但交易速度更快，目的在透過開放原始碼軟體，把區塊鏈交易帶入日常生活中

加密貨幣類別

除了按市值選擇加密貨幣之外，如果能從投資的價值和成長的因素來做選擇的話，比較適合讓投資組合多元化的最佳方式，就是按「類別」來選擇加密貨幣。當你查看這些類別，評估最適合自己的風險承受能力，而選擇最佳投資組合的「入圍選手」後，還可以繼續深入學習第 9、10 章，以及第 4 單元將討論的更高階的投資組合技術。

以下是一些最受歡迎的加密貨幣類別，以及在這些類別中名列前茅的加密貨幣（其中有些加密貨幣在前面曾經介紹過）。我會根據它們在 2018 年這段加密貨幣經典期間的受歡迎程度和總市值，加以介紹。

在以下的章節裡，只算談到了令人興奮的加密貨幣世界中，眾多類別裡的幾種範例而已；其他人也可能會對這些加密貨幣有不同的分類方式。目前熱門的加密貨幣類別包括：

>> 遊戲／賭博

>> 供應鏈

>> 運輸

>> 醫療

>> 物聯網（IoT）

REMEMBER

請記住，有些類別在撰寫本書時比較熱門，但其他類別很可能在你買到這本書時，反而變得更受歡迎。也請記住有些加密貨幣是多種類別的「混合體」，很難歸在單一類別中（你可以在 www.upfolio.com 等網站上，找到各種不同的加密貨幣分類方式）。

支付型加密貨幣

就總市值而言，支付型加密貨幣是目前為止佔比最大的一類。在這個類別裡，你會發現他們的主要的目的在於當成價值儲存、交易和支付用途的加密貨幣，就像美元這類法定貨幣一樣。屬於此類別下的加密貨幣範例包括：

>> 比特幣（BTC）

>> 萊特幣（LTC）

>> 比特現金（BCH）

>> OmiseGo（OMG）

>> 達世幣（DASH）

>> 瑞波幣（XRP）

>> 泰達幣（USDT）

TIP

因為有了比特幣作為行業的領軍者，讓這個類別從一開始就很熱門。然而正如我一再強調，區塊鏈技術不光只能用在支付系統而已，因此請多留意其他熱門類別的最新發展！

隱私型加密貨幣

隱私型加密貨幣著重於交易安全和匿名性，並在這兩點上遠遠超越支付型加密貨幣。事實上，對於比特幣和其他支付型加密貨幣「完全匿名且無法追蹤」的想法，是一種相當常見的「誤解」。許多區塊鏈都是在隱藏用戶身分的同時，也留下區塊鏈上所有交易的公共記錄。分類帳中的資料，通常會包括用戶在過去交易中接收或發送的代幣數量，以及用戶錢包中任何加密貨幣的餘額。

而隱私型加密貨幣可能會引起一些爭議，因為政府當局通常會把這種類型的加密貨幣，視為犯罪分子從事洗錢等犯罪活動所使用的非法工具。儘管如此，某些隱私型加密貨幣已經頗受歡迎。其中包括：

» **門羅幣（XMR）**：門羅幣（Monero）可說是最著名的隱私型加密貨幣。

» **Zcash（ZEC）**：Zcash 類似於門羅幣，但具有不同的協議（一堆規則），無須揭露任何關於交易的機密資訊，即可驗證交易（詳細說明可參閱 https://z.cash/）。

» **CloakCoin（CLOAK）**：一種較不為人知的隱私型加密貨幣，CloakCoin 在交易上附加了許多安全層以保護交易資料（詳細說明可參閱 www.cloakcoin.com/en）。

» **達世幣（DASH）**：前面在支付型加密貨幣類別裡曾經提過，因為達世幣有點屬於混合型，除了比特幣的核心功能外，達世幣還包括即時和私人交易的選項。

平台型加密貨幣

平台型加密貨幣,也可同時視為是去中心化應用協議加密貨幣、智能合約加密貨幣,或是這三者的混合。在此類別中,你可以找到建立在集中式區塊鏈平台上的加密貨幣;開發人員也使用它們來建構去中心化的應用程式。換句話說,這種加密貨幣充當人們在區塊鏈應用程式(以及其他加密貨幣)上,所依附建構應用的平台。

事實上,有些分析師會建議你忘掉支付型加密貨幣,轉而投資加密貨幣平台,因為它們通常被認為是良好的長線投資標的。隨著在它們的區塊鏈上創建更多應用程式後,它們的價值便會上升。而隨著這類區塊鏈技術變得更加主流之後,應用程式的數量及其使用量,還有這類硬幣的價格等,也都會跟著一起增加。這個類別裡最著名的例子就是以太坊的以太幣(ETH),其他還包括:

» **NEO(NEO)**:類似於以太坊的智能合約生態系統,NEO 希望能成為全新的智能經濟平台,NEO 幣也是中國最大型的加密貨幣,有「中國的以太坊」之稱。

» **Lisk(LSK)**:Lisk 也類似於以太坊,但其背後是基於 JavaScript 的智能合約平台,開發人員可以在其中使用 Javascript 語言創建應用程式(詳情可參考官網說明 https://lisk.io/)。

» **EOS(EOS)**:同樣是另一個類似於以太坊的智能合約平台,EOS 具有在效能上以及可擴展的優勢。

» **Icon(ICX)**:Icon 希望透過建立全球最大的去中心化網路,創造出一個所有區塊鏈與社群都能交換貨幣和訊息的「超連結」世界(詳情可參考官網說明 https://icon.community/)。

» **Qtum(QTUM)**:Qtum 位於新加坡,類似以太幣和比特幣的混合體。截至 2021 年 3 月,有 20 種以上的加密貨幣在 Qtum 區塊鏈上創立(詳情可參考官網說明 https://qtum.org/)。

» **Vechain（VEN）**：Vechain（唯鏈）是一個基於區塊鏈的平台，目的在讓零售商和消費者，都能透過區塊鏈來確定他們購買產品的品質和真偽。

» **ARK（ARK）**：ARK 的目的是希望為開發人員和新創企業提供「一體化」的區塊鏈解決方案（詳情可參考官網說明 https://ark.io/）。

» **Substratum（SUB）**：Substratum 的目的是想透過區塊鏈來創建新一代的網際網路（詳情可參考官網說明 https://substratum.net/）。

以上只是目前在平台型加密貨幣類別裡，幾百種加密貨幣中的幾個例子而已。

交易所專用加密貨幣

特定於交易所專用的加密貨幣，是指由加密貨幣交易所，引入和使用的加密貨幣。你可以將這些加密貨幣視為吸引人們加入交易所平台的「激勵」措施。選擇最佳交易所專用加密貨幣的方法，也可以直接按照我在第 6 章介紹的步驟，來挑選最合適的加密貨幣交易所。以下是這類加密貨幣的範例：

» **幣安幣（BNB）**：幣安幣由幣安交易所發行，運行於以太坊平台，BNB 代幣上限嚴格限制為 2 億枚（詳情可參考官網說明 www.binance.com/）。

» **KuCoin Shares（KCS）**：KuCoin 就像幣安幣一樣，但專屬於 KuCoin 交易所應用（詳情可參考官網說明 www.kucoin.com/）。

» **Bibox Token（BIX）**：Bibox Token 是成功推出自己特定代幣的小型交易所之一，同樣在以太坊平台運作（詳情可參考官網說明 www.bibox.com/）。

» **COSS Coin（COSS）**：COSS Coin（科斯幣）是一個比 KuCoin 小得多的交易所，但它希望為有相同願景的人們提供投資機會（詳情可參考官網說明 https://coss.io/）。

純金融／金融科技型加密貨幣

我把純金融加密貨幣與金融科技（fintech）加密貨幣歸在同一個類別。這些加密貨幣的用途，在於為區塊鏈和世界各地的人們創建金融系統：

» **Ripple（XRP）**：瑞波屬於銀行、支付提供商、數位資產交易所和其他公司的區塊鏈支付系統。它的目的是讓商家可以快速可靠的轉移大量資金。

» **Stellar Lumens（XLM）**：Stellar Lumens（恆星幣）的目的在開發全新的世界金融體系。它建立了一個開放系統，讓各種收入水準的人都可以使用此項金融服務。

» **Populous（PPT）**：Populous 是一個幫助企業融資的全球發票交易平台，其智能合約可以在沒有第三方的情況下，自動執行融資和放款。

» **OmiseGo（OMG）**：OmiseGo 的目的在為沒有銀行帳戶的人提供金融服務。不僅適用於全球，也適用於傳統貨幣（法定貨幣）和加密貨幣。

» **Quoine（QASH）**：Quoine 是一家全球金融科技公司，希望透過其 LIQUID 平台解決加密貨幣市場的流動性問題（詳情可參考官網說明 https://quoine.com/）。

» **Bancor（BNT）**：Bancor 讓你無須第三方，即可在你選擇的兩種加密貨幣之間進行轉換，促進加密貨幣流通（詳情可參考官網說明 www.bancor.network/）。

» **Crypto.com（前身為 Monaco, MCO）**：這種由加密貨幣資助的 Visa 金融卡，可以讓你把加密貨幣用在日常購物中（詳情可參考官網說明 https://crypto.com/）。

法律和財產型加密貨幣

有許多加密貨幣是出現在法律和財產加密這兩個類別之下，然而因為它們彼此關聯，所以我把它們放在一起討論。以下是此類別中的幾個例子：

» Polymath（POLY）：Polymath（博學幣）為代幣投資者和智能合約開發者提供法律建議（詳情可參考官網說明 https://polymath.network/）。

» **Propy（PRO）**：Propy 解決了使用法定貨幣或加密貨幣時，跨境購買房地產的問題，它是第一家可以使用比特幣在區塊鏈上出售房產的公司（詳情可參考官網說明 https://propy.com/）。

其他當時已經嶄露頭角的資產型加密貨幣包括 REAL 和 REX，但在撰寫本書時，它們在加密貨幣市值排行榜上的排名已經大幅下降。

本章內容

» 使用 IDDA 分析，來找出最佳加密貨幣

» 使用基本面分析，來過濾幾千種加密貨幣

» 透過市場情緒分析，來選擇適合自己的加
密貨幣

» 確定買賣加密貨幣的最佳時機

Chapter **9**

找出表現最好的加密貨幣

在 第 8 章裡，我已經為各位開啟一扇巨大的窗口，讓你看到各種
不同類別的加密貨幣。因為在整個加密貨幣行業裡，不是只有
比特幣，或只有你聽過的其他一些著名的加密貨幣而已。能夠有這麼
多選項可供選擇，應該是相當令人興奮的事！但就像數位時代的約會
一樣，選擇太多反而可能會很棘手。因為人們總是會期待著下一個可
能會更好。

好消息是你可以選擇「同時擁有」多種正確的加密貨幣。只是，在還
不確定知道自己正在尋找什麼標的的情況下，想要同時關注如此多的
加密貨幣，又會變成一件相當麻煩的事。

因此在本章中，我要向各位介紹我所使用的黃金策略開發方法「投資
女王鑽石分析法」（Invest Diva Diamond Analysis，以下簡稱 IDDA 分
析），來引導各位找到屬於自己的最佳加密貨幣選項。

IDDA 分析法簡介

大多數個體交易者在開始執行投資策略之前，可能會學習一、兩種分析市場的方法。舉例來說，大多數投資新手會依賴「技術分析」，以及他們最喜歡的電視財經新聞主播的說法。不幸的是，只依賴同一種類型的分析，對投資加密貨幣來說可能相當危險。

我所使用的 IDDA 分析，將建議各位從五個不同的角度來分析市場，如圖 9-1 所示：

1. 基本面分析

2. 市場情緒分析

3. 技術分析

4. 資本分析（個人風險管理）

5. 整體分析

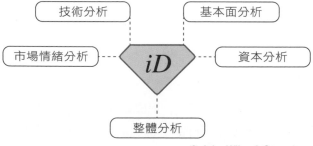

圖 **9-1**：
IDDA 分析的
五個重點。

© John Wiley & Sons, Inc.

在這五項分析中，我們已經在第 3 章學習「資本分析」裡關於風險管理的部分；而在加密貨幣市場的「整體分析」和最新策略會與時俱進，所以還請各位造訪我的投資女王官網 `https://learn.investdiva.com/services`，來了解目前的最新進展。因此，在本章的內容裡，我將著重討論基本面分析、市場情緒分析與技術分析這三項，協助各位為自己的投資組合，選擇正確的加密貨幣。以下是這幾種分析的簡要概述：

REMEMBER

» **基本面分析**：從基本面分析的角度來看時，我會澈底查看「從事實到謠言」的各種數據資料，以決定該加密貨幣是否值得購買。

» **情緒分析**：「市場情緒」是指衡量投資者關於特定證券標的的情緒和態度。即使是「非動物愛好者」的投資人士在使用情緒分析時，一定也會比較市場的預期走向到底是牛市（多頭）或熊市（空頭）。

　　如果交易者預期某一特定證券的價格上漲，即代表市場情緒看漲。反過來看，如果市場情緒看跌，即大多數交易者預期價格會下跌。

» **技術分析**：從技術分析的角度來看時，我會查看加密貨幣的價格表現，然後做出適合的投資決策。更具體一點的說，你是在分析你最喜歡的加密貨幣的「價格走勢」，以了解建立部位（購買）的最佳時機和退出部位（賣出）的最佳時機。你可以在加密貨幣交易所上，查看加密貨幣價格走勢的歷史記錄圖表（我會在第 16 章告訴各位關於技術分析背後所有見不得人的祕密）。

TECHNICAL STUFF

我在《Invest Diva's Guide to Making Money in Forex》（暫譯：投資女王的外匯賺錢指南）一書中，首次介紹了 IDDA 投資策略開發方法，後來這也成為我為從 invest.com 到那斯達克的所有客戶和學生提供的關鍵策略，一直到後來為紐約大學和自己的網站提供教育產品時，都是同樣的分析策略。

使用基本面分析挑選加密貨幣

基本面分析是關於選定加密貨幣的「財務狀況」，以及是否即將發生可能影響市場的「風險事件」，再整合分析所有八卦、故事和事實的一門藝術。用我們前面的「約會」比喻來看，找到正確的加密類別，就像在所有其他都很醒目的人選裡，選擇自己喜歡的類型一樣。除了看對眼之外，你當然也應該用大腦思考。雖然或許跟你的「直覺」會有點關係，但僅此而已（如果你明白我的意思）。因此你當然需要一些可靠的分析方法，才能挑選到最適合自己的加密貨幣。

選你最了解的

「選你最了解的」是一種重要且簡單的方法（同樣適用於股票市場），亦即如果你已經接觸過某些類型的加密貨幣，或者更好的是在現實生活中使用過，並且喜歡它們的交易表現，可以考慮將它們添加到你的投資組合中。我們以股票市場來舉例，許多投資新手只是簡單的依照自己的購物習慣，就做到幾次獲利的投資。例如他們可能比較喜歡 Chipotle（奇波雷墨西哥燒烤，紐約證券交易所代碼： CMG）健康快餐服務，而比較不喜歡購買麥當勞（紐約證券交易所代碼： MCD）時，就可能會把 CMG 加進自己的投資組合中。

同樣的情況，假設你注意到自己最喜歡的線上商店，已經在結帳頁面添加了加密貨幣支付選項，而且你下單購買的過程也相當順利。這樣的成功也等於暗示著該加密貨幣的交易量，在未來將可能增加，因此該加密貨幣當然可能適合成為你在投資組合裡的重要資產之一。

如何選擇正確的加密貨幣類別

我在第 8 章花了大量篇幅討論加密貨幣的類別，以及你可以在哪裡找到它們。特定類別會在整個市場的某些時候表現的更好，而且不光只是看加密貨幣市場而已。舉例來說，如果你注意到金融科技業（fintech）的股票上漲，而且每個人都在談論人工智慧（AI）時，你可能就要考慮瀏覽人工智慧類別裡的相關加密貨幣，並參與其中。

另一種為「中期投資」選擇最佳類別的方法，是從已經贏過整體市場的類別中進行選擇。我說的並不是「今天」表現良好的類別，而是幾個月甚至幾年來，持續表現良好或顯示出回升跡象的類別。你可以從中選擇「最熱門」的類別作為首選，然後添加第二和第三個類別，以實現多元化投資（第 10 章會進一步詳細討論多元化）。

由於加密貨幣情勢變化快速，若想知道目前「最熱門」加密貨幣類別的最新訊息，可以造訪各大加密新聞網站或我的投資女王官網。

每個加密貨幣類別不一定都會隨著其他市場的波動起伏，因為加密貨幣還算是很新的行業，讓你更可能在其中找到機會，這種機會是在傳統成熟的股票市場裡較難遇到的。也就是說，如果股市崩盤的話，加密貨幣行業可能就會是你的安全網。

ETF（交易所交易基金）通常是由一組相同類別的幾個資產組成，在股票市場上非常受歡迎，因為它們可以讓投資人的選擇過程變得更加容易。它們的購買成本也比大型、花俏的對沖基金裡的共同基金便宜。在撰寫本書時，加密貨幣 ETF 尚未站穩腳步，等到加密貨幣 ETF 開始流行後，你可查看和比較它們的表現，找出表現最佳的加密貨幣類別（第 13 章會提到更多 ETF 相關內容）。

瀏覽加密貨幣網站

你可能已經根據自己的經驗，選擇了好幾種加密貨幣；或者你已經選擇某一個類別，並試圖選到該領域裡最好的加密貨幣。無論如何，你現在必須開始對「入圍決賽」的加密貨幣選手，進行更詳細的分析。

如果你曾經在電視上看過《鑽石求千金》（The Bachelor）或《千金求鑽石》（The Bachelorette）這類真人秀約會節目（我的錯，我舉約會的例子舉上癮了），你可能已經很熟悉這種選擇的過程。你的投資組合可能從大約 30 個潛在的候選名單開始，當最後剩下三至四名決賽者時，你就要開始了解他們的生活與背景了。在加密貨幣世界中，這些加密貨幣的官方網站，相當於節目上那場「家鄉」的約會。如果你在選擇自己心目中的加密貨幣情人時，無法像節目裡一樣，跟這些加密貨幣發起人的高中同學聊天，或跟他們的家人一起烤肉時，以下就是你必須考量的作法。

翻閱白皮書

白皮書（white paper）類似於新加密貨幣的商業提案，它包括潛在投資者必須了解的，關於該加密貨幣的技術、目的、財務細節等所有訊息。更完善的加密貨幣可能已經有一個豐富的網頁，上面也已經把所

有關鍵訊息，仔細分成容易理解的影片，在「關於」或「如何運作」的標籤下，也會出現許多酷炫的訊息圖表。而對於網站尚未如此完善的其他加密貨幣而言，你可能就真的要在官網上找到白皮書，透過閱讀來了解這支新幣的訊息。幸好白皮書通常是用非專家即可理解的語言所寫。

認識加密貨幣背後的團隊

雖然沒有人真正知道誰創造了比特幣，但其他的加密貨幣通常都有一個團隊，在公司背後指導並負責其區塊鏈技術。就算這個加密平台完全開放原始碼，可以讓任何人造訪與修改，但加密貨幣背後的團隊依舊相當重要。

REMEMBER

當你進行投資時，無論對象是股票、新創公司（或甚至熱情的約會對象），了解對方身世以及誕生背景到底如何，都將會發揮重要的作用。以下是對於管理團隊需要注意的事項：

>> 簡歷

>> 自傳

>> 業界經驗

除了核心管理層之外，我還會查看顧問委員會（如果有的話）成員的背景。這些通常可以在公司網站上的「關於我們」或「我們的團隊」等標籤頁下，找到相關訊息。

TIP

當你投資一種加密貨幣時，基本上就是在投資一家新創公司和一個創業家。有時這些創業家非常年輕，沒有什麼搬得上檯面的簡歷，就像 Facebook 的馬克·祖克柏或以太坊創始人維塔利克·布特林一樣。這種時候，創業家的「個性」可能會成為決定性的因素。正如馬克·庫班（前面介紹過）告訴 CNBC 的說法：「當你投資一個創業家時，你投資的是他的個人特質。如果看起來不合適或者你認為不正確的話，

那就去買另一支股票吧…」（在此應該換成「去買另一種加密貨幣吧…」）。

觀察他們的合作夥伴

如果你不想冒太大的風險，就應該看看業界裡有哪些人，信任你正在考慮購買的加密貨幣。比較成熟的加密貨幣團隊，甚至已經能夠與IBM 和微軟等傳統巨頭、或是高盛等銀行進行合作。這些大公司本身有專家分析團隊，會在加入新投資和合作夥伴之前，事先進行盡職的專業調查。能夠擁有信譽良好的合作夥伴，也代表該公司實力雄厚、能在正確的發展軌道上領先競爭對手。

擁有傳統世界的合作夥伴還有另一個好處，他們的加密貨幣有更高的機會被大眾接受。如果該加密貨幣與其他公司建立合作夥伴關係時，通常也會把他們列在名為「我們的合作夥伴」或「關於我們」的標籤頁下。

了解加密貨幣背後的技術

許多加密貨幣是來自擁有多種產品的區塊鏈公司，其開發周全的網站會以較為親切的方式，引導你了解他們的技術和產品。一旦你對加密貨幣背後的產品和技術了解得越多，就越容易對加密貨幣名單上的決賽入圍選手做出決定。因此本書第 5 章的區塊鏈技術內容，可以當成伴隨你一路走來的「加密貨幣學習手冊」。

觀察他們對社會的貢獻

你的加密貨幣決賽入圍者們，是否以嘗試解決某些問題為目的呢？你認同他們的目的嗎？他們只是為了快速致富，或真的具有一個改善社會的長期計畫呢？如果能夠找到這些問題的答案，也可以協助你縮小加密貨幣入圍者的名單。例如瑞波公司在名為「Ripple for Good」（瑞波的善念）標籤選項下，描述了他們的社會貢獻。其他公司通常也會使用類似的模式，或者直接將其重要的社會貢獻，放在網站主頁明顯處。

分析發展路徑圖

許多加密貨幣背後的公司，都會在官網上介紹他們的「發展路徑圖」（road map）：包括團隊來自哪裡，取得的成就，並計畫在未來達成哪些目標等。如果他們有提供發展路徑圖的話，就能讓我們在短短幾分鐘之內，發現有關該加密貨幣的大量基本訊息。

參與

接下來就像約會一樣，你認識的越多，就越能了解對方背後一些不為人知的祕密。大多數加密貨幣平台都希望追隨者增加，也鼓勵人們加入他們的網站。依據加密貨幣的種類不同，「參與」一種加密貨幣，可能代表從挖礦到加入其社群論壇，甚至在其區塊鏈平台上（如以太坊），啟動新的加密貨幣項目！當然，參與也代表你會投入更多的時間，因此必須權衡自己的時間分配。

以情緒分析選擇加密貨幣

對預期的加密貨幣完成基本背景調查後，就可繼續進行 IDDA 的第二點，也就是「情緒分析」（Sentimental Analysis）。情緒分析等於是研究加密貨幣和交易者之間的「愛恨」關係。

關鍵情緒要素

在尚未介入太多情感、全心投入你最喜歡的加密貨幣身上之前，還有一些基本的情緒要素必須檢驗。

加密社群

加密貨幣背後的公司對於加密貨幣的發展方向，扮演了重要角色，但實際參與貨幣區塊鏈技術的整個網路（詳見第 4 章），則是其成功與否的重要關鍵。許多加密貨幣直接依賴社群的參與程度，例如礦工和

開發人員的參與等。大部分的加密社群，都會在一些論壇網站上擁有自己的論壇，例如：

» Reddit（www.reddit.com/，娛樂、社交及新聞網站，具有類似電子佈告欄的功能）。

» Bitcointalk（https://bitcointalk.org/，歷史最悠久的加密貨幣論壇）。

» Steemit（https://steemit.com/，利用原生加密貨幣獎勵內容生產者的去中心化社交內容平台）。

這些很棒的論壇，不僅可以讓你了解加密貨幣涉及到哪些類型的人，還可以讓你了解關於加密貨幣本身的更多內容。

越來越多的加密貨幣使用 Telegram 頻道（Telegram Channel），作為與用戶交流的一種方式。要加入頻道，就必須先在手機下載 Telegram 應用程式，請參閱 Telegram 官網以了解更多相關訊息。

可交易該加密貨幣的交易所

正如我在第 6 章所說，加密貨幣交易所是整個生態系統的重要組成。雖然我們應該確保自己選擇的加密貨幣交易所可以交易你選擇的加密貨幣，不過，選擇在許多不同交易所均可交易的加密貨幣其實也是不錯的辦法。因為交易所通常會謹慎選擇可以交易的加密貨幣，如果在許多不同的交易所都能找到你選擇的加密貨幣，很可能代表這些交易所也已認同你選擇的加密貨幣，具有足夠價值可以進行交易。因此，對於這種加密貨幣的需求當然也可能較高，這讓您在投資中可以有更多的選擇，或許也能獲得更多的收益。你可以在 coinmarketcap.com 等網站上，尋找有哪些交易所可以交易你所選擇的加密貨幣。

舉例來說，假設你想知道哪些交易所可以交易瑞波幣，只要在 coinmarketcap.com 上選擇瑞波的 XRP，然後點進標有「Markets」（市場）的標籤項目，如圖 9-2 所示；你可能需要向下捲動網頁才能找到，接著就可以看到帶有 XRP 的交易所完整列表。

交易量

TIP

交易量是指在特定時間段落內，一共交易了多少加密貨幣。這點非常重要，因為它讓你知道購買或出售該加密貨幣的難易程度；交易量越高，越容易進行交易。你可以在 www.cryptocompare.com 和 coinmarketcap.com 等網站上，查看各種加密貨幣的交易量，它們會顯示過去 24 小時內交易的加密貨幣數量。你還可以比較不同加密貨幣的交易量，一般而言，規模最大也最受歡迎的加密貨幣，交易量一定也最多。不過如果你想在特定類別中選擇某種加密貨幣（而不是只看明星等級的加密貨幣）的話，那麼交易量會是你做出決定的重要指標。

圖 9-2：
在 coinmarketcap.
com 上搜尋可以交
易 XRP 的交易所。

# ▲	Source	Pairs	Price	+2% Depth	-2% Depth	Volume	Volume %	Confidence	Liquidity	Updated
	XRP Markets Spot Perpetual Futures								Pair All	
1	Binance	XRP/USDT	$0.3234	$2,232,099.81	$3,450,967.48	$109,874,164	9.56%	High	765	Recently
2	Bithumb	XRP/KRW	$0.3252	$685,676.85	$726,677.20	$57,304,100	4.99%	Moderate	462	Recently
3	FTX	XRP/USD	$0.3234	$1,273,686.47	$1,842,627.31	$38,065,874	3.31%	High	658	Recently
4	Binance	XRP/BUSD	$0.3241	$502,999.39	$1,053,854.22	$31,594,381	2.75%	High	681	Recently
5	Bitstamp	XRP/USD	$0.3229	$873,045.33	$605,795.34	$23,995,384	2.09%	High	568	Recently
6	KuCoin	XRP/USDT	$0.3233	$481,727.12	$1,037,524.48	$22,389,169	1.95%	High	654	Recently
7	Bitstamp	XRP/EUR	$0.3227	$841,670.73	$986,486.21	$15,444,635	1.34%	High	580	Recently
8	Huobi Global	XRP/USDT	$0.3233	$370,227.48	$1,056,106.22	$9,550,049	0.83%	Moderate	614	Recently
9	Binance	XRP/BTC	$0.3238	$324,586.85	$345,240.65	$9,359,083	0.81%	High	622	Recently
10	Coinone	XRP/KRW	$0.3252	$252,174.05	$243,937.63	$7,904,811	0.69%	High	523	Rece...
11	Gate.io	XRP/USDT	$0.3232	$374,856.16	$1,012,955.20	$7,435,431	0.65%	High	615	Recently

資料來源：CoinMarketCap.com

加密貨幣總市值

瀏覽加密貨幣的最快方法之一，就是根據其總市值（或簡稱市值，market cap）來查看它們的排名，市值較高就表示目前正在出售的該加密貨幣的所有單位價值都更高。當你嘗試在特定類別裡選擇心中理想的加密貨幣時，這項指標還可以再次派上用場（有關市值分析的更多內容，請參閱第 8 章）。

流通供應量

流通供應量（CS，Circulating Supply）是指開採或公司產生加密貨幣後，這些加密貨幣目前在市場上的流通數量，或大眾可以使用的數量。

有幾種不同方式可以了解流通供應量的重要性：

» 一些加密投資者認為，就流通供應量而言，「少即是多」。也就是說，直接把加密貨幣的流通，當成存在著「供過於求」的問題，因為任何市場通常都基於「供需原則」而變動。舉例來說，當商店有很多蘋果但沒有足夠的人來買蘋果時，商人通常就會降低蘋果的價格，因為他們想在庫存變壞之前，將這些蘋果處理掉。同樣的理論也適用於加密貨幣，雖然大部分加密貨幣並沒有過期的問題（除非公司破產），然而如果你希望進行中短線投資的話，流通供應量較小，可能會更具吸引力。因為代幣較少和需求增加，暗示著未來價格可能會走高。

» 然而從另一方面來看，較低的流通供應量數字，也可能代表缺乏人氣。例如努力開採該加密貨幣的礦工較少，這點很可能會影響到加密貨幣的長期評估。

» 不過在某些情況下，流通供應量可能完全無關緊要。舉例來說，瑞波的 XRP 流通供應量接近 400 億，而 Dash 的流通供應量只有 800 萬，然而在 2017 年，兩者都同樣上漲了平均約 3,000% 左右！

你可以在 coinmarketcap.com 這類網站，查看加密貨幣的流通供應量。

總供應量

TECHNICAL STUFF

當你把新開採的加密貨幣添加到流通供應量中時，就會得到總供應量（Total supply）。換句話說，總供應量是表示該加密貨幣目前存在的總數，而不只是流通的貨幣總數。由於各種原因，許多加密貨幣可能被保留或鎖定，不會在公開市場上出售。總供應量並不會真正影響到該加密貨幣的價格，也不會比流通供應量更重要。我只是在這裡介紹一下，以免你在網站上看到這個專有名詞，想要了解它的含義。

新聞媒體的影響

新聞媒體有能力讓某人或某事大受歡迎。例如明星實境秀，以及到底聽到的是 Yanny 還是 Laurel 而引發全球爭論的發音之亂，還有因背包小子 @thebackpackkid 而變得流行的牙線舞（floss dance，又稱甩手舞）等。

加密貨幣也是如此，媒體是過去在 2017 年，造成整個加密貨幣炒作和看漲市場情緒的幕後推手。舉例來說，就像你會在同意見面之前，先對你的約會對象快速 google 一下他或她在社群網路上的貼文一樣，對於你所選擇的加密貨幣，可能也必須先查看一下相關的新聞報導。

近期報導

你選擇的加密貨幣最近是否經常上新聞？已經屬於熱門話題了嗎？如果答案是肯定的，請先判斷這些新聞報導是正常的或付費業配的報導。當然，加密貨幣公司已經意識到媒體所能造成的影響，因此他們會向主流搜尋引擎支付大量廣告費用，好讓自己的加密貨幣在搜尋結果排名系統中，名列前茅。因此，最好同時觀看一些比較值得信賴的加密新聞，包括 NewsBTC（`www.newsbtc.com`）、那斯達克（`https://www.nasdaq.com/topic/cryptocurrency`）、CoinDesk（`www.coindesk.com`），當然，還有我的網站（`www.investdiva.com`）。

完成這項任務的另一種方法，是簡單的切換到搜尋引擎上的「新聞」標籤。舉例來說，當你在 Google 上搜尋某個關鍵字時，你會直接看到「全部」結果的內容，裡面包括從廣告到新聞和一般訊息的所有內容。這時你只要點擊旁邊「新聞」標籤，就會看到不太可能是付費業配的相關新聞報導。

近期活動

你可以在尋找加密貨幣投資的初期或後期，搜尋該加密貨幣即將發生的各種事件。

>> 在近期報導方面，你可以到 https://coinmarketcal.com/ 等網站，查看哪些加密貨幣有大量可能「正面影響」加密貨幣的公告和事件。然後採用我在本章前面所提的其他方法，觀察該加密貨幣是否適合你的投資組合。

>> 在近期活動方面，請先選好你的加密貨幣最後「入圍者」名單，然後查看這些加密貨幣的網站，看看他們是否分享即將發生的事件，或者查看第三方編輯的加密行事曆，來獲取更多該加密貨幣的相關活動訊息。

當然你也可以將這兩種作法結合應用。

負面報導

公關業者可能會告訴你「只要有新聞都是好新聞」，因為人們通常更喜歡閱讀負面報導。群眾不光是對負面新聞充滿熱情，更可能在未來記住與負面新聞相關的事物，但他們記住的卻不一定都是壞的方面。這種負面新聞也很好的心態，當然屬於一種「名人心態」，也就是相信任何對自己的報導，無論好壞，從長遠來看都會帶來積極正面的結果。

加密貨幣投資也是如此，在負面新聞成為熱門話題的時候，其價格可能會暴跌。然而跟你的想法正好相反的是，這種時刻可能就是買進的好時機，因為每個人可能都會在負面新聞下拋售這些加密資產。如果你在加密貨幣跌倒時抓住他們，然後跟著他們一起爬上高峰，就是一個很完美浪漫的童話故事了。

不過只有當所有其他 IDDA 分析重點，都足以證明該加密貨幣值得長久的期待時，在負面新聞下的購買才會有效。而如果這則負面新聞報導不太可能從中恢復具「超級破壞性」內容的話，那就跳過它吧。

以技術分析選擇加密貨幣

當你決定將某些加密貨幣添加到投資組合中時,下一步就必須決定購買它們的最佳時機。任何投資的黃金法則都歸結為最重要的四個字:

「賣高買低!」

REMEMBER

但我們要如何決定何時才是買進價格的最低點呢?這就是 IDDA 的第三點「技術分析」介入之處,技術分析是一項利用過去的歷史預測未來的藝術。請先繼續閱讀下去,了解這種價格行為和最佳價格分析法的簡要介紹。到本書的第 4 單元時,我還會深入研究技術分析的更多內容。

> » **技術分析基礎知識:**有許多很棒的圖形工具和各種小工具,可以協助我們了解加密貨幣價格的歷史走勢和模式。只要了解每種模式和指標的運作原理,就能更準確的預測未來的價格走勢。在本書第 16 章會帶領各位探索一些最重要的圖形模式和各種指標,它們可以協助各位為自己最喜歡的加密貨幣,制定成功的投資策略。

> » **最近的價格走勢:**儘管某種加密貨幣的目前價格,並非該加密貨幣整體價值的良好指標,但當你試圖確定何時買賣時,分析價格走勢就變得非常重要。你可以在 coinmarketcap.com 等網站上,查看所選加密貨幣的最新價格走勢,了解過去一天、一週甚至幾個月以來的價格下跌或上漲幅度。對於希望在一天或一週內快速進出市場的短線交易者來說,分析近期的價格走勢尤其重要(在第 17 章將會談到更多關於「短線交易策略」的內容)。

> » **整體局勢:**如果你像我一樣是長線投資者的話,可能就會發現在技術分析中,著眼於「整體局勢」(Big picture)會更有用。由於許多加密貨幣還太年輕,無法擁有完善的價格歷史記錄,因此我們可以透過比較同一類別中「較老」的加密貨幣,並以類似的趨勢,對「較新」的加密貨幣進行整體局勢的分析(在第 18 章將會談到更多關於「長線投資者」的技術分析方法)。

Chapter **10**

加密貨幣的多元化投資

我在整本書裡談到許多關於「多元化」（diversification）的話題，尤其是在第3、8、9章，甚至包括我的教育產品和各種相關研討會裡都會一再提及。因此在本章中，我將深入解析多元化對你的加密投資組合的意義，為何多元化如此重要，以及如何透過適當分散資產來管理投資組合的風險。

多元化的基本分析

投資者們經常會聽到關於將他們「個人股票投資組合多元化」的話題。當你想開始投資時，金融專家會告訴你的第一件事就是「不要忘記多元化！」因為不論你的投資籃子裡面裝的是股票或加密貨幣，你都不應該把所有的雞蛋放在同一個籃子裡。以下的章節將深入探討這句話的真正含義，尤其是對於加密貨幣投資所代表的意義。

什麼是傳統多元化？

一般在建立個人股票投資組合時，多元化的意義通常代表擁有不只一兩支股票。個人股票投資組合中最傳統的多元化方法，就是擁有大約15 到 20 支分布在不同產業的股票。

當你在「並未相互關聯」的行業、資產或投資工具中進行多元化投資後，即使其中某一類別表現不佳，你的整體投資組合並不太可能出現大幅下跌。然而這種多元化並不能保證你一定不會有損失的風險。應正確來說，如果操作正確的話，可以大幅降低風險。

Benzinga 這類財經新聞網站可以幫助你了解不同行業的最新動態，幫你做出更好的資產多元化決策。

多元化如何降低風險？

你的股票投資組合會遇到兩種類型的風險：非系統性風險和系統性風險。非系統性風險，是指可以透過將多個行業結合在投資組合中（跨行業多元化），以減輕風險的類型。非系統性風險包括：

>> **商業風險**：這種風險與公司收益及履行財務義務的能力有關。這種風險也與公司的行業屬性相關連，因為有時在同一個類別中的所有公司，都面臨了程度相近的不確定性風險。

>> **國家風險**：這是公司展開業務所在的國家或地區，遇到政治和經濟不穩定的風險。

>> **違約風險**：這是公司無法償還債務因而可能違約的風險。

>> **管理風險**：這種風險與經營公司的高層管理者的道德人品相關。如果他們陷入法律或道德問題時，公司的股票可能會遭受到短期或長期的影響。

>> **財務風險**：這種風險與公司在財務結構中使用的金融「槓桿」（舉債金額）有關。亦即公司的債務越多，就等於使用越多的槓桿，因此不穩定的風險就會越高。

>> **政府／法規風險**：也就是公司展開業務所在的國家，可能會通過新的法律或法規，因而對公司所處行業產生負面影響的風險。

而系統性風險，則是指無法簡單透過跨行業多元化來擺脫的風險，這類風險包括：

>> **市場風險**：市場因為各式各樣的因素（例如政治因素、社會因素或市場情緒的整體變化），而對你的投資展產生不利的風險。

>> **匯率風險**：匯率走高或大幅變動，可能會對你的投資產生負面影響的風險。

>> **利率風險**：利率變化對資產價值產生不利影響的風險。

>> **政治不穩定風險**：政治上的不確定性或變化，對市場產生負面影響的風險。

>> **再投資風險**：無法以有利的投資報酬率，將資金再投資的可能性。

>> **事件風險**：持有你資產的公司／交易所／經紀商／錢包等，發生不可預測的事情（例如公司破產或遭到駭客攻擊）的可能性，導致市場趨向負面波動的風險。

股票投資組合中的傳統多元化，有助於降低非系統性風險，而這正是事情變得有趣之處，因為你無法利用分散股票投資組合的方式，來降低系統性風險。但如果把投資組合分散到其他市場呢？這種方法實際上就是我在 2008 年崩盤期間開始投資的方式（你可以在接下來的小文章〈一腳踏入外匯市場〉中，閱讀到詳細的內容）。

REMEMBER

每當我們無法避免的股市崩盤時，都會讓我覺得在投資組合中添加諸如加密貨幣等非常規投資工具，比起以往任何時刻都更加重要。原因如下：在撰寫本書之際，加密貨幣市場與傳統市場幾乎完全不同。這是一個幾乎不受監管的新市場，因此政治不穩定風險或利率風險等傳統的系統性風險，並不會真正完全影響到加密貨幣市場。事實上，投資者可以將加密貨幣視為重大經濟危機時、當其他市場情況惡化時的一層新安全網。

一腳踏入外匯市場

2008 年，我還是一名在東京的大學主修電機工程的大學生，完全不了解金融市場到底如何運作。不過我聽到了股市崩盤，美元兌日圓貶值（也就是我前面說的〈多元化如何降低風險？〉裡，系統性風險中的「匯率風險」）無論你的美國股票投資組合再怎麼多元化，也無法抵擋這種匯率風險。不過投資者確實還有一種方法，也就是利用美元貶值，日圓升值的情況賣出美元買入日圓。這對我來說是一個全新的投資機會，一般就稱為「外匯」（外匯市場的簡稱）。

這也就是我在當時所做的事（在朋友協助下），讓我在一個月內將初始投資翻了一倍，而且還是在其他市場都在瘋狂崩跌的時刻。身為一位大學生，在崩盤的市場中一個月內就賺到 10,000 美元，完全足以讓我想要放棄自己的電機工程學位（以及已經熬了六年的學業！），跑去從事金融和投資。

後來的掙扎就跳過吧。最後，我來到紐約追求自己的新夢想，讓更多女性加入這個由男性主導的金融業運動中。從那個時候開始，我擴大了自己的個人投資組合，不僅持有外匯，也持有股票、交易所交易基金（ETF），後來又加上許多加密貨幣。

將加密貨幣加入長期多元化投資組合中

將加密貨幣加入你的投資組合時，請記住以下兩種類型的長期多元化：

» 非加密貨幣多元化

» 加密貨幣多元化

更多關於這兩種類型的加密貨幣多元化內容，可以參考我在第 2 章提過的股票、債券和外匯等傳統市場的多元化。

由於加密貨幣市場瞬息萬變，本小節中許多主題的最新內容，可參考最新的網路訊息，或是直接造訪我的投資女王網站，觀看以下重點：

>> 咖啡時間外匯教育課程（The Forex Coffee Break education course）。

>> 《Invest Diva's Guide to Making Money in Forex》（暫譯：投資女王的外匯賺錢指南）。

>> 其他在我網站上的最新投資訊息。

非加密貨幣資產多元化

當你心考慮全面分散投資組合時，確實有很多金融工具可供選擇，例如股票、外匯、貴金屬和債券等。這些資產都各有其獨特的特點，有些資產所具有的風險，可以透過長期的市場漲跌，來抵消掉其他資產所受的風險。以下章節將教導各位，如何長期且同時使用加密貨幣和非加密貨幣的多元化，來減少風險。

這個世界上並沒有單一的「終極多元化規則」，可以適用於所有投資者。多元化投資的百分比和整體組合內容，幾乎完全取決於投資者個人特有的風險承受能力（這點也就是如何用錢來賺錢的祕密之一）。

個人願意承擔的風險越大，投資報酬率也會越高，當然反過來也會賠得更多。如果你剛開始進行投資，風險承受能力比較低的話，可考慮將投資組合的大部分分配給債券，然後系統性的加入股票、貴金屬和加密貨幣等（計算個人風險承受能力請回頭查看第 3 章）。

交易法定貨幣的背景知識

法定貨幣是不同國家當局宣布合法的傳統貨幣。舉例來說，美元是美國的法定貨幣，歐元是歐盟及其領土的法定貨幣，日圓則得到日本政府的支持，這樣各位應該明白了。

外匯市場是一個相當大的市場，交易者在此將許多法定貨幣相互交易。先學習一些外匯市場的背景知識，將可協助各位更了解加密貨幣市場的交易行為，以及如何將不同類型的加密貨幣相互交易的方式。我們可以把外匯市場比作一個大型的國際派對，每隊情侶都由來自「不同地區」的伴侶所組成。所以如果伴侶的其中一個是日圓（JPY），她的搭檔是歐元（EUR）的話，我把他們稱為日本女士和歐洲先生。而如果一個是美元（美國女士）的話，她的另一半也可以是英國人、葡萄牙人或日本人。

現在在外匯市場上，這些國際「貨幣對」齊聚一堂，開始「跳舞」。但很多時候，配對的伴侶彼此不對盤，動作也不一致。舉例來說，每次美國女士動作正確時，她的舞伴卻會搞砸。而每當她的舞伴掌握了節奏時，她自己卻卡在之前的動作中。這些無法配合的情況會引起一些關注，觀看這些舞者的群眾，他們開始打賭接下來哪個舞者會搞砸。這些觀看的人就是外匯交易員，你可以到我的 Youtube 頻道觀看這部外匯比喻影片：What is Forex? #1。

REMEMBER

重點是在外匯市場交易貨幣時，無論是法幣或加密貨幣，你都只能「成對交易」。舉例來說，你可以交易美元（USD）兌日圓（JPY），也就是美元 / 日圓對；你也可以交易澳元（AUD）兌加元（CAD）；也就是澳元 / 加元對。

計價貨幣對基礎貨幣

交易貨幣對時，首先列出基礎貨幣（Base Currency），其次列出計價貨幣（Quote Currency）。給定貨幣對中，哪種貨幣是基礎貨幣，哪種貨幣是計價貨幣，通常在交易市場裡都是固定的。舉例來說，當我們談到交易美元兌日圓時，美國貨幣會排在前面，其次是日本貨幣（寫成「美元 / 日圓」）；而在「歐元 / 美元」貨幣對中，歐元排在前面，美元排在後面。

REMEMBER

這些設定模式，跟某種國家的貨幣是否更重要，或是一對貨幣中的其中一種貨幣較受歡迎完全無關。這只是大家交易預設的排列方式。只要系統沒有重大改變的話，每個人都使用相同的規則，就更容易使用這樣貨幣配對方式。

當基礎貨幣和計價貨幣結合在一起時即稱貨幣對，也就是顯示購買一單位基礎貨幣需要多少計價貨幣。舉例來說，當美元／日圓的交易價格為 100 時，亦即 1 美元的價值為 100 日圓。換句話說，你需要用 100 日圓（計價貨幣）來購買 1 美元（基礎貨幣）。

同樣的概念也適用於加密貨幣對。一般加密貨幣交易所會提供一定數量的計價貨幣，主要是流行的貨幣，包括美元等法定貨幣和比特幣、以太幣等加密貨幣，以及他們自己的交易所加密貨幣等。然後他們再提供可以交易的數百種其他加密貨幣相對於這些計價貨幣的交易機會（在〈加密貨幣對法定貨幣中進行多元化〉中會詳細討論）。

在加密貨幣對法定貨幣中進行多元化

與外匯市場的情況類似，我們可以跨加密貨幣與其他貨幣來進行交易。在撰寫本書時，最常見的作法是把加密貨幣與法定貨幣進行交易，這裡的法定貨幣是指你所在國家支援的貨幣。舉例來說，如果你住在美國，大多數人會交易比特幣對美元。這些人並沒有真正考慮「成對」交易這些貨幣，因為一般人在購買比特幣時，有點像是購買股票的投資方式。然而當你用美元購買比特幣以期獲得投資收益時，實際上就是在押注比特幣的價值，會在未來兌換回美元時匯率走高（可以換到更多美元）。而如果在比特幣升值的同時，美元也貶值（不光對比特幣，也對其他貨幣貶值）的話，你還可以獲得更多投資回報。

而這也就是多元化可以幫你降低交易風險的地方。因為大多數加密貨幣在較短的時間範圍內，幾乎都與比特幣相關聯（同漲同跌），所以我們可以使用預計交易的法定貨幣，來多元化自己的投資組合。

舉例來說，如果你認為進行交易時，美元和日圓不會同時漲跌，你就可以開設兩筆比特幣交易：一筆對美元，一筆對日圓。當然，你應該先確保你的交易所或經紀商，持有這兩種不同的法定貨幣，且提供這種方式的交易機會（我在〈在加密貨幣中進行多元化〉中還會進一步解釋）。

WARNING

炒作和短線交易都有很高的風險，可能並不適合所有投資者，因為最後你可能會損失掉所有資金。在決定交易此類資產之前，你應該仔細考慮你的投資目標、投資經驗、風險承受能力和風險偏好，不應該投入自己無法承受損失的資金（但如果你仍然好奇的話，我會在本章稍後和第 17 章中，更深入研究短線交易）。

在加密貨幣中進行多元化

大多數加密貨幣交易所提供比「法定貨幣 / 加密貨幣」對，更廣泛的「交叉加密貨幣對」（cross-crypto pairs）選擇。事實上，有些交易所甚至完全不接受任何類型的法定貨幣。這就是為什麼許多交易者別無選擇，只能將一種加密貨幣與另一種加密貨幣配對進行交易。舉例來說，比特幣（BTC）與以太幣（ETH）的組合就有了「BTC / ETH」對。

各位可以想像一下，可供交易的幾千種不同加密貨幣，代表混合和配對的可能性是無窮無盡的。許多加密貨幣交易所會創建不同的「房間」（rooms），對這些組合進行分類，你可以在這些房間裡交易他們支援的大多數加密貨幣，以及一些更流行的加密貨幣。舉例來說，如圖 10-1 所示，幣安交易所為主要的交叉加密貨幣創建了四個房間（或類別）：比特幣（BTC）、以太幣（ETH）、幣安幣（BNB）和 泰達幣（USDT）。只要先點選這些類別中的任意一個作為計價貨幣，就可以將其他加密貨幣選為基礎貨幣來進行交易。

圖 10-1：
幣安交易所
加密貨幣配
對選項。

Pair ▲	Price	Change
★ ADA/BTC	0.00001490	-5.10%
★ ADX/BTC	0.00002809	-1.89%
★ AE/BTC	0.0001597	-6.99%
★ AGI/BTC	0.00000659	-9.23%
★ AION/BTC	0.0000731	-9.98%
★ AMB/BTC	0.00001947	-8.07%
★ APPC/BTC	0.00001257	-6.26%
★ ARDR/BTC	0.00001675	4.07%
★ ARK/BTC	0.0001045	-2.06%
★ ARN/BTC	0.00004063	-5.31%
★ AST/BTC	0.00001255	-3.83%
★ BAT/BTC	0.00003133	-7.09%
★ BCC/BTC	0.082501	-6.40%
★ BCD/BTC	0.001515	4.96%

資料來源：幣安網

在交易貨幣對時，不論是法定貨幣或加密貨幣，最好的選擇總是將強
勢的基礎貨幣與弱勢的計價貨幣配對（反之亦然），這樣才可以讓該
貨幣對，盡可能朝著你的目標方向產生大幅移動的機會。

正如我在本章前面所說，分散投資組合的原因是可以透過加入不完全
相關的資產，降低資產曝險的機會。然而加密貨幣投資組合多元化的
最大問題（至少在撰寫本書時），就是大部分的加密貨幣走勢都與比
特幣密切相關。例如早期在 2017、2018 年，比特幣低潮時的那些日
子裡，大部分其他的加密貨幣也都跟著一起下跌。圖 10-2 顯示 2018
年 8 月 18 日排名前 12 位的加密貨幣市值漲跌趨勢全部為紅色（譯
按：美國金融界漲為綠、跌為紅，與本地有所不同）。事實上，按市
值計算的前 100 種加密貨幣中，共有 94 種在當天暴跌（市值就是目
前待售的所有加密貨幣單位總價值；請參閱第 8 章。）在加密貨幣市
場中，這類短期市場相關性已經成為常態。

就在第二天 8 月 19 日，比特幣轉綠了（上漲），市值前 100 名中的大多數加密貨幣也都跟著變綠了（上漲），如圖 10-3 所示。在前 17 種加密貨幣的表格中，除泰達幣（USDT）之外的所有加密貨幣，都跟著比特幣大約 1.72% 的漲幅一起飆升。

#	Name	Market Cap	Price	Volume (24h)	Circulating Supply	Change (24h)	Price Graph (7d)
1	Bitcoin	$110,649,855,082	$6,426.55	$4,110,066,955	17,217,625 BTC	-1.73%	
2	Ethereum	$30,275,253,926	$298.55	$1,815,655,842	101,409,291 ETH	-3.57%	
3	XRP	$13,067,008,532	$0.331882	$500,290,020	39,372,399,467 XRP *	-6.18%	
4	Bitcoin Cash	$9,727,259,913	$562.26	$438,690,267	17,300,163 BCH	-1.91%	
5	EOS	$4,681,414,609	$5.17	$864,785,525	906,245,118 EOS *	-4.09%	
6	Stellar	$4,271,146,076	$0.227530	$79,898,204	18,771,755,700 XLM *	-2.51%	
7	Litecoin	$3,313,730,889	$57.23	$253,969,516	57,903,334 LTC	-4.81%	
8	Tether	$2,719,405,730	$0.998995	$3,359,590,344	2,722,140,336 USDT *	-0.10%	
9	Cardano	$2,631,037,998	$0.101478	$107,934,610	25,927,070,538 ADA *	-5.37%	
10	Monero	$1,596,232,879	$97.75	$33,423,127	16,329,214 XMR	-0.48%	
11	TRON	$1,439,869,868	$0.021900	$146,381,621	65,748,111,645 TRX *	-3.83%	
12	Ethereum Classic	$1,393,191,044	$13.41	$298,225,866	103,884,149 ETC	-6.22%	

圖 10-2：
前 12 種加密貨幣隨著 BTC 下跌，顯示它們與比特幣之間的相關性。

資料來源：CoinMarketCap.com

#	Name	Symbol	Market Cap	Price	Circulating Supply	Volume (24h)	% 1h	% 24h	% 7d
1	Bitcoin	BTC	$112,236,198,598	$6,517.98	17,219,487	$3,313,453,845	1.71%	1.72%	2.66%
2	Ethereum	ETH	$30,646,261,019	$302.14	101,429,296	$1,454,877,279	1.35%	2.93%	-6.14%
3	XRP	XRP	$13,731,051,598	$0.348748	39,372,399,467 *	$332,539,987	2.20%	7.12%	15.86%
4	Bitcoin Cash	BCH	$9,845,137,274	$569.02	17,301,888	$371,039,772	1.61%	2.55%	-0.85%
5	EOS	EOS	$4,829,548,557	$5.33	906,245,118 *	$826,193,474	2.51%	5.35%	5.44%
6	Stellar	XLM	$4,333,386,117	$0.230846	18,771,755,850 *	$61,335,714	3.63%	2.41%	3.77%
7	Litecoin	LTC	$3,372,794,706	$58.23	57,917,023	$205,830,556	1.90%	2.84%	-2.25%
8	Tether	USDT	$2,715,888,857	$0.997703	2,722,140,336 *	$2,617,530,199	-0.32%	-0.54%	-0.41%
9	Cardano	ADA	$2,675,764,489	$0.103204	25,927,070,538 *	$53,269,411	2.25%	2.95%	-8.70%
10	Monero	XMR	$1,604,253,760	$98.23	16,331,966	$17,505,936	1.52%	1.36%	4.94%
11	IOTA	MIOTA	$1,539,626,433	$0.553916	2,779,530,283 *	$47,593,558	2.58%	13.79%	2.39%
12	TRON	TRX	$1,465,481,398	$0.022289	65,748,111,645 *	$98,160,769	2.05%	4.41%	-1.85%
13	Ethereum Classic	ETC	$1,403,395,647	$13.51	103,907,893	$195,425,979	1.28%	2.42%	1.44%
14	Dash	DASH	$1,289,364,836	$155.97	8,266,740	$245,592,938	0.20%	3.75%	-7.19%
15	NEO	NEO	$1,271,796,082	$19.57	65,000,000 *	$72,961,966	1.94%	6.25%	4.94%
16	NEM	XEM	$974,044,126	$0.108227	8,999,999,999 *	$10,775,110	1.77%	2.41%	-0.05%
17	Binance Coin	BNB	$968,626,021	$10.14	95,512,523 *	$20,230,165	1.72%	2.91%	-13.33%

圖 10-3：
前 17 種加密貨幣隨著 BTC 飆升，再次顯示它們與比特幣之間的相關性。

資料來源：CoinMarketCap.com

另一方面，如果我們把格局放大一點，例如以 7 天的價格變化來看，可能就會注意到市場與比特幣的相關性會更複雜一些。如圖 10-4 所示，雖然比特幣在 8 月 18 日之前的 7 天內上漲了 1.25%，但瑞波的 XRP 上漲 8.51%，達世幣 Dash 則下跌 9.79%。

圖 10-4：
從 7 天的時間範圍來看，前 17 種加密貨幣的相關性較低。

#	Name	Symbol	Market Cap	Price	Circulating Supply	Volume (24h)	% 1h	% 24h	% 7d	
1	Bitcoin	BTC	$110,736,482,332	$6,431.58	17,217,625	$4,111,810,813	0.58%	-1.69%	1.25%	...
2	Ethereum	ETH	$30,312,762,760	$298.92	101,409,291	$1,818,755,064	2.74%	-3.45%	-7.42%	...
3	XRP	XRP	$13,058,424,828	$0.331664	39,372,399,467 *	$499,677,279	1.92%	-6.41%	8.51%	...
4	Bitcoin Cash	BCH	$9,739,156,000	$562.95	17,300,163	$438,840,268	2.07%	-1.79%	-1.33%	...
5	EOS	EOS	$4,660,751,666	$5.15	906,245,118 *	$863,755,878	2.42%	-4.48%	0.53%	...
6	Stellar	XLM	$4,268,885,433	$0.227410	18,771,755,700 *	$79,814,068	1.26%	-2.00%	3.69%	...
7	Litecoin	LTC	$3,313,808,803	$57.23	57,903,334	$253,654,500	1.40%	-4.90%	-2.50%	...
8	Tether	USDT	$2,724,937,528	$1.00	8,722,740,336 *	$3,355,187,045	-0.15%	0.12%	-0.20%	...
9	Cardano	ADA	$2,630,299,721	$0.101450	25,927,070,538 *	$107,974,564	0.86%	-5.51%	-10.62%	...
10	Monero	XMR	$1,596,412,015	$97.76	16,329,214	$33,408,728	1.43%	-0.52%	3.43%	...
11	TRON	TRX	$1,438,597,367	$0.021880	65,748,111,645 *	$146,225,110	3.17%	3.01%	-5.39%	...
12	Ethereum Classic	ETC	$1,391,586,196	$13.40	103,884,149	$297,763,972	2.54%	-0.39%	0.20%	...
13	IOTA	MIOTA	$1,281,000,047	$0.497174	2,779,530,283 *	$47,610,730	2.00%	-0.27%	7.14%	...
14	Dash	DASH	$1,249,230,719	$151.15	8,264,930	$164,713,102	1.36%	-6.96%	-9.79%	...
15	NEO	NEO	$1,245,268,169	$19.16	65,000,000 *	$89,028,728	5.62%	-4.25%	1.32%	...
16	NEM	XEM	$959,252,944	$0.106584	8,999,999,999 *	$17,941,269	1.55%	-6.91%	-1.33%	...
17	Binance Coin	BNB	$951,601,420	$9.96	95,512,523 *	$30,765,186	1.14%	-5.42%	-15.00%	...

資料來源：CoinMarketCap.com

REMEMBER

上述這種相關性，就是「短線」交易加密貨幣會比許多其他金融工具「風險更大」的關鍵原因。因此，在你的投資組合中加入加密貨幣時，考慮長線投資可能才是最好的。如此一來，你就可以在不同的加密貨幣類別中進行多元化，降低自己的投資風險。

從好的一面來看，隨著加密貨幣市場的不斷發展，多元化的方式可能逐漸改善，整個加密貨幣市場有望可以降低與比特幣的相關性。

短線交易的多元化對應

如果你已經根據第 3 章的內容，計算好自己的風險承受能力，而且結果也非常適合激進一點的操作時，應該就可以考慮在較短的時間範圍內交易加密貨幣。不過我在這裡還有一些建議希望各位能牢記（更多關於制定短線策略的進階內容在第 17 章）。

REMEMBER

>> **當心交易費用（限價單的掛單費與市價單的吃單費）**。加密貨幣交易所與提供外匯或股票的經紀商相比，在交易上的佣金（或交易費）通常較低。但你也不應該完全忽略這些交易佣金的成本。在一般交易中，如果你的交易過於頻繁、進出交易過快且未仔細計算你的投資報酬率的話，到最後你所支付的交易費用，很可能會比你在交易中賺取的利益還多。此外，正如我在第 6 章所說，選擇交易所時，「便宜」並不一定就是最好的選擇，一分錢一分貨啊。

TIP

>> **請持續擴大你的投資組合**。有些人對他們的投資組合是「一次性」的投入資金，接著可能在危險的每日交易中完全賠掉，不然就是陷入一種雖然方向正確，但並沒有將投資報酬率最大化的策略。健康的投資組合需要持續不斷的灌注養分，請考慮每月從你的薪水中留下投資基金，以擴大自己的投資組合，讓你的錢為你賺錢。

>> **遵守「三種」法則**。交易貨幣會遇到很多選擇。如果你的帳戶規模允許（夠有錢）的話，當然可以拚命混合加密貨幣／加密貨幣對，以及法定貨幣／加密貨幣對的投資。然而，擁有健康的多元化投資組合的關鍵，就是避免在交易中「重複」使用相同的計價貨幣。因此，請嘗試將針對「計價貨幣」的短期投資部位限制為三種。舉例來說，你可以交易「加密貨幣與比特幣」、「加密貨幣與以太幣」、「以你交易所自家的加密貨幣進行配對」三種投資組合方式。這種方法還可以幫助你將投資組合保持在合理的規模下，不會因為種類太多而難以監控。

3

投資加密貨幣的替代品

本單元內容包含：

了解新的加密貨幣如何建立，以及如何參與「首次代幣發行」（ICO）而獲利。

深入了解加密貨幣的「挖礦」，看看是否比直接購買或投資更適合你。

了解如何透過投資股票和交易所交易基金（ETF）等傳統資產，「間接」接觸加密貨幣和區塊鏈行業。

了解加密貨幣期貨和選擇權的基礎知識。

了解加密貨幣與政府貨幣和外匯市場的關連。

Chapter **11**

領先眾人一步：投資 ICO

ICO 是首次代幣發行（Initial Coin Offering）的縮寫。在 ICO 尚未受到法規約束的年代裡，有些人會說這是最容易進行詐騙的方式。儘管存在著大量的 ICO 騙局（真的就是大量！），但如果你做好功課，也很容易在礦石中找到幾顆鑽石。因此在本章中，我將解釋 ICO 的基礎知識，並向各位說明如何參與 ICO。

首次代幣發行的基礎知識

首次代幣發行有點類似為「新創公司籌資」的情況，只不過這種新創公司，並不是推出新的商業想法或新產品，而是推出一種新的「加密貨幣」。也就是他們試圖按照現有成功的加密貨幣（例如比特幣和以太幣）的形式來籌措資金。換句話說，ICO 就是利用其他加密貨幣的成功來進行眾籌，並且希望可以連結到一個很棒的產品的新加密貨幣。以下就要來談談 ICO 的基礎知識。

ICO 如何運作以及如何展開

簡而言之，ICO 的運作方式與啟動眾籌的運作方式完全相同。一開始可能是你想到一個關於加密貨幣的好點子，也許是新的加密貨幣可以適用於某種現有產品的用途，或者你想到了很好的新產品，可以適用這種新的加密貨幣。

舉例來說，假設紐約有一個會即時展示服飾櫥窗的時尚網站。好吧，其實這是我朋友喬恩·哈拉里（Jon Harari）的網站 WindowsWear（www.windowswear.com），我一直向他推銷 ICO 的想法，但他還不太了解 ICO 如何能夠協助他的業務推展。假設喬恩為了網站的競爭力，決定改變商業策略，讓網站對大眾開放，並鼓勵人們使用 WindowsWear 網站自己發行的數位貨幣，以該網站的行動裝置 app 購買衣物，還把這個全新的加密貨幣稱為 WEAR Coin（稱為「穿著幣」之類）。很不錯吧？然而這一切的前提是喬恩必須是個百萬富翁，並打算把所有的錢都花在這個想法上，否則他就會需要籌措資金來發行這種新加密貨幣。本身並非富翁的喬恩，雖然可以去找風險投資家、銀行或天使投資人進行募資。不過募資的問題在於，喬恩可能不得不放棄對公司的部分所有權（股權）作為交換。現在，他還有另外一個選擇，聽他朋友（也就是我）的意見進行 ICO。

以下是發行 ICO 的正常步驟（後面還會有「自己發行 ICO」的相關章節）：

1. 建立白皮書。

白皮書是指寫好一份很詳細的文件，用來解釋你的商業模式以及使用此特定代幣可能真正流行的原因。例如喬恩在他的 WEAR Coin 白皮書裡，可以展示適用的範例越多越好，越能證明這是實際上可能大規模流行的加密貨幣。

2. 在喬恩的網站加上一個專門用於 ICO 眾籌的標籤頁。

在喬恩的例子裡，他會在 WindowsWear 網站上新增一個標籤頁，專門用來說明 WEAR Coin 的 ICO 發行籌資相關內容。

3. 向你的人脈宣傳並尋求入資。

4. 以加密貨幣形式出售一定數量的「眾籌」幣，就像販售數位資產而換到資金一樣。

   通常 ICO 會要求使用比特幣或以太幣來換取這種新加密貨幣（WEAR Coin，穿著幣），但你當然也應該接受法定貨幣如美元這類資金。

5. 發送代幣給投資人。

   在喬恩的範例中，他必須對所有投資者發送新發行的 WEAR Coin 代幣。

如果 WEAR Coin 真的很受歡迎，開始被大量使用，並在大多數加密貨幣交易所上市的話，這些早期投資者可看到他們投入的資金，開始獲得可觀的投資報酬。

WARNING

ICO 的投資人，通常無法保證這種新的加密貨幣在未來一定會升值。過去的一些 ICO 投資報酬率確實令人難以置信，但未來的 ICO 可能並不一定如此。除非你真的信任其管理層對於公司成功的奉獻精神，並且對其商業模式和相關行業有所了解，否則投資 ICO 其實跟賭博非常類似（後面的〈投資 ICO〉還會進一步說明）。

ICO vs. IPO

很多人對首次代幣發行（ICO）和首次公開募股（IPO，公司首次向大眾出售股票）之間的區別感到困惑。因為兩者的概念聽起來很相似，而且在許多方面都很相似。以下是二者主要的區別：

» **理論上，任何人都可以進行 ICO。**在撰寫本書時，許多國家／地區並未對 ICO 進行監管，任何人都可以啟動 ICO，你只需要有一份白皮書、一個漂亮的網站和大量願意給你錢的豐富人脈即可。相較之下，IPO 則是指經營了一段時間的私人公司，進行首次的公開募股（更多訊息請參閱邊欄文章「在美國看 ICO」）。

» **你甚至不需要有產品就能啟動 ICO**。大多數進行 ICO 的公司，都沒有任何具體的東西可以對大眾展示。其中一些可能有「概念」證明（證明其想法可行），另一些可能只有「權益」證明（有網路共識與協議）。啟動 ICO 甚至比啟動眾籌還要來得容易，因為對於新創企業來說，通常必須展示一種稱為「最小可行產品」（MVP）的東西，也就是一種具有足夠的功能，以滿足早期投資者的認同，並可為未來發展產生期待可能性的「產品」。而在 ICO 過程中，等於是把 MVP 簡化為白皮書、合作夥伴關係和媒體關係等文件即可。

» **ICO 比較容易投資（直到變得不容易投資為止）**。投資 ICO 只需造訪該網站即可，也不需要經紀商來協助你進行投資。在撰寫本書時，你可以在大多數的國家／地區購買任何公司的任何代幣。不過從 2018 年開始，新增了監管法規或完全禁止 ICO 的國家名單陸續增加，在美國的情況還更複雜，因為各州的 ICO 規則都不盡相同。

WARNING

» **許多 ICO 禁止來自當地國民的投資**，因為該國的監管機構可能認為 ICO 代幣是證券的屬性。這些嚴格的規定將參與 ICO 的人，限制在合格投資者，並嚴格限制「投資池」（例如共同基金、投資信託等集體投資）參與，而讓 ICO 的參與變得愈加困難。話雖如此，有些投資者會使用 VPN（可隱藏使用者 ip 的虛擬網絡）來繞過地理封鎖（使用不同國家或區域的 ip 登錄），使他們看起來像是來自授權允許的國家。這種繞過境外的投資方式，也造成許多法律問題。

TIP

你可以到比特幣市場新聞網站（Bitcoin Market Journal），查看各個國家的 ICO 規定：https://www.bitcoinmarketjournal.com/ico-regulations/。

» **ICO 並不會授予您該項目的所有權**。如果您投資的是 IPO 的話，從技術上來看，你就成為該公司的部分所有者，也就是「股東」。當然，如果你想要的只是隨著股票價值上漲而出售股票獲利的話，那麼投資者的名稱並不重要。另一方面，如果是 ICO 的投資者，雖然未來很可能會在許多方面獲利，但都與公司本身無關。因為投資者得到的只是未來可能會（或可能不會）升值的數位貨幣（代幣）而已。

在美國看 ICO 發行

美國證券交易委員會（SEC）正在密切關注美國的 ICO 生態，並且主動關閉該會認為對大眾投資構成巨大風險的多數 ICO。目前 ICO 的預售僅對合格投資者開放（不向一般大眾開放）。如果代幣被 SEC 視為證券類而非平台代幣（運行平台所需）的話，可能就無法對大眾發行 ICO。舉例來說，大多數藉由以太坊發行新加密貨幣的 ICO，都無法為平台代幣提供理由（因為並沒有自己的新平台需要用到自己的代幣），因此它們被歸為證券類別。

此外，對於推出 ICO 的美國公司，在預售階段購買的投資者會有一個「鎖定期」，通常為 12 個月，在此期間不能交易他們所投資的新加密貨幣。這種作法是為了防止炒作，而且通常會受到美國證券交易委員會的密切關注。

啟動 ICO 的公司還必須遵守美國聯邦 KYC（Know Your Customer，金流實名認證制度）和 AML（Anti-money laundering，洗錢防制法）法規，其中包括不能接受或發送加密貨幣到「金融犯罪執法網路」（Financial Crimes Enforcement Network）黑名單上的大量錢包地址，因為這些錢包地址可能是洗錢商人或恐怖分子融資所使用。

投資 ICO

REMEMBER

ICO 投資風險很高，所以你不應該在 ICO 投資自己無法承受損失的金額。如果你的風險承受能力較低的話，可以考慮許多其他類型的投資（參考第 3 章的介紹）。

此外也還要注意有些 ICO 甚至不能算是投資，而比較像是用在特定產品上的工具。例如在房地產領域裡，可以使用 Propy 代幣跨國購買房地產。Unikrn 的首席執行官洛胡爾·蘇德（Rahul Sood）在 2017 年指出「購買代幣就是購買我們正在銷售，可在 Unikrn 平台上購買房產所使用的產品，因此大家請不要把它當成投資。如果將此視為一項投資，就是完全誤解了，因為購買我們的代幣並不是投資。」

不過本書確實是一本投資專書，本章也屬於投資的章節，所以看到這裡的你，或許已經決定一試，以下是關於如何進行 ICO 投資的一些提醒。

尋找 ICO 發行列表

我們可以透過口耳相傳、金融活動或線上廣告，得知即將發行的 ICO。如果你心中並沒有預設任何特定的 ICO，只想從頭開始搜尋的話，你可以到 ICO 列表網站上進行搜尋。然而找到合適的 ICO 上市列表網站，很可能就已經是一項挑戰，因為目前大約已經有 100 多個同類型網站，而且每天都在暴增中。

所以我們要先來看在搜尋 ICO 上市網站時，必須牢記的一些提示：

>> 請一次比較兩到三個 ICO 列表網站。看看它們的列表上方是否都具有相同的 ICO？這個策略可以幫助你確定哪個網站為你提供「經過驗證」（大家都已取得消息）的 ICO 列表。

>> 確保網站具有 ICO 行事曆、ICO 評價等級和 ICO 描述等功能與說明。

>> 確保網站提供的 ICO 市場統計數據，包含過濾器和詐騙警告等功能。

TIP

總而言之，使用你常用的搜尋引擎，可能就已經是找到 ICO 上市網站的最佳選項。你可以使用「ICO 列表」、「2022 年最佳 ICO」或「最佳 ICO 列表網站」等關鍵詞進行搜尋。以下這些網站可以協助各位入門：

>> Coinschedule（代幣行事曆）：www.coinschedule.com。

>> ICO market data（ICO 市場數據）：www.icomarketdata.com。

>> ICObench（ICO 評價）：www.crunchbase.com/organization/icobench。

>> ICOindex（ICO 索引）：www.icoindex.com。

分析 ICO 上市列表

選好 ICO 上市網站後，接著就可以評估和選擇有興趣投資的 ICO。通常每個月都會湧現幾百個 ICO，因此這個步驟可能要花很長的時間，不過這是相當重要的過程。研究 ICO 所採取的步驟，類似我在第 9 章談的「選擇加密貨幣的步驟」，以下為各位提供一些需要牢記的研究重點。

ICO 的幕後黑手是誰？

ICO 背後的開發人員和管理團隊，是你投資 ICO 必須了解最重要的一件事。這些人到底是誰？他們的背後的憑據（技術、資產、理念…）到底是什麼？ ICO 清單網站應該要能為你提供團隊背景；否則就請跳過該網站，直接找下一個可以提供此類重要訊息的 ICO 列表網站。你可以嘗試在 LinkedIn（領英線上履歷網站）上，找到這些團隊成員的資料來驗證他們的背景（甚至看看這些人是否真的存在）。此外，也請嘗試搜尋 ICO 的顧問委員會和財務支持者，他們是你可以信任並託付自己錢的人嗎？他們是否致力於此 ICO 理念的進一步發展？

WARNING

我參加過很多 ICO 創業展示會議（pitching conference），團隊只是不停的說出許多頭銜，例如「一位杜拜的王子投資我們幾百萬美元…」或其他無法證實的空話。遇到這種情況，我通常拔腿就跑（不會只用走的，也完全不會回頭）。

該加密貨幣的用途？

我們當然想盡可能的熟悉這種加密貨幣背後的理念，因為任何人都可以啟動加密貨幣並推行 ICO。問題是這些人為何選擇推動 ICO ？他們的代幣到底有哪些優點，是其他已存在的加密貨幣所無法提供的具體價值？他們的競爭對手是誰？他們比競爭對手好在哪裡？他們使用的是哪一類技術？他們的目標市場是誰，市場規模有多大？

WARNING

加密貨幣背後的理念非常重要，但請各位當心不切實際的承諾。ICO 詐騙項目經常會對他們的產品做出大膽的聲明，但是背後的技術通常沒有什麼全新或顛覆性的理念。如果有人聲稱一種新的加密貨幣將取代比特幣，並在一年內結束世界的貧窮問題，或是解決全球暖化的問題，或者該代幣的價值會增加 10,000% 以上，你絕對可以把這些 ICO 項目增列到詐騙列表中。

該團隊有代幣原型或程式碼嗎？

正如我在前面的〈ICO vs. IPO〉所說，你不一定需要有代幣原型（包括完整的出幣機制）就能啟動 ICO。但是那些擁有最小可行產品（MVP）的團隊，比較能讓人確信他們對這個想法很認真，也較有機會達到未來規劃的里程碑。如果某個項目在 ICO 之前，完全沒有任何工作程式代碼的話，就會是一個重要的危險訊號。

團隊有區塊鏈嗎？

大多數 ICO 沒有自己的區塊鏈（即第 4 章介紹的區塊鏈技術）。創始人只是簡單提出他們的代幣，所能提供某種效用的想法。就個人而言，我在搜尋可能的投資對象時，比較喜歡那些已經具有可靠的區塊鏈技術，可以解決實際問題的應用。我比較不喜歡那些已經有了看起來亮麗無比的應用程式，卻不創建全新加密貨幣應用的情況。

團隊在 ICO 之後是否有推升價格的計畫？

我們投資 ICO 的主要原因，是推測其價格在未來走高。這就是為何 ICO 背後的團隊，應該提供一份路線圖，說明將來的計畫以及如何完成目標。這部分的分析類似於我在第 8 章所談，任何可交易的加密貨幣注意事項，以下再補充一些需要注意的關鍵特點：

>> 該加密貨幣如何具有夠高的網路交易量。

>> 該加密貨幣如何比競爭對手更好。

>> ICO 如何激勵投資者持有而非快速消費代幣價值。

>> 新代幣必須具有足夠的流動性。

>> 團隊是否積極主動的讓代幣在多個交易所上市。

許多團隊甚至會想要建立自己的交易所，以產生抬升價格所需的流動性和交易量，但我不認為這是代幣未來可能成功的必要條件。雖然讓新加密貨幣在許多交易所都能上市，可能是相當困難的事，然而這也是判斷該代幣未來是否可能成功的重要指標之一。

該團隊是否有廣泛的支持社群？

如果你並不想成為跟風前進的綿羊，那麼接觸 ICO 社群可以讓你對代幣的情況更加了解。某個特定的 ICO 在 Reddit、Twitter 和 Facebook 等網站上有多少支持者？這些支持者只是機器人帳號，或是真實的人與加密貨幣愛好者們呢？請小心那些收費的「社群成員」貼文（業配文），他們的工作就是在社交媒體上對該 ICO 發表積極的看法。同時我們也必須尋找是否有正當的媒體報導、新聞稿，以及了解該團隊在社交媒體上的作為等。

ICO 投資流程概述

當你找到心目中理想的 ICO 獨角獸之後，通常需要使用合法的其他加密貨幣來進行投資（有時 ICO 也可以接受法定貨幣）。當然最重要的是，你必須擁有加密貨幣錢包（如果還沒有的話，請翻到第 7 章，找出適合自己的錢包類型）。

大多數 ICO 都建立在以太坊區塊鏈上。這就是為什麼許多 ICO 都會要求使用以太坊加密貨幣（以太幣）和以太坊錢包來投資 ICO（詳見第 8 章）。

並非所有的 ICO 的流程都完全一樣，所以我無法向你展示所有購買 ICO 時應該採取的確切步驟。無論如何，以下是一般流程：

1. 務必查看 ICO 的官方網頁。

2. 如果 ICO 要求你使用另一種加密貨幣支付，例如以太幣或比特幣時，你必須先在交易所取得這些加密貨幣（詳見第 6 章），並將它們儲存在你的加密錢包中（詳見第 7 章）。

3. 完成對 ICO 的詳盡調查後，根據其網站說明註冊該 ICO。

4. 等待發布日期並按照說明進行操作。此步驟通常包括將你的加密貨幣資產，從你的加密錢包轉移到 ICO 的公共地址（此步驟可能需要支付交易費用）。

5. ICO 啟動後，團隊將新代幣發送到你的加密錢包。

TIP

由於風險性以及難以選到最佳的 ICO 之故，你也可以考慮跳過 ICO，等到他們的代幣／加密貨幣推出後再行購買。雖然有許多 ICO 在推出後立即迅速飆升，但往往很快就會崩跌。崩跌並不一定表示該代幣不值得持有，從歷史的角度來看，科技業經常會發生這類價格漲跌變化，因此剛好可以提供非常好的發行後購買時機。而且當一切穩定下來之後，一旦有更多人分析該新代幣，它的價格便有機會緩慢回升，讓你可以按照自己的節奏進行投資。說實話，雖然真的有發生過，但很少有 ICO 好到絕對不能放棄。

購買後持有代幣

在投資 ICO 購買代幣後，如何管理這些代幣，可能取決於你最初購買的原因。儘管並非所有 ICO 都一定是投資的用途（前面解釋過），但大多數 ICO 背後的團隊，當然更希望你在 ICO 之後，不要大買或拋售他們的代幣（避免炒作），因此他們會盡量說服投資者長期「持有」代幣。因為從長期的角度來看，這樣的做法可能真的比較有所回報。

REMEMBER

如果你投資 ICO 是為了獲得資本收益（簡單說就是為了賺錢的話），請做好心理準備「持有」這項投資一段時間。一般情況是剛開始的投資很可能因虧損而轉為負數，或者可能會以相同的價格「盤整」而暫

時沒有真正的獲利。然而通常在這些虧損和整合期過後，價格就會出現大幅上漲，此時可能為你帶來獲利的機會。但請各位記住，有時加密貨幣價格大幅上漲只是市場上升趨勢（或更多收益）的起漲點而已。因此，過快賣出可能會錯失更多利潤。然而有時候波段也可能是簡單的炒作後倒貨而已。因此，你必須持續監控自己的投資，並執行我所說的 IDDA 分析（詳見第 9 章），預先制定好最佳退場策略。

如果你經由 ICO 投資而賺錢的話，必須將其納為資本收益（第 21 章會提到更多關於加密貨幣稅收的內容）。

也想發起一個 ICO 計畫嗎：自己啟動 ICO

記得在 2017 年時，似乎每個人都在啟動 ICO。但在經歷一系列騙局、失敗的 ICO，以及大眾開始了解加密貨幣世界並參與後，圍繞 ICO 的炒作已經逐漸降溫。從 2017 年到 2018 年 2 月為止，儘管 ICO 籌集總資金超過 1.04 億美元，但 2017 年發起的 ICO 有 46% 都失敗了。因此後來的 ICO 發起者多半已經意識到，為了得到投資者認真對待並取得長期的成功，他們必須全力以赴。歸根究底一句話：誠信才能獲勝。

有一個重要的爭論是關於 ICO 是否會取代一般新創公司的「募資」方式。畢竟，超過 50% 的新創企業在前五年內都會失敗，因此啟動 ICO 與尋找風險投資進行比較時，其統計數據差異並不會太大。

在決定公司要走上啟動 ICO 的路線之前，以下是你必須牢記的重要事項。

了解啟動 ICO 的問題

我將在本章討論一般人如何啟動 ICO（也就是前面說的〈ICO 如何運作以及如何展開〉，當然，發起「成功的」ICO 又是另一回事了），以下是你立刻需要的東西：

» 至少 60,000 美元用於發起初始活動。

» 六個月至一年的開放前參與階段。

» 找到一群「夢幻隊伍」加入你的項目。

» 想出使用這種代幣的產品。

» 找出將這種代幣應用到產品上的「有意義的理由」。

ICO 發起之前的幾個步驟

如果你已經能夠解決前面提到的這些問題，並且希望成為下一個 ICO 成功案例時，以下是協助你繼續前進的幾個步驟。不過要先提醒各位：這些都是簡化過的步驟描述。

認真創造出需要 ICO 的產品

唯一可以增加這種代幣需求的方法，就是讓它擁有真正的效用。如果代幣是否「去中心化」並不太會影響到產品的價值時，那就不必管它了。由於人們對 ICO 的投資變得越來越精明，若想成為領域裡的成功案例之一，就必須澈底了解你的市場和目標受眾。最重要的是，你必須知道人們是否願意為你的想法投入金錢。你可以到 SurveyMonkey 或 BitcoinTalk 論壇等網站上進行調查，了解市場對這個 ICO 想法的反應如何，同時也要確實了解你在同領域的競爭對手。

尋求法律建議

ICO 在你的國家／地區合法嗎？如果出現問題的話，你是否會受到法律的保護？ ICO 目前越來越受到政府監管，因此你必須盡責遵守該領域的所有相關法律規定。你也可以使用搜尋引擎或 LinkedIn（領英線上履歷網站）來找到具有 ICO 經驗的律師；你可以用「附近的 ICO 律師」或「ICO 律師 [你的國家／地區]」等關鍵詞進行搜尋。

創建代幣

如果你不打算從頭開始創建區塊鏈的話，這個步驟就是整個過程中最簡單的一個步驟。你可以很簡單的使用以太坊和 Waves 等現有的區塊鏈平台。一旦按照他們的指示操作後，在以太坊發行自己的代幣，實際上可能只需要不到 20 分鐘的時間。創建代幣的操作超出本書的範圍，你可以到 https://medium.com/bitfwd/how-to-issue-your-own-token-on-ethereum-in-less-than-20-minutes-ac1f8f022793 觀看以太坊的教學。

撰寫白皮書

正如我在本章前面說過，「白皮書」對於分析 ICO 或加密貨幣來說相當重要。因為投資者在為你投入金錢之前，當然會要求看到一個理念澈底清楚明白的白皮書。你可以在網路上搜尋現有的白皮書，參考內容，並確實了解你的投資者想要的是什麼？

為 ICO 發布創造熱潮

這個步驟也跟推出任何新產品或新創公司非常類似。我身為一名創業者，在整個創業過程中一直在研究「發起」的技巧，而且仍然在不斷學習中。我認為啟動 ICO 具有獨特、額外的行銷要求，內容如下：

>> 必須出現在知名的 ICO 上市網站列表上。

>> 盡量多接觸、聯繫 ICO 記者和金融部落客、Youtuber。

>> 建立自己的 Reddit、Twitter、Facebook 和 LinkedIn 頁面帳號。

>> 考慮進行「空投」（airdrop），將你的代幣免費分發給大眾，以獲得輿論關注度和媒體熱度。

>> 考慮舉辦全球「路演」（road show，為投資者詳細介紹產品的活動），並參加具有影響力的區塊鏈活動 / 會議，或是與具有影響力的人合作推薦。

TIP

依據你的 ICO 來創建一連串成功的行銷活動,已經遠遠超出本書的範圍。如果你不是天生的行銷人員,請記得聘請合適的行銷團隊來協助你!然而聘請優秀的行銷團隊又是另一個超出本書範圍的難題,不過你總是可以在網路上、LinkedIn 上查看,或在 www.eventbrite.com(線上活動策劃服務平台)上,從觀察本地的網路活動開始搜尋。

讓代幣在交易所上市

直接創建自己的交易所,當然可以提高代幣的流動性和數量。不過真正可行的做法,應該是積極主動讓你的代幣盡可能在最多交易所上市。通常交易所是人們買賣代幣的主要場所,因此讓你的代幣被最大最成熟的交易所接受,等於是啟動 ICO 最重要的一件事。當然,這一切需要花上大量的時間、精力、人際關係以及證明你的代幣值得擁有的種種努力(交易的相關內容,可回頭翻閱第 6 章)。如果你真的想創建自己的交易所,可以參考 Shift Markets(https://www.shiftmarkets.com/)這類網站來提供協助。

Chapter **12**

加密貨幣挖礦

第一次聽到比特幣「挖礦」時，我立刻聯想到一位肌肉壯碩的工人，戴著有頭燈的工作頭盔，在礦坑裡髒兮兮的樣子。當然我很快就知道加密貨幣的礦工，並不需要具備這些外表，他們需要的是高速網路和高階電腦。因此，我將在本章探討的就是加密貨幣挖礦的基礎知識。

REMEMBER

我在第 5 章解釋過，並非所有加密貨幣都需要挖礦。所有加密貨幣的始祖比特幣，在 2009 年掀起了挖礦的熱潮，並確立區塊鏈技術的概念（詳見第 4 章）。不過後來的許多新代幣並無法被挖礦，而是使用了替代的方法來產生價值。

簡述挖礦原理

比特幣和其他可開採的加密貨幣，依靠礦工來維護其網路，並透過解決數學問題（詳見第 5 章）來對交易的有效性提供認定。這群礦工支持著區塊鏈網路，否則區塊鏈網路會崩潰；由於他們為網路提供服

務，因此礦工將獲得新創建的加密貨幣（例如比特幣），以及交易費用等獎勵。

REMEMBER

要真正了解挖礦，可以先回第 4 章複習區塊鏈技術。我在此簡略概述：要協助更新比特幣等可挖礦加密貨幣的帳本（添加交易記錄區塊），你需要的是猜出一個隨機數來解決一個數學方程式。當然，你不可能自己猜出這些數字，因此你需要電腦的協助。你的電腦（現在應該說礦卡或礦機）越強大，就能越快解決這些數學問題並擊敗其他礦工；贏得這種猜謎遊戲的次數越多，所收到的加密貨幣就會越多。如果所有礦工都使用相對接近的計算能力，那麼從概率法則來看，每次的獲勝者不可能都是同一個礦工。但假設有一半的礦工使用普通的商用電腦，另一半礦工用的是超級電腦的話，超級電腦擁有較高勝率的情況當然並不公平。你也可能認為擁有超級電腦的人，若非全勝，一定也會在多數情況下獲勝。

不過比特幣等加密貨幣網路，已經設定好會根據礦工解決問題的速度，自動改變數學問題的難度，這個過程也被稱為工作量證明（PoW，詳見第 5 章）的難度調整。在比特幣早期，當礦工只是一小群電腦迷時，工作量證明很容易實現。事實上，中本聰在發布比特幣時，原本只打算讓礦工靠電腦 CPU 就能挖礦（再強調一次，中本聰的真實身分未知，甚至有人認為中本聰可能是一個政府實體）。中本聰希望這種分散式網路，可以由分佈在世界各地的人們，使用他們的筆電和桌上型電腦來挖礦。因此在比特幣早期，真的可以用電腦上的處理器，解決當時還算簡單的數學猜謎遊戲。

然而隨著「礦業集團」們越來越龐大，競爭也越來越激烈。在一群電腦遊戲玩家加入比特幣網路後，他們發現電腦遊戲用的顯示卡，更適合拿來挖礦。我先生就是這類遊戲玩家，他身為一位電腦遊戲的高級玩家，在遊戲室裡有兩台配備 Nvidia 顯示卡的高階電腦，在我們結婚後一直堆著積灰塵（原因顯而易見，他在結婚前後沒時間玩遊戲）。然而當他看到我對加密貨幣的熱情後，立刻打開他的電腦一頭栽進挖礦的世界，不過因為他加入挖礦的時間很晚，所以挖比特幣已經不是

那麼有利可圖。因此他轉向挖掘其他可開採的加密貨幣（本章後面還會討論如何找到最適合挖礦的加密貨幣）。

挖礦並非一夜致富的事，為了有效開採，必須使用非常先進的設備，因此必須先計算一下你的挖礦設備初始投資成本，是否值得挖到加密貨幣的回報。不過就算你選擇的是加密貨幣挖礦而非購買，仍然都是在押注它們未來的價值會持續增加。

當比特幣變得越來越流行之後，比特幣的挖礦也越來越流行，因此也變得更加困難。為了克服日漸升高的挖礦難度，有些看到比特幣價值潛力的公司，建立硬體集中型的大型資料中心，稱為「礦場」（mining farm），擁有一系列高階礦機，專門用在比特幣的挖礦工作，圖 12-1 顯示礦場設置的範例。

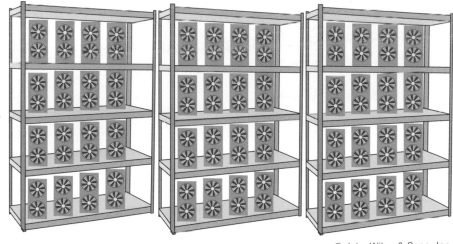

圖 12-1：礦場中成排的高階礦機。

所以如果你考慮成為一位比特幣礦工時，請記住你的對手是誰！不過也不要太過失望，你還是有辦法進行挖礦，也就是利用「礦池」（mining pool）的做法，我將在本章稍後討論。

了解挖礦前需先做好哪些準備

開始挖礦之前，你應該為自己準備一些挖礦的硬體器材。當一切啟動並順利運行後，挖礦變成相當容易的一件事，因為一切都是自動發生的，你要做的就是在每個月底支付電費即可。

REMEMBER

以下是開始挖礦之前，需要先完成的待辦事項清單：

>> 取得一個加密錢包（詳見第 7 章）。

>> 確保擁有高速網路。

>> 把你的高階礦機設置在「酷」一點的地方，我說的「酷」（cool）是指溫度比較低，不是比較「時尚」的意思。

>> 根據你要挖掘的加密貨幣種類，來選擇合適的硬體。

>> 如果你想個人單獨挖礦（我並不推薦），請下載整個加密貨幣的區塊鏈，預先做好準備。就發展比較成熟的加密貨幣而言，下載整個區塊鏈可能需要幾天的時間。

>> 下載挖礦軟體包。

>> 加入礦池。

>> 確保電力、硬體支出，不會超過你在挖礦獲得的報酬。

開始之前：了解不同加密貨幣的挖礦獲利能力

雖然有些技術迷只是為了挖礦的難度而挖礦，但從根本上看，大多數人挖掘加密貨幣應該都會考慮到獲利。就算你屬於前一類，不妨也從你的努力中得到報酬吧。著手設置挖礦系統時，你的獲利能力會根據加密貨幣價格、挖礦難度、電費和硬體價格的不同，而有大幅度的差異。你可以到 www.coinwarz.com 之類的網站，查看目前最適合開採哪些加密貨幣。舉例來說，在 2022 年 7 月時，該網站指出目前挖礦最賺錢的加密貨幣是以太幣（ETH），而比特幣才排在第四而已，如圖 12-2 所示。

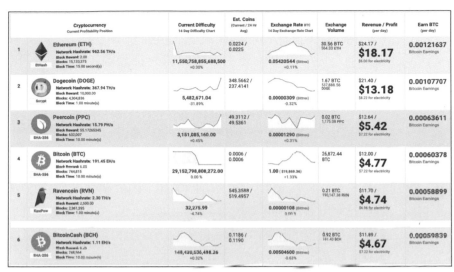

圖 12-2：
2022 年 7 月
挖礦盈利排
行榜。

REMEMBER

即使你正在挖礦的加密貨幣目前並不划算，但如果幣值飆升，這些加密貨幣將來也可能很值錢。只是挖掘目前盈利能力較低的加密貨幣，可能必須承擔投資上的風險（風險的部分請參閱第 3 章）。

挖礦硬體

不同類型的加密貨幣可能需要不同類型的硬體，才能獲得最佳的挖掘結果（例如 ASIC 礦機，其硬體已經為比特幣和比特現金等加密貨幣的算法優化）。而對於沒有限定專用硬體的加密貨幣如以太幣、Zcash 和 BitcoinGold 來說，GPU（Graphics Processing Unit，即圖形處理器，一般位於獨立顯示卡上）就足以處理。當然與專業的礦場相比，GPU 的挖礦速度仍然很慢。舉例來說，如果你決定使用 GPU 開採比特幣的話，可能花上很多年才能挖到一個比特幣！一般而言，你應該可以在任何販售電腦硬體設備的商店裡買到 GPU。

隨著挖礦變得越來越困難，狡猾的程式人員開始利用高階顯示卡挖礦，因為它們可以提供更多的雜湊能力（參考第 5 章對於雜湊的解釋），也就是提高挖礦的效率。他們編寫了針對 GPU 處理能力進行

優化的挖礦軟體（換句話說，專門用來挖礦的軟體），因而能比中央處理器（CPU）的挖礦速度更快。這種類型的顯示卡速度飛快，但同樣會消耗許多電力並產生大量熱量。接著礦工們決定改用一種稱為 ASIC（application-specific integrated circuit，特殊應用積體電路）的東西。這種 ASIC 技術可以讓比特幣的挖礦速度變得更快，而且使用更少的電力（你可以用「哪裡可以購買 ASIC 礦機」的關鍵字搜尋）。

在我們經常提到的加密貨幣經典炒作期間裡，ASIC 等挖礦設備變得非常昂貴。舉例來說，在 2018 年初，由於礦機的需求旺盛，它們的價格已經超過 9,000 美元。這也就是為何在決定挖礦之前，必須先考慮投資報酬率的原因；有時簡單的購買加密貨幣，可能還比挖掘它們的獲利更高。

在冬天的加密貨幣挖礦可能比較有利可圖，因為礦機的計算會產生大量熱量。如果使用大自然的溫度作為電腦的自然冷卻系統，就可以降低電費成本，或者反過來把礦機的熱量當成自己家裡暖氣系統！當然，礦機用電的成本，絕對遠遠超過家庭取暖的成本。

挖礦軟體

挖礦軟體會幫你處理實際的挖礦過程。如果你是個人礦工，挖礦軟體會把你連接到區塊鏈，成為一個挖礦節點或礦工。而如果你使用礦池進行挖礦（參閱下一節），這種軟體會把你連接到礦池，該軟體的主要工作便是將挖礦硬體完成的工作，分散給網路上的其他硬體，同時也從網路上的其他礦工接收已完成的計算工作。挖礦軟體還會顯示統計數據，例如礦機和風扇的速度、雜湊率（哈希率）和溫度等。

當然你必須在準備開始挖礦時，尋找目前最合適的挖礦軟體。以下是撰寫本書時流行的軟體：

» **CGminer**：CGminer 是最古老和最受歡迎的比特幣挖礦軟體之一。你可以把它用在礦池類型的合作方式來挖掘不同山寨幣，這套軟體支援 ASIC 和 GPU。

» **Ethminer**：Ethminer 是相當流行的以太幣挖礦軟體，支援 Nvidia 和 AMD 等 GPU 硬體。

» **XMR Stak**：XMR Stak 可以挖掘 Monero 和 Aeon 等加密貨幣，支援 CPU 和 GPU 硬體。

目前流行的挖礦軟體還有 Awesome Miner、BFGMiner、Cudo Miner、IQ Miner…等。

REMEMBER

以上列出的這些挖礦軟體選項都只是範例，並非我個人的推薦。你可以閱讀該軟體在論壇網站上關於功能、聲譽和易用性的評論，來選擇最佳挖礦軟體。由於加密貨幣市場不斷的演變發展，找到最佳的選擇可能需要一些時間。就我個人而言，我非常依賴搜尋引擎來尋找加密貨幣的相關資源，然後再仔細比較搜尋結果，選出自己覺得最適合的選項。

礦池

礦池當然就是把一群礦工集合在一起工作，幸好你不必鍛鍊出海灘男孩的完美體型，就可以加入礦池的工作（但如果讓我繼續想像這種帥哥礦工形象的話，一座礦池確實會讓整個畫面變得完美：一群身體壯碩的帥哥，戴著頭盔坐在游泳池裡喝著冰涼的飲料…）。

簡而言之，礦池是無法蓋出巨大礦場（前面用圖文描述過）的普通礦工，聚集在一起共享資源的地方。當你加入礦池時，一定會比個人單獨解決問題，更快找到這些數學問題的答案，然後就可以依照你所提供的工作量，獲得一定比例的獎勵。

WARNING

礦池很酷，因為它們可以分配獎勵，讓你的投資報酬率變得可以預測。如果沒有礦池的話，就必須靠自己找到一個區塊時，才會收到挖礦獎勵，這在現在幾乎不可能發生了。這也就是為什麼我不建議單獨挖礦；因為你的硬體所能計算的雜湊值，不太可能有辦法自行解決挖到一個區塊的計算能力。

為了找到適合自己的礦池，我建議各位在準備投入挖礦之前先上網搜尋一下。因為不光是加密貨幣市場瞬息萬變，連挖礦的基礎設備和參與者也一樣瞬息萬變。因此在你選擇最佳礦池前，可以比較礦池的功能：

>> **可挖掘的加密貨幣**：確保礦池可以挖掘你所選擇的加密貨幣。

>> **位置**：有些礦池並非在所有國家／地區都有伺服器。請確保你選擇的礦池在你所在的國家／地區可以使用。

>> **聲譽**：這個因素相當重要，就像別跟討厭的人一起進入游泳池一樣。

>> **費用**：有些礦池收取的費用高於其他礦池。不過也請確保自己不要為了省錢，而把費用的考量置於聲譽的考量之上。

>> **利潤分享**：不同的礦池有不同的分潤規則。考量的重點在於礦池規定需要開採多少數量的代幣後，才會支付加密貨幣的分潤給你。

>> **易用性**：如果你並不精通電腦技術的話，請確保礦池在各個方面的易用性。

挖礦設置範例

圖 12-3 顯示當初我先生在 2018 年挖掘以太幣的挖礦設置。不過這是因為他已經在遊戲室裡安裝這些電腦，並非真正考慮到挖礦方面的投資才買的設備。但在挖礦之前，他確實投資購買了昂貴的硬體錢包。

>> 兩部來自專業電腦製造商的訂制型高階遊戲電腦（一台來自 Maingear，另一台來自 Falcon Northwest）。

>> 在第一台 PC 中安裝兩張 Nvidia GTX 1070 Ti 顯示卡；第二台 PC 中安裝兩張 Nvidia Titan X Pascal 顯示卡。

>> 兩個 Ledger Nano S 硬體錢包。

>> Ethermine.org 礦池用於開採以太幣 。

圖 12-3：
可用於挖礦
的高階遊戲
電腦。

© John Wiley & Sons, Inc.

開始挖礦並確保一切值得你所花的時間

將所有挖礦設備與軟體安裝完成之後，就要設置軟體並開始挖礦。挖礦當然具有一定的難度，而且挖礦社群的動態經常更新，因此你必須確保了解目前最新的狀況，並陸續為這場挖礦冒險取得最新的工具。不論如何，你都可以透過搜尋引擎，搜尋各種礦池相關重點。

TIP

如果你想挖比特幣的話，請記住獲利的能力取決於許多因素，例如你的硬體計算能力、電費、礦池費用以及比特幣在挖礦當時的價值。你的設置很可能根本無法獲利，幸好我們可以使用比特幣「挖礦計算機」之類的網站，檢查當時的比特幣挖礦是否可以帶來利潤。這些挖礦計算機會把為挖礦支付的所有相關成本都考慮進去，然後顯示某種加密貨幣的挖礦是否對你有利可圖。挖礦計算機會先詢問你有關計算能力（Hashing Power）、礦池費用（Pool Fees）和用電量（Power Usage）等問題。圖 12-4 展示的是由 CryptoRival 提供的挖礦計算機。輸入你的資料後，點擊「計算」（Calculate）按鈕，它就會顯示每年、每月和每天的總收入。

一旦提前計算出挖礦的可能獲利後，你就會意識到改挖「其他」加密貨幣，或許會比較有意義。

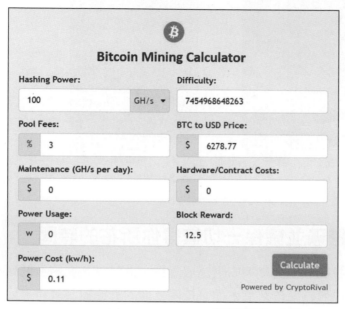

圖 12-4：
簡單的挖礦計算機範例。

資料來源：CryptoRival.com

Chapter **13**

透過股票和 ETF 分散加密貨幣投資風險

身為是加密貨幣投資的擁護者，利用「間接」方式來接觸這個行業，而非一頭栽進加密貨幣市場，是比較好的做法。因此我將在本章討論一些尋找股票和交易所交易基金（ETF）的方法。這些方法可以讓你在加密貨幣市場獲得適量的風險管控，同時也能在其他領域分散你的投資組合。

股票、ETF 等所有投資資產都有一定的風險。若想創建適合自己財務狀況和目標的投資組合，請務必先看過第 3 章的內容，計算好自己的風險承受能力。我同時也推薦一位好友兼多本小白系列書籍的作者保羅·姆拉傑諾維奇（Paul Mladjenovic）的作品及他的網站：www.ravingcapitalist.com。

若要購買股票和 ETF，可能必須在你所在地區的股票交易商開戶，這點跟加密貨幣交易所或經紀商有所不同。雖然也有類似 Robinhood（羅賓漢市場股份公司）等一些經紀商，可以同時提供加密貨幣、股

票和 ETF 的交易，但在撰寫本書時，此類經紀商在美國的數量有限（詳見第 6 章）。

尋找加密貨幣的相關股票

為任何資產制定策略時，我會先檢查前面提過的 IDDA 分析裡的所有要點（詳見第 9 章），從基本面、情緒面和技術面的角度綜合分析市場，然後把我的風險承受能力和多樣化的投資，添加到我的投資組合中，以實現適合我個人的完美、個性化投資策略。選擇股票的策略也一樣如此，不過一旦談到與加密貨幣／區塊鏈行業相關的股票時，我們還必須同時從股票本身及加密貨幣方面進行分析，以下將介紹如何對此進行分析。

TIP

如果你有興趣了解我每年最新的選股和股票投資策略，也請參考我的網站或觀看我的 Youtube 影片。

基本面

區塊鏈和加密貨幣是相關的，但並非所有投資區塊鏈技術的公司，都一定會直接接觸到加密貨幣市場。舉例來說，即使加密貨幣市場遭受重創，許多大型上市公司仍然繼續對區塊鏈技術進行快速投資。事實上，普華永道（PwC）早在 2018 年 8 月，便對來自 15 個地區的 600 名高階主管進行調查，當時有 84% 的人表示他們的公司「積極參與」了區塊鏈技術。

正如我在第 4 章所說，區塊鏈是比特幣和以太幣等加密貨幣的基礎技術。因此許多大型上市公司包括 IBM、埃森哲（Accenture）、德勤（Deloitte）、摩根大通（J.P. Morgan）和匯豐銀行（HSBC）等，都重新調整公司組織架構以便納入區塊鏈。我能想像，當你拿到這本書時，已經有更多的大品牌加入區塊鏈的行列。而從另一方面看，Cowen 投資公司的研究卻說明，區塊鏈在 2022 年之前，並不會得到

廣泛的採用。因此,在針對區塊鏈主題進行基本面分析時,對照最新的研究結果也相當重要。

現在我們已經知道有許多大公司投資區塊鏈了,那加密貨幣的部分呢?如何才能「間接」投資由區塊鏈技術帶動的這種副產品呢?關於這點我們必須跳出框架思考。在選擇具有加密貨幣關聯性的股票之前,我要先為各位提供搜尋的重點(其他基本面分析的內容,請回頭參考第 9 章)。

許多公司可以透過各種方式與加密貨幣市場產生關聯,請記得隨時查看 Crypto Briefing 加密貨幣新聞網站和 Benzinga 金融新聞網站,獲取最新相關消息。

挖礦相關硬體公司

由於一些主要的加密貨幣可以挖礦,因此為了挖礦,礦工或礦場都需要配備複雜昂貴的高階硬體(詳見第 12 章)。當加密貨幣挖礦競爭達到巔峰時,這些硬體相關公司的股票價值也會隨之飆升,例如過去在 2017、2018 年的超微半導體(AMD,主力產品為高階顯示卡)股票便是如此。當時我在持有 AMD 股票的兩年期間,得到了超過 1,000% 的投資報酬率。更具體地說,我是在 2016 年初,每股 1.84 美元時開始購買 AMD 股票,並在 2018 年價格在 25 美元及以上時,賣出全部持股(如果放到 2021 年底,投資報酬率更是驚人地超過 8,600%)。雖然加密貨幣挖礦只是 AMD 價格飆升的驅動因素之一,但可以肯定的是,當時隨著越來越多的人進入加密貨幣挖礦後,對 AMD 圖形處理器(GPU)的需求越來越高,於是讓 AMD 的股票價值也跟著水漲船高。

有很多公司現在都在關注加密貨幣的硬體領域,未來也可能會比 AMD 做得更好。請多關注一些經常追蹤最新科技新聞的網站,例如 Hardocp、Guru3d 和 Anandtech 等新聞網站,這些網站可以讓你了解哪些相關公司,可能提供了加密貨幣挖礦的硬體公司投資機會。

加密支付公司

除了投資挖礦硬體相關產業之外，透過上市公司來間接投資加密貨幣市場的另一種方法，就是尋找那些接受加密貨幣作為服務支付方式的公司。這個領域的一些領先業者包括 Overstock.com（美國網路家具零售商，股票代碼：OSTK）和微軟（Microsoft，股票代碼：MSFT）等。你可以透過 Mashable（馬沙布爾公司）、NewsBTC（老牌區塊鏈新聞平台）和 MarketWatch（市場觀察）等新聞網站，了解目前有哪些公司接受加密貨幣的支付方式。

如果選擇可以支付加密貨幣的公司，是你在投資這類股票的唯一原因時，請記住它們的價格波動，很可能會與加密貨幣市場本身，直接相關連動，因此很可能無法為你帶來投資組合多元化的好處。舉例來說，當初 Overstock 的 OSTK 股票開始接受比特幣支付後，股價大幅上漲，然而隨著比特幣價格暴跌，OSTK 的股價也跟著暴跌，如圖 13-1 所示。

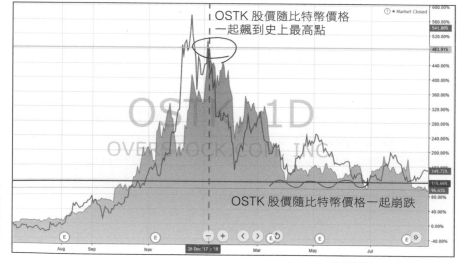

圖 13-1：
2018 年時的 OSTK 股價顯示出與比特幣價格的相關性。

資料來源：tradingview.com

加密貨幣交易相關

在政府試圖制定有關加密貨幣的法規時，許多貿易公司、經紀商和傳統交易所，搶先一步為大眾提供加密貨幣的交易機會。舉例來說，當盈透證券集團（Interactive Brokers Group，股票代碼：IBKR）在 2017 年 12 月 13 日宣布將允許客戶做空比特幣時（在預測價格下跌前先賣出），其股價卻下跌了。原因可能是當時比特幣的價格正處波段高峰，因此大多數人並不喜歡做空比特幣的想法。當然在幾個月之後比特幣的價格真的下跌了，因而 IBKR 的股價也出現上漲，如圖 13-2 所示。接著由於做空比特幣以外的其他因素，公司的股價再次下跌了。

圖 13-2：
在宣布推出比特幣可以做空的投機買賣服務之後，盈透證券（IBKR）的股價於 12 月 13 日下跌。

資料來源：tradingview.com

WARNING

這種基於謠言和新聞的「投機交易」風險很大。因此在中長線投資策略中，想要從基本面分析股票時，還必須考慮其他因素如公司的管理、服務項目、行業前景、財務報表和財務比例等（關於「短線交易策略」的更多內容，在第 17 章會加以詳述，而關於「長線投資策略」的相關內容，請參閱第 18 章）。

市場情緒因素

IDDA 分析的第二點是注意「市場情緒」（詳見第 9 章）。市場情緒，是整體市場參與者，對加密貨幣或股票等特定資產的一般行為和感覺。搜尋具有加密貨幣關聯的股票時，不僅要衡量該「股票」的市場情緒，還要衡量「加密貨幣行業」的市場情緒。兩種觀察同時進行，才能讓我們了解適合投資的方向。

舉一個非常簡單的例子，假設所有其他 IDDA 分析的重點，包括基本面和技術分析上，都已經證明可以預期某支股票的價格會在未來「走低」（這個說法的專門術語是指股價的 bearish reversal，也就是「看跌逆轉」或「熊市反轉」）。然而如果要完成 IDDA 分析的話，你還必須使用更短的時間框架和指標，來衡量整體市場情緒，包括以下幾種情緒判斷指標（後面還會討論到更重要的 Ichimoku Kinko Hyo，即「一目均衡表」）。

其他市場情緒指標包括：

>> 指數平滑異同移動平均線（MACD）：研判股價變化強度、方向、能量及趨勢週期，藉此找出股價支撐與壓力。

>> 相對強弱指數（RSI）：藉由比較價格升降移動來判斷價格強弱。

>> 布林通道（BOL）：結合移動平均線和標準差概念來判斷價格。

其他注意事項

如果你希望透過「間接投資」加密貨幣來創建一個多元化的投資組合，可能就要避免「重複投資」（double dipping，在此指對同一類別或同一行業進行重複投資）。請按照行業分類，跟加密貨幣相關的股票，應該只能佔你整體投資組合的一部分。如果你想了解這種分散風險，可以讓你的投資賺多少錢，以及這些公司的股價應該預估為多少？就必須依照 IDDA 分析的每個重點，正確分析整個行業，才有機會挑選到該行業類別中最好的股票。

REMEMBER

在為你的投資組合挑選與加密貨幣相關的最佳股票之前，請試著回答這些問題：

>> 該公司是否致力於技術上的任何新發展？

>> 是否具有可能產生重大影響的潛在突破？

>> 對加密相關服務的需求，是否跟重大經濟指標相關（例如失業率、國內生產毛額 .....）？

>> 公司計畫在加密貨幣的相關服務上花多少經費？如何為這筆支出提供資金？

>> 公司是否正在迅速僱用或開出新的加密 / 區塊鏈相關工作職位？

你可以研究公司的新聞稿和公開報告，找出這些問題的答案。你的股票經紀商還可以幫你分析最新市場動態。當然我的網站也是參考重點之一，各位可以上網免費訂閱我的市場動態更新。觀察這些公司動態，進行下一個 IDDA 分析重點，例如技術分析（第 9、16 章）以及風險管理（第 3 章）等。

考慮加密貨幣和區塊鏈 ETF

如果你覺得難以選到正確的股票，不想花腦筋仔細挑選某類別裡的最佳資產，又想接觸到特定行業投資，有個最簡單方法，也就是買入目前相當流行的交易所交易基金，即 ETF。

ETF 類似於共同基金[註1]，因為它們都像是裝著同一屬性資產（例如股票）的一個大「籃子」。不過 ETF 變得越來越受歡迎的原因如下：

註 1　共同基金就是一般我們常說的「基金」，ETF 則可以像股票一樣的交易，兩者都可能鎖定相同的投資標的。

>> 與共同基金相比，它們在稅收方面的好處更多。

>> 與共同基金相比，ETF 的交易費用較低。

>> ETF 比共同基金更簡單、靈活。

>> 對於普通投資者來說，ETF 也比共同基金更容易購買。

因此在接下來的內容裡，我將為各位介紹 ETF、能夠提供加密貨幣和區塊鏈技術相關投資的類別。

區塊鏈 ETF 概述

過去只有少數與區塊鏈相關的 ETF 可供個人投資者使用。雖然許多區塊鏈相關 ETF 都在陸續排隊等待證券交易委員會（SEC）的批准，然而比特幣 ETF 或加密貨幣 ETF 被政府監管的機會並不多。這就是為什麼「區塊鏈 ETF」，是真正想透過 ETF 接觸加密行業的投資者，所能找到的最佳投資機會。

首批上市的區塊鏈 ETF 是 BLOK 和 BLCN，兩者均在 2018 年 1 月 17 日推出（就在比特幣價格初次受到重大打擊的時刻）。到了 2018 年 1 月 29 日，另一支區塊鏈 ETF KOIN 也在比賽中露面。以下就是這三支早期區塊鏈 ETF 的簡介：

>> BLOK 的全名是 Amplify Transformational Data Sharing ETF （放大轉換資料共享 ETF），它的投資標的裡擁有 52 項資產，包括 Digital Garage, Inc.（股票代碼：DLGEF）、GMO Internet, Inc. （股票代碼：GMOYF）和 Square, Inc.（股票代碼：SQ）等。你可以在 Marketwatch 網站搜尋該 ETF 目前的最新資料。

>> BLCN 的全名是 Reality Shares Nasdaq NexGen Economy ETF （現實股票納斯達克下一代經濟 ETF）。其主要持股擁有更多區塊鏈相關，更具吸引力的股票，包括 Advanced Micro Devices, Inc. （股票代碼：AMD）、英特爾（股票代碼：INTC）、微軟（股票代碼：MSFT）和 SBI Holdings, Inc.（股票代碼：SBHGF）。你同樣可以到 Marketwatch 網站搜尋該 ETF 目前最新資料。

>> KOIN 的全名是 Innovation Shares NextGen Protocol ETF（創新分享下一代協議 ETF）。這支 ETF 在一開始並沒有像其他兩支 ETF 一樣受到那麼多關注。其主要持股包括台積電 ADR（股票代碼：TSM）、亞馬遜（股票代碼：AMZN）、輝達（NVIDIA，股票代碼：NVDA）、微軟（股票代碼：MSFT）和思科系統（股票代碼：CSCO）。

對我來說，最後一種看起來是相當不錯的選擇，因為它們專注於人工智慧的部分。但也許投資者一開始對這支 ETF 並未太熱情的原因，可能是與其他兩支相比，似乎對區塊鏈行業的直接關聯性最少。然而從過去的經驗來看，如圖 13-3 所示，到 2018 年 9 月，它的回報超過了 BLOK 和 BLCN（各位同樣可以到 Marketwatch 網站，搜尋這些 ETF 目前的最新資料）。

免責聲明：2018 當年，我的投資組合中擁有 AMD、INTC、NVDA、AMZN 和 MSFT 等股票，跟 KOIN 的 ETF 選股很接近。

圖 13-3：
2018 年時，
BLOK、BLCN
和 KOIN ETF
的比較。

資料來源：tradingview.com

REMEMBER

這三支 ETF 在剛開始的一段時間裡會具有先手優勢，但並不代表它們一定是這場遊戲中的佼佼者（譯按：2022 年 7 月中的資料現值約為 BLOK：18.90、BLCN：25.08、KOIN：32.27 美元，漲跌幅度則各有高低）。

直接投資 ETF 可以讓股票分析的過程容易一點，但你仍然需要對
ETF 投資標的裡的公司有大致的了解，才能選擇最適合你投資組合的
ETF。如果對於同一行業的各種 ETF 持股種類，存在很大差異的話，
你可能就要考慮投資多個 ETF，重點就是讓他們的價格漲跌不要相關
連動，才能藉由資產多元化來避開風險。

其他指數基金

雖然加密貨幣 ETF 需要更多時間來獲得監管部門的批准，但我們仍然
可以尋找業內其他可以接觸到加密貨幣市場的指數基金。舉例來說，
2018 年 3 月，美國最大的加密貨幣交易所之一 Coinbase，宣布計畫
推出自己的指數基金。該指數的目的在追蹤 Coinbase 交易所 GDAX
上列出的所有數位資產，在當時指的就是包括比特幣、萊特幣、以
太幣和比特現金等。然而由於缺乏行業上的利益，該交易所不得不在
2018 年 10 月關閉指數基金，後來他們也把重點轉移到新的零售產品
上。如果想了解其他與加密貨幣相關的指數基金消息的話，以下是加
密貨幣新聞來源（按字母順序列出）：

>> https://www.cnbc.com/

>> https://www.coindesk.com/

>> https://www.forbes.com/crypto-blockchain/

>> https://www.investing.com/news/cryptocurrency-news

>> https://www.nasdaq.com/topic/cryptocurrency

>> https://www.newsbtc.com/

Chapter **14**

加密貨幣期貨和選擇權

期貨（Futures）和選擇權（Options）是被稱為「衍生性金融商品」（Derivatives）的兩種金融工具。它們的價值來自其他事物的價格行為，包括來自股票、商品、法定貨幣和其他市場指數等金融資產。隨著加密貨幣市場變得越來越流行，不同的加密貨幣衍生性金融商品也不斷湧現，並可供個人交易者運用。

在本章中，我會先概述期貨和選擇權交易的基礎知識，接著探討它們在加密貨幣市場中的運作方式。

TIP

在撰寫本書時，此類衍生性金融商品存在著許多法規監管，因此你只能透過世界各地的少數經紀商和交易所進行投資。如果是在美國，比特幣期貨交易可以在以下這些經紀商和交易所進行，例如：

» **Cboe**：芝加哥選擇權交易所。

» **CME Group**：芝加哥商品交易所集團，簡稱芝商所。

» **E*TRADE**：E*TRADE 金融公司，是摩根史坦利旗下子公司。

>> **Interactive Brokers**：盈透證券，美國康乃狄克州的電子證券交易公司。

>> **TD Ameritrade**：德美利證券，提供線上期權交易。

TIP

在英國、日本、韓國、台灣等國家，可以在 Deribit 交易所網站上交易加密貨幣選擇權和期貨。然而在撰寫本書時，該公司並未在美國提供服務。

期貨基本介紹

先給各位一個提示：期貨與「未來」有關（期貨的英文就是 Futures，未來之意）！舉例來說，在超市購買一袋咖啡時，我們是以「市場價格」立刻付款。但如果你確認咖啡的「未來價格」會下跌怎麼辦？你現在並不能在市場以「未來價格」購買咖啡，不過，你可以在期貨市場上購買這袋咖啡。也就是說，如果你認為明年 6 月的時候，每磅咖啡的價格會從 5 美元降至 4 美元，你就可以創建一份期貨合約，在明年 6 月以 4 美元的價格購買一定數量的咖啡。

接下來我將解釋商品期貨（也就是最常見的類型）的特點，並討論其他類型的金融期貨。

期貨的特點

傳統上，期貨在穀物、咖啡、金屬、木材和肉類等「商品」中最受歡迎。當你在期貨市場購買咖啡時，你要等到與賣家約定的未來某個日期到了以後，才能收到你的咖啡。這就是為什麼你的交易會有一段時間沒有完成交易的原因。而在到期之前，你擁有一份可以在期貨市場上「持有或交易」的高流動性期貨合約。無論你如何處理這份合約，只要合約未履行，賣方就有法律約束力的義務，在未來的合約「指定日期」交付咖啡給你。你當然也有類似的義務，必須接受配送的咖啡，而且不能退貨！

因此，期貨交易有兩個最重要的特點是「避險」（hedging）和「投機」（speculating），如果缺少其中一個，期貨市場就無法存在和有效運作。期貨的另一個特點是「保證金」交易。以下說明它們的工作原理：

>> **期貨避險**：傳統上的「避險者」（使用避險的一方），通常是生產商品或將其用作生產過程投入的企業。作為投資者，我們可以使用避險作為風險管理來防止損失，而不一定是為了獲得資本上的收益。也就是說，你可以透過進行另一項投資，來抵消前一項投資的風險，即「對沖」一項投資。這就像是投資一份保險，以抵消未來可能發生在你身上的意外風險一樣。

>> **期貨投機**：「投機者」與避險者完全相反。他們交易期貨是為了在預期的價格波動中獲利。因此除了價格行為之外，他們對商品或在金融上的未來情形並沒有興趣。舉例來說，如果你認為一種商品的價格在未來將會上漲，你可以先以期貨合約購買該資產（例如目前價格較便宜的咖啡豆合約），接著在商品價格真的上漲後，便能以更高的價格出售該合約（因為這是價格較便宜的合約，到期前大家都會搶著要）來獲利。無論如何，期貨市場依賴於兩者，因為不論避險或投機，都有助於讓市場更具流動性。

>> **保證金交易**：如同外匯市場的情況（在第 15 章會詳細介紹），期貨的交易也可以利用「槓桿」來操作，兩者的差異在於所有的期貨合約，均以保證金為基礎進行交易，你無法選擇不使用這項功能。當你以保證金購買期貨合約時，只需將合約總價格的一部分，以現金形式存入你的保證金帳戶。交易期貨合約時，通常需要合約價值的 2 到 10% 左右的保證金。不過好消息是，你不必借錢填補不夠的期貨合約餘額，因而它的風險低於外匯保證金交易的運作方式。

REMEMBER

保證金只是一筆用來作為擔保或保證這個合約的錢，以彌補萬一大幅漲跌時可能發生的任何損失，並不是你購買期貨合約的頭期款之類。

金融期貨

雖然商品期貨佔期貨市場的很大一部分，但「金融期貨」也是另一種相當受歡迎的操作類型。金融期貨使用與商品不同類型的基礎資產，可以為外匯、利率和股票指數等許多市場提供投機工具。它們具有類

似於商品期貨交易的優勢，因此成為各種機構和個人交易者的主要對沖工具。這些金融期貨商品的差異關鍵之一，就是每種金融期貨合約的報價方式不同：

» 美國的「貨幣期貨」（Currency futures）以每單位基礎外幣的美元報價，舉例來說，每加元幾美元或每日圓幾美元（例如「日圓期貨」的報價為 0.00749 美元之類）。

» 「利率期貨」（Interest rate futures）合約則按標的債務工具「面值」的百分比來定價。例如大多數基於國債的利率期貨面值為 100,000 美元，因此每份合約的交易價格為 1,000 美元（1%）。

» 「股票指數期貨」（Stock index futures）以實際標的指數報價。這類指數可能包括標準普爾 500 指數和那斯達克指數。

金融期貨就跟商品一樣，可以讓投資者面臨大幅度損益。當然你必須澈底了解你的投資標的以及涉及的風險，才能成為一名成功的期貨交易者。

WARNING

推測每種期貨漲跌是一項非常專業的任務。如果你對任何行業都不太了解的話，還不如直接到拉斯維加斯賭博。

選擇權基本介紹

「選擇權」是你與他人購買或出售具有價值的東西時，所簽訂的期限合約。如果你是選擇權買方（Buy），你有權在約定時間內，以合約簽訂時商定的價格購買標的資產；如果你是賣方（Sell），則需準備好按照合約指示出售該標的資產。

接著我們要來比較選擇權與期貨，並描述選擇權類型及相關風險。

期貨與選擇權的比較

REMEMBER

從前面的敘述來看，期貨和選擇權非常類似，都涉及未來以特定價格交付東西的合約。期貨合約和選擇權合約的最大區別，在於買賣的日期。以下是必須牢記的重點：

>> 交易期貨合約時，你有義務必須在「約定的日期或之前」買入／賣出。

>> 選擇權則可以在「指定的時段」內履約買入／賣出（台指選擇權屬於歐式選擇權，在到期日當下才能履約）。

>> 賣權（Put）和買權（Call）則指定你可以買入或賣出的價格。

>> 合約上並不寫明期貨價格，期貨合約的價格是透過交易所交易者之間的交易確定的；合約售價多少即為交貨價格。

賣權和買權

兩種基本的選擇權稱為賣權（Put）和買權（call），大致類似於賣跟買的另一種說法：

>> 透過賣權，你可以在一段時間內以約定價格向買方賣出標的物。

>> 透過買權，你有權在一定時間內以約定價格向賣方購買標的物。

不過為什麼不直接叫它們是買賣，比較省事呢？使用不同名稱的好處是可以強迫你記住，透過賣權和買權，你並不會獲得「所有權」的權利，也不會獲得利息或股息收入。你所獲得的只是基礎資產價格變動帶來的收益或損失。因此就像期貨一樣，你可以藉由賣權和買權的槓桿來獲利。

TIP

前面提過的多本小白系列投資書籍的作者保羅·姆拉傑諾維奇，就在他的書中介紹許多很棒的選擇權投資，可供各位參考。

WARNING

風險

選擇權交易有幾種必須注意的風險:

>> 選擇權賣權和買權交易的主要風險之一,就是你無法讓「時間」成為你的朋友。賣權和買權都有期限;在選擇權到期之前,市場可能沒有足夠的時間往對你有利的方向移動,你很可能在價格對你有利之前就先虧損了。

>> 另一個主要風險,是當市場只在錯誤的時間朝著不利的方向移動一點點時,你也可能會損失 100% 的初始投資。儘管正常投資可以花時間等待市場反轉,但賣權和買權在到期時完全沒有價值。

了解加密貨幣的衍生性金融商品交易

衍生性金融商品的交易,很可能會是加密貨幣市場的下一場大繁榮。早在 2018 年,高盛、德美利證券等美國多家金融機構,已開始探索加密貨幣的衍生性金融商品交易:

>> 2018 年 6 月,高盛首席營運官大衛·所羅門(David Solomon)表示,該公司已經在幫助客戶投資比特幣期貨,他們「非常謹慎」,並且會考慮到該領域的一些「其他相關活動」。

>> 2018 年 10 月,德美利證券加入一組金融公司的行列,支持一個全新的、且受到監管的加密貨幣相關衍生性金融商品交易所 ErisX(https://erisx.com/)。ErisX 於 2017 年向商品期貨交易委員會(CFTC, Commodity Futures Trading Commission)申請註冊為衍生性金融商品清算組織,並計畫在 2019 年及以後,將其服務(例如期貨合約)應用於數位資產。

在撰寫本書時,包括選擇權和期貨在內的加密貨幣衍生性金融商品交易,仍處於起步階段。隨著許多業界領先的投資機構加入後,我們可以期待在你拿到這本書時,這類型交易服務很快地被大眾接受。以下將為各位提供這類交易的重點。

加密貨幣衍生性金融商品交易的優勢

加密貨幣衍生性金融商品交易，可以讓你在未來日期或特定時間範圍內，押注特定加密貨幣（如比特幣或以太幣）的價格。雖然衍生性金融商品的交易，比起直接在交易所買賣加密貨幣來得更為複雜，但它們有個相當大的優勢，也就是不必擔心儲存的安全性。如果你擔心購買加密貨幣必須冒著被駭客攻擊，損失加密錢包或加密貨幣資產的風險時，加密貨幣衍生性金融商品可滿足你的需求。因為交易選擇權和期貨時，交易者實際上並不擁有這些加密貨幣，所以完全不必擔心加密錢包、儲存和安全性等問題（詳見第 7 章）。

加密貨幣衍生性金融商品對行業的優勢

即使你不打算交易加密貨幣衍生性金融商品，此類交易選項的存在，也會對整個加密貨幣行業有利。其原因在於：

>> 首先，加密貨幣衍生性金融商品，可以讓比特幣以外的數位資產提高流動性和交易量，使其更方便交易。而更高的流動性有助於讓交易者更快進行買賣，並可以避免下交易委託單時價格突然大幅波動的風險。

>> 加密貨幣衍生性金融商品交易所被監管的另一個優勢，就是可以讓更多人對加密貨幣市場產生興趣，因而能向監管機構施加壓力，改善並提升他們對整個行業的觀點。

交易資源

TIP

若想及時了解加密貨幣衍生性金融商品市場的最新進展，請定期查看金融新聞和加密貨幣更新消息提供商，例如以下的新聞網站：

>> Benzinga Pro（https://pro.benzinga.com/）

>> CCN（www.ccn.com/）

>> CoinDesk（www.coindesk.com/）

» Cointelegraph（https://cointelegraph.com/）

» Cryptobriefing（https://cryptobriefing.com）

» Cryptonews.com（https://cryptonews.com/）

» Medium（https://medium.com/tag/cryptocurrency）

» NewsBTC（https://newsbtc.com）

TIP

如果你喜歡從 Facebook 動態來瀏覽新聞的話，就要考慮「追蹤」這些新聞網站，在資訊瞬息萬變的情況下，請確保修改追蹤新聞頁面的設定，讓自己可以優先看到這些新聞。否則你所需要的投資消息更新，一定會淹沒在朋友們數以千計的小孩、寵物照片更新裡。

Chapter **15**
美元和其他法定貨幣

在 加密貨幣問世並形成影響之前，我並不習慣將典型的貨幣稱為「法定貨幣」。過去我們只是簡單的將它們稱為「貨幣」。如果具體一點的話，我會說美元、歐元和日圓等是「主要貨幣」，墨西哥比索和伊朗里亞爾等則稱為「外來貨幣」。

貨幣的交易，也就是一般所稱的「外匯市場」，就像一種預測法定貨幣對彼此未來價值的藝術。從技術上看，法定貨幣是當地政府透過中央銀行支持的法定貨幣。而加密貨幣的出現，讓一些法定貨幣發行人（即中央銀行）感到擔憂，擔心加密貨幣在未來有可能取代法定貨幣。但就目前的情勢而言，獲得加密貨幣方式之一，是使用法定貨幣來兌換它們。這也就是為什麼了解世界法定貨幣的基本走勢，很可能會在你的加密貨幣投資裡派上用場。

在本章中，我將介紹作為世界儲備貨幣的美元（USD），與其他主要貨幣及其與加密貨幣市場彼此之間的關聯性（外匯交易的基本介紹在第 10 章）。

將世界儲備貨幣「美元」納入考量

如果你住在美國，你的第一筆加密貨幣投資，很可能是美元和比特幣等數位資產之間的兌換。比特幣價格的波動幅度可能很大，然而你也必須考慮美元的波動，因為它可能會為你帶來更好或更糟的交易。舉例來說，如果美元非常強勁的話，你可以用來買到更多比特幣。在本節中，我將探討影響美元價值的一些關鍵因素。

我對貨幣波動的終生迷戀

從小開始，我就對貨幣波動感到著迷。因為我經常聽到父母擔心我們的伊朗貨幣兌換美元（USD）持續貶值的情況。在伊朗革命之後，我的大多數親戚，包括我的父母在內，都因為害怕新政府的壓迫而讓小孩離開伊朗前往美國。為了讓我哥哥能在美國讀書，我的父母不得不從伊朗寄錢給他，把不斷貶值的伊朗里亞爾兌換成美元。美元越強勁，我的父母就越難湊到每個月要寄給我哥的 1,000 美元生活費。所以我從小就很想知道誰才是決定所有貨幣波動的幕後黑手。我還記得 10 歲的時候問過我爸：「政府裡是不是有人每天早上決定美元的價值，然後向全世界公布？」我父親回答說：「不，美元的價格背後有很多人的影響，尤其是中央銀行的影響。」那時我並沒有真正聽懂這種解釋。

然後換我出國到日本學習電機工程，我再次關注到貨幣波動的情形。由於我拿的是日本政府的日圓獎學金，所以我一直想知道我每個月領的 20,000 日圓，如果兌換成伊朗里亞爾和美元，並把一部分存到外國銀行帳戶的話，情況將會如何？

我開始從事貨幣交易是在 2008 年，當時股市和美元崩盤。我賭美元會下跌，所以在 2008 年 9 月，使用外匯經紀商的保證金帳戶，交易了價值 10,000 美元的日圓。結果在一個月之內，隨著美元像石頭一樣的狂跌，我的初始投資翻了一倍。這是我有史以來在一個月以內賺到最多錢的一次。所以很自然的，我決定放棄電機工程的職業道路，立刻跳上飛機飛往紐約華爾街的金融區，開始我在貨幣交易行業的工作。

關注影響美元的因素

美元（USD）是全球最受歡迎的貨幣之一。如果你前往世界上的任何國家或地區，該國家或地區通常都會接受美元來換取當地貨幣。而這種影響力給了美國相當大的金融特權，許多人也都在自己的儲蓄帳戶裡儲存美元。當全球對美元的需求走高時，美元會變得更加穩健。而當美國經濟受到打擊，或者美國聯準會（Federal Reserve，美國中央銀行，也稱為 Fed）對美國經濟的未來發表悲觀看法時，美元通常就是最先下跌的金融資產之一。

美國政府也一直在關注中國，因為人民幣正逐漸成為對美元作為世界儲備貨幣的重大威脅。而現在的比特幣狂熱者則認為，美元和人民幣在對抗加密貨幣時，將會敗陣下來。

當你用美元購買加密貨幣時，如果當時美元強勢，你可獲得更划算的交易。因為當加密貨幣對美元的價值較低時，你可用美元買到更多單位的加密貨幣。

影響美元價格走勢的因素很多。儘管我已經研究了十幾年的美元市場走勢，但我仍然不能百分之百確定美元價格下一步將走向何方。不過各位只要透過前面教過的 IDDA 分析法（詳見第 9 章），就可將機率疊加到對你有利的位置。因為市場情緒、群眾心理和供需等，都可以影響美元的強弱，如同它們影響到我們討論過的其他金融資產一樣。不過其中有些觀點可能有所不同，影響美元價格的基本因素包括：

>> 利率：利率是借款人必須付出的代價，也就是借款人必須另外支付給貸款人總借款金額的某個百分比。當美國聯準會打算或正式宣布提高利率時，美元相對於其他法定貨幣和加密貨幣通常都會變得更強。而彭博（www.bloomberg.com）或雅虎等網站上的所有財經新聞，也都會追蹤即將到來的利率變化並比較過去的利率決策，你也可以直接在美國聯準會網站上，追蹤利率的變化消息。

» **通貨膨脹**：所謂的「通貨膨脹」，就是造成你外婆當年買一打雞蛋比你現在買來得便宜的原因，也就是指商品和供應價格的普遍上漲。當通貨膨脹率升高時，美國聯準會便試圖透過提高利率來加以控制。由於通貨膨脹影響利率的方式，讓通貨膨脹率上升時通常也會對美元產生積極影響。通貨膨脹數據是依據消費者物價指數（CPI）來衡量，因此該指數也會出現在大多數的經濟要聞行事曆上。如果是在美國，也可以到美國勞工統計局網站（U.S. BUREAU OF LABOR STATISTICS）上，追蹤消費者物價指數的公布來看通貨膨脹率。

» **國內生產毛額（GDP）**：國內生產毛額反映一個國家的經濟的年產總值。當 GDP 高時，美元就走強。想要查詢美國的 GDP 數據，可以造訪經濟分析局官網：www.bea.gov。

» **失業率**：美國的失業率一直是重要的外匯八卦話題。失業率下降代表經濟表現良好，創造更多的就業機會，而導致美元走強。你可以在此處找到美國的失業率公告時間表：www.bls.gov/schedule/news_release/empsit.htm。

» **非農就業人數（NFP）**：非農就業人數數據顯示美國每家企業支薪的工人總數，不包括農場、私人家庭和一般政府等場所的僱員。非農就業人數不斷擴大的話，就表示經濟正在成長，因此可能導致美元走強。你一樣可以到美國勞工統計局網站（U.S. BUREAU OF LABOR STATISTICS）上，追蹤非農就業人數數據的發佈時間。

比特幣與美元的比較

REMEMBER

即使是最狂熱的比特幣愛好者，應該也不會相信比特幣可以立即取代美元的地位。比特幣必須克服相當多的障礙，才能宣稱自己是世界儲備貨幣（如果可能的話）。此外，儘管比特幣是所有加密貨幣中的超級巨星，但其他「更好」的比特幣版本，很可能更有機會爬到加密貨幣的最高點，甚至在比特幣有機會取代美元之前，先取代比特幣的地位。比特幣可能永遠不會取代美元的諸多原因包括：

>> 世界各地的未知礦工會形成重大安全威脅，因為我們不知道一些大型礦場確實位於何處，以及他們計畫如何使用或影響比特幣。

>> 在像比特幣這樣可以開採的加密貨幣中，假設有一群礦工聚集在一起控制超過 50% 的網路時，便能阻止正常交易過程，導致安全問題和駭客的攻擊。

>> 比特幣的代幣供應量有限（2,100 萬枚硬幣）。

>> 世界上 40% 的比特幣由 1,000 人所持有，因此金融不平等早已發生，也就是權力等於掌握在世界上一小部分人口的手中。這與區塊鏈技術（詳見第 4 章）和加密貨幣理念（即解決全球金融不平等問題）的主要訴求並不相符。

>> 最後，正如我在第 3、7 兩章所談到的，比特幣缺乏穩定的「安全性」。

比特幣和美元的主要差異之一在於價格的波動幅度。如圖 15-1 所示，即使比特幣（BTC）在 2018 年 6 月至 9 月期間被認為已經趨於平穩，但其價格走勢仍比 DXY（美元指數）的價格走勢瘋狂得多。由於 DXY 是衡量美元相對於整批不同外幣的價值，因此這種「相對穩定性」，使美元在波動幅度的安全方面更具優勢。

圖 15-1：
美元指數
（DXY）的
價格走勢與
BTC／USD
的比較。

資料來源：tradingview.com

雖然外匯市場以其價格波動和不可預測的性質而聞名，但比特幣在這種波動幅度的比賽裡，一定會勝過美元。

主流媒體通常只關注比特幣，但其他加密貨幣如以太幣（ETH）、萊特幣（LTC）和比特現金（BCH）等，也都可以在 Coinbase 等加密貨幣交易所對美元進行交易。然而在撰寫本書時，大多數其他加密貨幣，甚至連一些著名的加密貨幣如瑞波幣（XRP）和恆星幣（XLM），還只能在 Binance 等交易所與其他加密貨幣進行交易，因為它們在支持美元的交易所裡還不能直接購買（即只能先以美元買主流加密貨幣，再以主流加密貨幣購買其他加密貨幣）。

如果你只想推測加密貨幣的價格波動，你可以在以下網站追蹤其他加密貨幣相對於美元的間接價格：

>> **AVATrade**：愛華交易所（支援中文）。

>> **eToro**：e 投睿（支援中文）。

檢視歐元等主要貨幣

雖然我們可以在外匯市場上交易任何國家的貨幣，但有七種特定貨幣最受歡迎，投資者稱之為「主要貨幣」。它們之所以受歡迎，不僅是因為在全球都方便進行交易，也因為漲跌動作更容易預測。此外，這些貨幣背後的國家經濟被認為更穩定（儘管這點也有爭議）。更重要的是，跟其他較不受歡迎的貨幣相比，這些主要貨幣的交易費用更低。這七種主要貨幣如下：

>> 歐元（EUR）

>> 英鎊（GBP）

>> 瑞士法郎（CHF）

>> 日圓（JPY）

>> 加元（CAD）

>> 澳元（AUD，澳洲元）

>> 紐元（NZD，紐西蘭元）

當你交易主要貨幣兌美元時，它們便稱為主要貨幣對（major currency pairs，前面提過）。

接下來的內容將詳細解釋每種貨幣，並在本章稍後比較一般外匯市場和加密貨幣市場的情況。

歐元和英鎊

歐元是歐盟 27 個成員國中，19 個國家共同使用的貨幣。如果說美元是外匯市場的王者，那麼歐元就等於是女王；因為歐元是僅次於美元的世界第二大交易貨幣。

英國是成為歐盟成員後，不使用歐元而使用英鎊的家族異類，因為英鎊比歐元更有價值，英國政府根本不想放棄。其他國家則多半放棄本國貨幣，轉而支持更強大的歐元。然而英國擁有獨立的貨幣，也被認為可能是幸運之舉，因為當英國在 2016 年投票決定脫歐（英國脫歐法案）時，分離的過程就不會太複雜了，其貨幣本來就是分開的。無論如何，自英國脫歐的分裂談判開始後，歐元和英鎊都面臨著巨大的波動。許多投資者賠錢，也有很多人趁此機會賺了一些錢。

雖然對歐元和英鎊的長期前景仍不明朗，但我的一些中期策略已經奏效。舉例來說，當時我多次交易了 GBP / JPY 對（英鎊兌日圓），如圖 15-2 所示。我結合技術分析、基本面分析和情緒分析來開發這些基於 IDDA 的交易策略（詳見第 9 章）。各位可以看圖中的支撐線和壓力線的區間，就是我的操作空間（有時我會在網站或 Youtube 上發布相關訊息，各位可以注意與訂閱）。

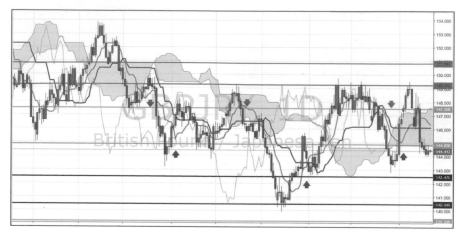

圖 15-2：
在 144.85 和 147.50 的關鍵支撐線和壓力線之間，交易英鎊／日圓。

資料來源：tradingview.com

避風港：瑞士法郎和日圓

當美元和歐元表現不佳且價格走弱時，日圓和瑞士法郎就是外匯交易者的首選貨幣，而這也就是為何它們會被稱為外匯「避風港」的原因。我曾經在 2008 年時親眼目睹，當時美元貶值，日圓成為最大贏家之一，讓我在一個月內把我的第一筆外匯交易翻了一倍（前面的小文章提到過）。日圓被認為比瑞士法郎更安全，尤其是因為瑞士國家銀行（SNB）在 2015 年突然採取的行動，震驚全球金融市場，也就是 2015 年 1 月 15 日造成了瑞士法郎大幅波動的事件。

TECHNICAL
STUFF

2015 年 1 月 15 日，是外匯界黑暗的一天。許多交易員（包括我自己），都將賭注押在瑞士法郎上。當時大家都認為瑞士人相當中立和平，不會做出任何突然、離譜的舉動來危及我們的投資。結果大家都錯了！瑞士國家銀行在那天突然改變了貨幣估價政策，導致法郎兌歐元的價格突然上漲 30%。於是我的美元／瑞士法郎對的看漲部分，遇上了大麻煩，不過我還算幸運，只損失了一筆交易而已。事實上，很多公司都因為這個事件破產了！我在我的網站記載了這個事件，包括了解瑞士法郎的歷史，以及被稱為「黑色星期四」的那一天事件始末，請參考：https://investdiva.com/swiss-franc-trading-history-future/。

無論如何，日圓和瑞士法郎依然可以算是交易者的避風港，因為許多投資者都希望它們在全球金融危機時期，能夠維持其穩定的價格。

澳元、紐元、加元

外匯交易者考慮澳元、紐元和加元等「商品貨幣」的原因，是因為它們跟商品價格的波動高度相關。舉例來說，澳洲擁有大量的自然資源如鐵、金和鋁，還擁有大型農場和生產牛奶與其他乳製品的大量乳牛。澳洲的經濟依賴這些商品，這就是為什麼澳洲貨幣 AUD 的趨勢，經常可以從商品價格和該國的進出口狀況中得到線索。

而澳洲作為中國的密切貿易夥伴，其經濟也與中國經濟的變化息息相關。舉例來說，如果中國經濟表現不佳或受到美國關稅打擊（如 2018 年）的話，澳元便會走弱。澳洲的鄰國紐西蘭同樣也是農業大國，因此紐元也會受到穀物和乳製品價格等因素的影響。另一方面，加元通常被視為與油價高度相關。換句話說，如果油價暴跌，我們就可以預期加元也會隨之下跌。但請記住，這些相關性並非絕對，有時地緣政治風險事件等其他因素，很可能會取代正常的價格走勢。

比較外匯市場和加密市場

一般人在投資比特幣和其他加密貨幣時，很少將比特幣視為貨幣；大多數投資者和市場參與者，都把加密貨幣視為像普通股票一樣類型的證券來進行投資。事實上，要購買任何加密貨幣時，都必須將其與另一種貨幣（不論是法定貨幣或加密貨幣）進行交易（詳見第 10 章）。由於這種原因，讓許多外匯經紀商開始為旗下的外匯交易，提供加密貨幣的選項服務（可回第 6 章了解如何透過外匯經紀商交易加密貨幣）。以下，將闡述外匯市場和加密貨幣市場之間的相似和不同之處。

儘管彼此有一些相似之處，然而把外匯與加密貨幣進行比較，就像是拿蘋果和橘子進行比較一樣，完全是兩種不一樣的金融工具，因而為它們的投資制定策略時，需要使用不同的方法。

相同點

外匯和加密貨幣交易的主要相似之處，是它們都需承擔很大的風險。如果你選擇使用「短線交易」的方式，來進行加密貨幣與其他數位貨幣或法定貨幣的交易時，可能就要用到我在第 16 章介紹的技術分析方法，來研究它們的價格行為。幸好隨著加密貨幣市場變得越來越主流後，我們可以期待其波動變得更穩定、更可預測。

每日瘋狂波動的幅度，也可視為兩者相似之處。一般「當日沖銷者」（day trader，在同一天內買賣）可能會受益於兩個市場的價格波動。而在多數情況下，主要加密貨幣和外匯對的交易流動性也相當高，因而讓交易的委託單很容易成交。

不同點

寫不同點更容易了！以下就是外匯市場和加密貨幣市場之間的主要區別：

WARNING

» **規模**：外匯市場是目前為止世界規模最大的交易市場，任何加密貨幣無論市值有多大，都比不上外匯的規模。說個數字讓各位了解一下，外匯市場的日交易量約為 5 兆美元；加密貨幣市場的日交易量，比較接近紐約證券交易所，大約為 500 億美元。雖然還算不錯，但很明顯的，外匯市場才是贏家（加密貨幣和市值的內容在第 8 章）。

　　雖然外匯市場規模超大，但並不代表你一定可以從中獲得更多利益。如果說有利可圖的話，也必須面對外匯的波動所帶來的更大也更難預測的風險。

» **種類繁多**：我們有大量加密貨幣可以選擇，但只有七種主要的法定貨幣交易活躍。這種範圍的限制，讓外匯交易者更容易選擇交易標的，然而你卻必須分析幾百種加密貨幣，才能找到適合自己的投資標的（各位可以翻回前幾頁，複習一下這七種最受歡迎的法定貨幣相關訊息）。

» **目的**：外匯更適合當日沖銷者。儘管我並不喜歡短線交易，但大多數外匯交易者進出倉位的速度，比起任何其他類型的投資者都要快得多。相較之下，大多數加密投資者持有資產的時間會更長，畢竟交易速度也沒這麼快。

» **貨幣供應量**：貨幣供應量可能是外匯和加密貨幣之間最主要的差異。一個國家的中央銀行在決定未來主要貨幣的供應方面，發揮著關鍵的控制作用。但比特幣等加密貨幣則是區塊鏈行業的產物，並不會受到中央銀行的監管。所以在第 9 章所談的基本面分析，也提到外匯和加密貨幣在貨幣供應量方面的影響，絕對會造成完全不同的考量。

外匯交易資源

由於外匯就像是我的投資初戀一樣。我做了第一次外匯交易，也寫了一本關於外匯的書，甚至還把我的第一家公司命名為「外匯女王」（Forex Diva）。因此，我自視在外匯方面算是非常的「足智多謀」。如果你打算照我說的，把一些投資的風險從加密貨幣世界，分散到外匯的投資時，我想給各位一些簡單的重點提示，協助你開始進行外匯交易。

» **外匯經紀商**：找到適合你的外匯經紀商絕非易事。除了要確保經紀商可以安全執行你的投資，還要遵守你所在當地的財務規範，並有足夠的貨幣供應和流動性，能夠快速執行你的交易委託單，且在這些服務上收取合理的費用等。我所說的這些都是尋找合適外匯經紀商的必要條件，這些也是我在教育課程中，教學生選擇外匯經紀商所需採取的步驟。

» **你的外匯帳戶**：雖然有很多外匯經紀商提供最低 50 美元即可操作外匯，但請各位記住，為了在外匯市場上獲利，你至少要在帳戶中擁有 10,000 美元的可支配資金，以及對於外匯市場運作方式的豐富瞭解。若非如此，你就只是在「賭博」，通常會在幾個月甚至在幾天之內，失去所有的初始資金。

WARNING

» **財經日曆**：要了解外匯市場的動態，必須遵循打算交易貨幣的國家／地區的財經日曆（重大消息行事曆）。許多網站都免費提供外匯財經日曆，例如：

- DailyFX：www.forexfactory.com/calendar。
- 英為財情：www.investing.com/economic-calendar/。
- 外匯街：www.fxstreet.com/economic-calendar。

» **外匯新聞**：除了經濟數據外，其他影響外匯的因素，例如地緣政治的緊張局勢、石油和黃金等大宗商品的供需，以及國家重要政治人物的談話等，也都會影響一國的貨幣波動。你可以在以下網站上找到這些相關影響的消息：

- DailyFX：www.dailyfx.com/。
- 外匯街：www.fxstreet.com/。
- 路透社：www.reuters.com/finance/currencies。

外匯新聞媒體經常會在市場上製造虛假的炒作，導致大眾出現情緒化的交易決策。請確保自己不會陷入誘騙標題的點擊陷阱，例如「目前最值得你投資交易的貨幣」等。

» **教育**：好的，我現在必須來老王賣瓜一下了。我的外匯教育課程贏得了許多獎項，也被認為是學習所有外匯知識的最簡單、最有趣的方式之一。請造訪我的投資女王網站或訂閱我的 Youtube。

» **策略**：我把外匯作為投資組合的一部分，並遵守自己發明的 IDDA 分析（詳見第 9 章），以「中期」（不做短線或長線投資）的時間長度來投資外匯市場。只要你不是當日沖銷者，可能就會發現我的 IDDA 分析很有幫助，不僅可以作為外匯策略，也可以作為加密貨幣和股票投資的策略使用。

4

加密貨幣基本策略和技巧

本單元內容包含：

了解技術分析到底是制定投資策略的技術或只是一種巫術？

探索短線交易和長線投資之間的差異，並決定哪一種方式最適合你。

了解不同的投資策略開發方法，並將你的風險承受能力納入計畫中，盡量減少損失和放大收益。

了解一目均衡表和費布那西數列等技術指標，並了解如何使用它們來加強你的投資策略。

確保你不會被各種稅收吃掉獲利，找出不同方法來減少加密貨幣交易的相關稅收。

Chapter **16**

使用技術分析

有些人認為無論加密貨幣或其他金融市場，都只是另一種合法的賭博形式。因為他們認為市場是隨機移動的，與情緒面（市場心理）或基本面（例如經濟狀況或區塊鏈技術背後的人是誰）無關。

我當然不屬於這些人之一，經過多年對許多不同市場的觀察和投資後，我（跟許多投資者一樣）已經開始看到相同的歷史，在市場上一次又一次的重演。這種市場的變動，就是我在第 9 章介紹的 IDDA 分析裡，三項要點的綜合結果，亦即：

» 基本面分析

» 市場情緒分析

» 技術分析

你可以先翻回第 9 章，澈底了解加密貨幣市場的基本面和市場情緒分析的基礎知識。我在本章將為各位說明「技術分析」的技巧，無論你是長線投資者或活躍交易者的類型，都可以幫你確定最佳的買入和賣出價格。

TIP

許多加密貨幣交易所和經紀商，都會提供各種圖表的服務，讓你更容易直接透過他們的平台進行交易。雖然有些分析圖表很複雜，但有些圖表則簡單易懂。就我個人而言，我喜歡使用 TradingView（www.tradingview.com，有中文版）進行所有技術分析，範圍從外匯、股票到加密貨幣都有。更好的是，這些各種資產的分析圖表幾乎都是免費服務。你當然也可以選擇升級為付費服務，得到沒有廣告的圖表，並獲得其他好用的功能。

技術分析基礎教學

技術分析簡單的說，就是研究資產價格走勢的歷史，來預測其未來發展的一門學問。技術分析之所以有用的原因，來自於一系列因素的綜合結果，包括以下幾點：

» **投資者行為**：行為金融學（Behavioral Finance）的研究證明，當投資者做決策時，會受到大量重複出現的心理偏見所影響。

» **群眾心理**：由於許多市場參與者都使用相同的技術分析法，因此強化了關鍵的價格位置。

當價格走勢模式重複出現時，較早發現模式的投資者，便可在策略制定中獲得優勢，並獲得高於平均水準的投資報酬率。雖然加密貨幣市場相對還是較新的市場，但在短期和中期時間框架內，已經形成了特定模式。以下將為各位提供關於圖表類型、時間範圍和心理因素的基礎知識。

WARNING

過去的表現並不能完全保證未來的結果，技術分析只是增加對你有利的機率，並不能完全保證獲利。因此，你還必須進行適當的風險管理（各位可以翻回第 3 章複習）。

TIP

我也在投資女王網站跟 Youtube 課程裡，講述許多關於技術分析的內容，各位可以一併查看。

圖表的藝術

我相信各位很想深入了解你最喜歡的加密貨幣，其歷史價格走勢到底如何？儘管這種分析聽起來很有技術性的理解，不過一旦開始了解後，你就會發現自己在使用的反而是感性大腦的創造部分。因為圖表就像是一張畫布一樣，你可以使用不同類型的圖表，繪製出任何加密貨幣價格相對於其他貨幣的行為（不一定要包含法定貨幣）。技術分析師喜歡圖表，因為他們可以直觀的追蹤其他以數字為導向的活動。而且在過去幾十年裡，隨著越來越多的投資者都使用圖表來制定他們在不同市場（包括股票、外匯和加密貨幣市場）的策略後，也讓這些圖表開始發生了各種變化。

有些圖表很簡單，只會顯示當日或週期結束後的價格追蹤。有些圖表則較為複雜，可以追蹤交易時段內的每一次價格變動。比較常用的分析圖表包括：

» 折線圖（**Line charts**）：最基本的折線圖只顯示市場結束後的各時段價位（收盤價）；即對於任何給定的時間段落內，你只能知道該時段結束時，加密貨幣的價格漲跌是多少，而非該時段內的價格經歷了哪些上下突進和走勢的影響。我們只要簡單的從前一段時間的價格到下一段時間的價格，繪製出一整條連接的折線，就可看到該加密貨幣對在一段時間內的整體價格走勢折線圖。圖 16-1 顯示的範例，就是以一天時間範圍內的比特幣兌美元（BTC / USD）價格折線圖。

圖 16-1：
BTC / USD
在一天內的
折線圖。

>> 條形圖（**Bar charts**）：不要誤會是當地酒吧及飲酒場所一覽表[1]。如圖 16-2 所示，在任何給定的時間範圍內，條形圖都會顯示「開盤價、該時段內價格走勢以及收盤價」。左側的小水平線顯示市場開盤時的價格，右邊的小水平線則是時段的結束點。我曾經做過一部解釋條形圖的有趣影片在 https://www.youtube.com/watch?v=RghwgzNgZ64。

漲勢條形圖	跌勢條形圖
最高價	最高價
收盤價	開盤價
開盤價	收盤價
最低價	最低價

圖 16-2：
漲勢和跌勢的
條形圖。

註 1　Bar charts，字面意義亦可為酒吧圖表。另，此處的條形圖並非一般使用的長條圖，而是意義類似於 K 線的條形圖。

» **K 線圖（Candlestick charts）**：K 線圖（Candlestick chart 原意為燭台圖，因為形狀長得像燭台）的意義有點像條形圖，但在開盤價和收盤價之間的區域是彩色的，可清楚顯示該時間段內市場的整體走勢。如果市場在此期間普遍上漲（市場情緒看漲），則該區域通常為綠色（本地為紅色）；如果市場下跌（市場情緒看跌），該區域通常為紅色（本地為綠色）。當然，你可以選擇自訂任何你喜歡的顏色；我通常選擇使用綠色來顯示看漲的市場走勢，用紫色來顯示看跌的市場走勢，K 線圖範例如圖 16-3 所示。K 線圖同樣顯示了資產在某交易時段裡的最低價和最高價。

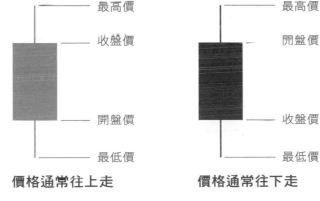

圖 16-3：
K 線圖以燭台形狀顯示整體市場的走勢。

價格通常往上走　　　　　價格通常往下走

© John Wiley & Sons, Inc.

TECHNICAL STUFF

我最喜歡使用 K 線圖的原因，不僅因為它在視覺上最清楚，也因為它是由日本白米商人所發明。我在日本住了七年，對這個國家已有相當的感情，所以我很喜歡任何具有日本血統，或聽起來很日本的東西，例如比特幣的匿名創始人叫做中本聰！雖然沒有人真正知道是誰創造了比特幣，但這位匿名創始人至少假裝自己是一位名叫中本聰的日本人。我們並沒有證據證明比特幣真的是日本人發明的，不過比特幣的最小單位被稱為中本聰，每當我聽到這個單位時，都會覺得很親切。

時間因素

根據投資者類型的差異，我們可以選擇不同時間範圍進行技術分析。舉例來說，如果你是當日沖銷者，並且想利用加密市場的波動獲利時，可研究過去 30 分鐘、1 小時或 4 小時的市場價格 K 線。如果你是長線投資者，並希望市場走勢接近你的買入／賣出「限價單」（到價買或賣的委託單）的設定，你就應該分析過去幾天或幾個月的價格走勢，找到重複的模式和關鍵的心理價格線，這也就是我制定策略的方式。

所有類型的圖表都可以選擇在不同的時間範圍內使用。一小時為單位的折線圖，顯示的是每小時結束時的收盤價；而如圖 16-4 所示，每日的 K 線圖顯示了一天內的開盤價、收盤價、最低價和最高價以及較長時間範圍內的整體市場走勢。此圖所顯示的是在每日 K 線圖表上，繪製出來的以太幣對美元（ETH／USD）價格走勢。

圖 16-4：
以太幣（ETH）／美元（USD）的每日 K 線圖。

資料來源：tradingview.com

心理因素：趨勢

當你研究市場走勢時，可能會開始發現在圖表上有不斷重複出現的形態和價格。這種「重複」與市場心理、群眾對加密貨幣的普遍感受，具有相當大的關聯性。

圖表上最引人注目的形態之一是趨勢（trend），圖表上的趨勢與 Twitter 或時尚界的趨勢無關，但其背後的想法很類似。當你注意到圖表上加密貨幣的價格持續上漲時，這種走勢（movement）代表市場參與者對加密貨幣的感覺良好。大家不斷購買，因而推高它的價格。因此用時尚界的形容就是：加密貨幣正在流行。

你可能聽過一句著名的投資格言：「趨勢是你的朋友」。如果可以及早發現趨勢，便可能利用價格的上漲賺到錢。而當加密貨幣的價格下跌或處於下跌趨勢時，也是如此。如果你及早發現下降的趨勢，就可以先出售你的加密貨幣，並設置限價單（第 17、18 章會詳加解釋），以更低的價格買入更多的加密貨幣。

找出關鍵價位

技術分析的重點，在於確定買入和賣出的「最佳價位」。理想情況下，你希望在可預見的未來，以加密貨幣可能跌到的最低價格購買，接著你想保留這些加密貨幣，並在你希望的時間範圍內，所能達到的最高價格時賣出。在擁有大量歷史數據的成熟市場中，你可以透過發現過去對市場走勢造成某種限制價格的「關鍵價位」（Key Level）來看出這些價格。因此在接下來的內容裡，我將為各位分析這些 K 線圖上的重要位置。

支撐線

支撐線（Support level）是阻止價格繼續走低的屏障。它的位置會維持低於圖表上的目前市場價格。發現支撐線的市場參與者，通常會在該價格位置準備購買加密貨幣。最常用來找到支撐線的方法之一，是研究加密貨幣在圖表上呈現的過去表現。如果某價格位置一直「支撐」著加密貨幣的價格不走低的話，我們可將其標記為支撐線。

如圖 16-5 所示，比特幣的關鍵支撐線之一是 6,000 美元左右。當時的
比特幣價格，亦即在 2017 和 2018 年時，多次在這個心理價位進行測
試，而位在該價位的支撐線每次都阻止了比特幣下跌。

圖 16-5：
比特幣的關
鍵支撐線在
6,000 美元
左右。

資料來源：tradingview.com

注意我說的是「左右」，因為支撐線並不一定是某個具體的數字。儘管
大多數新聞媒體都會說「比特幣跌破 6,000 美元的心理價位關卡」之
類的話，但支撐線通常指的是一個價位區域，而非一個整數價位點。

越考驗支撐線就會越強。但在強勁支撐被打破後，市場情緒很有可能
轉為看跌，並開始一路下跌至下一條支撐線。

壓力線

壓力線（Resistance level）是阻止價格走高的障礙。它會高於圖表上
的目前價格，你可以把它當作加密資產的賣出點。我們可以直接肉眼
辨識圖表上的峰值，找出壓力線。只要高於目前的市場價格，每個峰
值都可被視為壓力線。

請看圖 16-6，了解 2018 年 9 月比特幣交易價格約為 6,620 美元時的
一些主要壓力線。

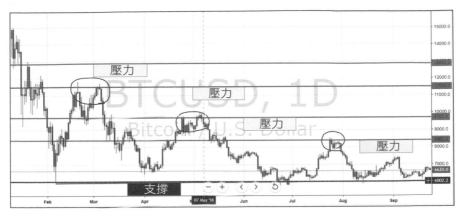

資料來源：tradingview.com

圖 16-6：
2018 年 9 月
比特幣的主要
壓力線。

TIP

我個人更喜歡使用「費布那西回調線」（Fibonacci retracement levels）來判斷支撐線和壓力線。將費布那西數列應用於過去的趨勢時，我們可以立刻看到許多支撐線和壓力線，而不必自己一一找出來。費布那西回調線並不會完全準確，你可能必須對這種應用進行一些嘗試，才能調整到適合自己使用（第 20 章還會詳細解釋如何操作）。

趨勢和通道

我在本章前面解釋過市場心理如何形成趨勢。有些趨勢很容易發現，舉例來說，2017 年 7 至 12 月期間，就是比特幣和許多加密貨幣的極端上升趨勢期，原因是價格持續瘋狂的上漲。當然，無論你是否是投資者，都會被這種強勁的上升趨勢吸引注意力，這點也導致 2018 年崩盤時所謂的加密貨幣泡沫。然而，發現趨勢並非這麼容易。

繪製「趨勢線」（trend line）是一門藝術，而且就像任何類型的藝術一樣，每個人都有自己獨特的觀點。以下是繪製上升趨勢線和下降趨勢線的兩種基本方法：

» 若要繪製上升趨勢線，可以在圖表上偶然發現看漲情勢時，點擊交易平台上的趨勢線工具，然後連結兩個或多個主要谷底（底部），如圖 16-7 所示。

» 同上，要繪製下降趨勢線時，請連接兩個或多個主要峰值（頂部）。

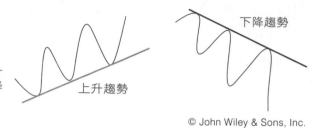

圖 16-7：
如何繪製上升
趨勢線和下降
趨勢線。

如果趨勢線高於目前價格，你可以把它們看成有角度的壓力線。如果該線低於目前價格，則可將其作為支撐線。

TIP

我在這部影片中，以趣味的方式解釋繪製趨勢線的藝術：
https://www.youtube.com/watch?v=aHOnBcnDumQ&t=1s。

如果市場在兩條平行的支撐線和壓力線之間移動怎麼辦？在技術圖表上我們稱這種形態為「通道」（channel）。例如我在第 17 章談到的短線交易策略上，便可使用長通道。舉例來說，最簡單的常用策略是在通道低點買入，在高點賣出。圖 16-8 所顯示的是可以在圖表上看出來的基本通道。

圖 16-8：
通道的基本
形式。

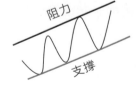

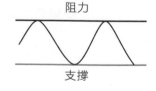

當趨勢不再是你的朋友時

不幸的是，趨勢並不會永遠持續下去，「所有美好的事情都會結束，有升必有降⋯」以及許多其他的老生常談就不提了。確定趨勢結束的確切時間，正是技術分析師最困難的工作之一。通常市場只會突然且短暫的改變方向來嘲笑眾人。許多投資者瞬間恐慌賣出，但隨後價格卻又回到長期趨勢的軌道上。

雖然關鍵支撐線和壓力線可以幫助你預測趨勢何時結束，但你仍必須透過基本面和市場情緒分析（詳見第 9 章）來支持你的觀察。

在圖表上找出模式

技術分析師一直在尋找確定關鍵支撐線和壓力線的方法，然而這項工作並不容易，但圖表的模式（pattern，亦稱形態）仍可協助我們進行觀察。要想成為一位專業的技術圖表師可能需要很長的時間，許多分析師都經過多年的學習，才得到「圖表市場技師」（CMT）之類的學位。不過我們可以介紹一些關鍵圖表模式的重點。

我的教育課程目標就是讓技術分析盡可能簡單有趣，即使對於新手來說也是如此。所以還是那句老話，各位可以到我的投資女王網站，或我的 Youtube 觀看。

看漲反轉形態

當確認「看漲反轉」（bullish reversal）形成時，通常就是表示市場價格的趨勢將從下降趨勢反轉為上升趨勢，也就是把市場反轉為看漲的形態。著名的看漲反轉形態圖表模式（如圖 16-9 所示）包括「雙底」（當價格測試底部支撐線兩次，在支撐線形成兩個谷形，也稱 W 底）、「頭肩底」（當價格測試大約相同的支撐線 3 次）和「碟形底」（當盤整價格逐漸達到關鍵支撐線並逐漸向上移動，形成像碗碟的形狀時）。

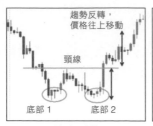
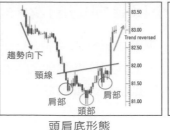
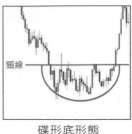

雙底形態　　　　　　　頭肩底形態　　　　　　碟形底形態

圖 16-9：
看漲反轉圖表
模式範例。

© John Wiley & Sons, Inc.

看漲反轉形態的常用交易策略，就是當你看出所謂的「頸線」
（neckline，也就是關鍵壓力線）形態時買入，並在下一個關鍵壓力
線賣出。

看跌反轉形態

顧名思義，看跌反轉形態與看漲反轉形態完全相反。在看跌反轉的情
況下，價格通常會在上升趨勢中遇到阻力，無法繼續上漲。因此，價
格被迫反轉跌入熊市。比較有名的看跌反轉形態（如圖 16-10 所示）
包括「雙頂」（當價格測試關鍵壓力線時，在圖表上形成兩個類似山
峰的形狀）、「頭肩頂」（當價格測試大約三次相同的壓力線，但第二
次走高一點，使其看起來像一個頂峰），以及「碟形頂」（當價格逐漸
達到關鍵壓力線然後逐漸回落時）。

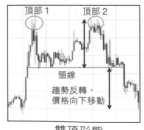

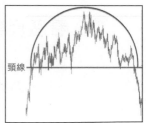

雙頂形態　　　　　　　頭肩頂形態　　　　　　碟形頂形態

圖 16-10：
看跌反轉圖表
模式範例。

John Wiley & Sons, Inc.

TIP

看跌反轉的典型策略包括：

> » 判斷出形態後，把持有資產獲利了結。

> » 在頸線賣空，然後在下一個支撐線獲利了結。

使用移動平均線整理趨勢

如果你覺得價格圖表以及裡面包含的訊息過於複雜的話，相信我，你並不孤單！因此有些擅長此道的投資者和圖表分析師們，經常求助於所謂「移動平均線」（MA）工具，以便更容易看出這些趨勢。

從定義上來看，移動平均線是一種數學的計算，記錄了一系列時間變化下的價格平均值。有很多方法可以計算移動平均線，並根據自己的交易需求來使用。有些是基本的，有些是更複雜的。就個人而言，我喜歡把移動平均線與技術圖表形態，當然還有費布那西回調線一起「混搭」使用。以下將介紹更多關於移動平均線的內容；而在本書第20章也會詳細介紹費布那西回調線的相關內容。

WARNING

你可能已經了解如何分析，腦中也填滿了各種交易訊號和指標。然而加密貨幣市場經常會任性起伏，無視所有設定的規則。這就是為何我們永遠不該只依賴一種分析方法，而應該使用其他工具，以及第9章的 IDDA 分析要點來確認自己的決定。最重要的一點就是：永遠不該投資自己無法承擔損失的金額。

基本移動平均線

在你的交易圖表上，通常可以找到平鋪著 10 到 200 個時間段價格的基本移動平均線（MA）。舉例來說，如果你看的是日線圖，可選擇呈現一系列 15 個數據點的短期移動平均線。這個數字被稱為 15 日移動平均線或「快速移動平均線」。而如果你想看更長期的平均走勢，也可以使用更長的時間，例如 200 日，也就是所謂的「慢速移動平均線」。

REMEMBER

長期均線在捕捉主要大趨勢方面做得更好，短期均線對近期價格走勢更為敏感。技術分析師經常使用各種移動平均線的組合，研究其位置關聯性。

複雜的移動平均線

而像我這樣的技客技術分析師，經常會把均線的實踐提升到更高的水準，亦即使用更複雜的移動平均線組合，以便更仔細的了解市場情緒。以下是我經常使用的複雜均線分析，一般金融投資網站都可直接觀看這些分析圖表：

» **移動平均線收斂發散度（MACD）**：MACD 是顯示短期移動平均線和長期移動平均線之間差異的指標，簡單的說，MACD 就是判斷長期與短期移動平均線到底是收斂或發散的徵兆，藉以決定買賣股票的時機與訊號。

» **布林通道（Bollinger Bands）**：由布林格先生在 1980 年代創立，該指標包括高於和低於市場價格的兩個區間。簡單的說，就是將平均線納入平均值、標準差的概念之後，找出市場價格的突破點、反轉點。

» **相對強度指數（RSI）**：RSI 是一種股價動態的指標比值，用來衡量某時間區段內，加密貨幣價格相對於自身平均價格的強度。簡單的說，就是由「平均漲幅」與「平均跌幅」所計算出來的數值，可用來看出觀測時段內的價格強弱指標。

» **一目均衡表（Ichimoku Kinko Hyo）**：這是我個人最喜歡的分析圖表；它是由五個相互疊加的不同移動平均線所組成。可以一次性提供所有需要了解的訊息（日文原意是「一目了然的查看圖表」，因而得名，在第 20 章還會詳細解釋）。

Chapter **17**

短線交易策略

首先要說明的是：我並不是短線交易的忠實擁護者，這有點像是一種個性上的問題。有些交易者喜歡短線交易的冒險，或投機交易產生的快感而感到興奮，我覺得投機交易很累，所以比較喜歡長線投資，讓我晚上比較可以睡的安穩，放著讓市場自己運作（第 18 章會介紹長線投資的策略）。

話雖如此，有很多學生都會向我徵詢短線交易的策略，作為一位優秀的老師，我當然也會回答他們。因此在本章中，我將介紹一些制定短線策略的方法，這些方法對我的學生也都很有效。雖然短線交易的基礎，在各種不同資產的投資上都大同小異，不過在加密貨幣交易市場上，還必須考慮一些額外的步驟，來增加對你有利的機率。

分成三個短期的時間框架

短線交易也可以稱為「激進交易」（aggressive trading），因為你等於冒著更大的風險，希望獲得更多的利潤。如同我在第 3 章所說，任何

類型的投資都需要在「風險」和「投資報酬率」之間不斷的考量與權衡得失。為了獲得更多回報，就必須承擔更多風險。當你想在短期內賺錢時，就必須做好心理準備，尤其是在像加密貨幣這樣動盪的市場中，更可能會在這段短時間內，失去你的投資部位（甚至倒賠更多！）。

短線交易本身可以根據你實現利潤的速度（小時、天或週）分為不同的時段類別。一般來說，交易時間越短，交易涉及的風險就越高。以下將說明三種最常見的加密貨幣短線交易時間框架。

在幾小時內獲利

如果你想知道「當日沖銷者」（Day trader）的工作，大概就是這樣的說法！「當日沖銷」（Day trading）屬於相當積極的短線交易形式。他們的目標是在一天內買賣加密貨幣，並在上床睡覺之前獲利了結。在美國的股票市場等傳統市場中，交易日通常在當地時間下午 4:30 結束。然而加密貨幣市場是 24 小時無休運行，因此你可能要配合自己的日程安排，來定義自己一天的當日沖銷交易時段。感覺很緊湊對吧？不過這種高強度的操作過程，等於讓身上背負著重責大任，因為你總不希望一天就輸個精光，讓老婆對你發一頓脾氣吧。

所以首先請自問以下這些問題，以確定加密貨幣的當日沖銷策略是否確實適合你：

> » 你有時間專注於當日沖銷嗎？如果你已經有一份全職工作，而且無法整天盯著螢幕的話，那麼當日沖銷可能並不適合你。請確保自己不會利用上班時間進行交易！因為你可能會被解僱，也無法將所需的時間和精力投入到交易中，這就像一根蠟燭兩頭燒的情況。

> » 你是否有足夠的風險承受能力來進行當日沖銷？請查看第 3 章，了解有關風險管理的相關內容，並計算自己的風險承受能力。

> » 即使你的經濟能力足夠承受當日沖銷的潛在虧損，但你真的願意這樣做嗎？看到你的投資組合每天的上下波動，是否還有胃口吃得下飯？如果不行的話，也許當日沖銷並不適合你。

如果你已經下定決心，認為當日沖銷確實是適合自己的加密貨幣交易路線的話，以下是在開始當日沖銷之前，必須牢記的一些重點提示。

定義加密貨幣交易時段

由於加密貨幣在國際上的交易沒有國界限制，因此定義交易日的方法之一，就是透過世界金融首都的交易時段來定義，例如以紐約、東京、歐元區（也就是官方貨幣為歐元的歐洲國家）和雪梨等地區的交易時段。圖 17-1 所顯示的是這些地區的市場交易時段，這種方法類似於外匯市場的交易時段。

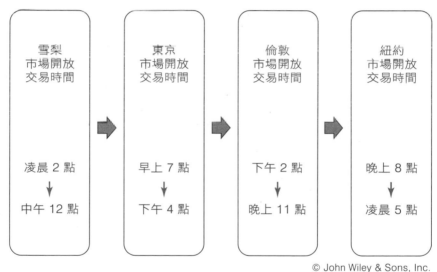

圖 17-1：
基於國際時區的加密貨幣交易時段。註 1

© John Wiley & Sons, Inc.

TIP

如果你打算交易的加密貨幣幣種，在某個時段範圍內具有較高的交易量或波動性時，這些時段可能提供更好的交易機會。舉例來說，基於中國的加密貨幣如 NEO 幣，在亞洲時段（例如東京市場開放交易時間內）可能會看到更多的交易量。

註 1　已將原文版的美東時間（EST）換算成本地時間（UTC +8）。

加密貨幣當日沖銷的玩法跟其他資產的當沖有所不同

當日沖銷股票或外匯等傳統金融資產時，你有可以遵循的基本市場推動事件，例如公司即將發布的收益報告，或者是國家新公布的利率決定等。在多數情況下，加密貨幣市場並沒有如此成熟的風險事件行事曆可參考。這就是為何以基本面分析（詳見第 9 章）制定的當日沖銷策略，對加密貨幣市場來說要困難得多。

預留時間

根據每個人每日的行程安排不同，你可能必須考慮安排一天當中的特定時間，用來專注於你的加密貨幣交易。從理論上來看，能夠全天無休交易的想法當然很酷，讓你可以在睡不著的夜裡，爬起來打開你的交易應用程式並開始交易。然而當你開始因為交易成敗而失眠時，這種交易上的靈活性很可能適得其反。不論是在日間交易或夜間交易，在交易時段裡保持警惕非常重要，因為你需要在整個交易時段內，多次制定策略、判斷交易機會並管理風險。事實上對許多人來說，擁有清楚確定的紀律，才能有所回報。

先從小額交易開始

當日沖銷涉及到許多風險。因此在充分掌握訣竅之前，請先從「少量資金」開始，然後隨著經驗的累積逐漸增加投入的資金。有些經紀商甚至只要最低 50 美元，就能開始進行交易。

開始進行小額交易時，請勿使用「保證金」或「槓桿」的方式增加你的交易能力。一般認為可以「以小博大」的槓桿，其實是極具風險的工具之一，它讓你利用從經紀商借來資金的「放大」方式，以少量的初始投資，就能管理更大的投資部位。如果你打算從小額交易開始測試投資策略的話，使用槓桿絕對無法實現這樣的目標。

不要冒太大風險

根據 Investopedia 網站的報導，大多數成功的當日沖銷者，不會在每筆交易裡投入大部分資金，而是最多只投入 2%。也就是說，如果你有一個 10,000 美元的交易帳戶，並且願意在每筆交易中承擔 1% 的資本風險，那麼每筆交易的最大損失就是 100 美元（0.01 × 10,000 美元）。因此，你必須先為可能的潛在交易損失預留後路，你所承擔的風險才不會超出承受能力。

保護加密錢包

當日沖銷加密貨幣的主要問題之一，就是你必須保護好自己的加密錢包。我在第 7 章說過，最不安全的加密貨幣錢包就是「線上錢包」。然而由於你在整個交易日時段內，都需要用到手上的資產，所以你可能別無選擇，只能將資產留在交易所的線上錢包中，反而可能讓你面對駭客入侵的風險。

增強錢包安全性的方法之一，就是不要實際買賣加密貨幣，而是透過提供此類服務的經紀商，來推測價格行為和加密市場走勢（即我在第 6 章介紹的內容）。

遠離「剝頭皮」交易

「剝頭皮」（Scalping）註2 是交易者所能選擇的最短線交易策略。這種策略表示相當頻繁進出的交易方式，有時買賣甚至只經過幾秒鐘。由於每筆交易都需支付交易手續費，所以你除了在剝頭皮時承受巨大的市場變動風險之外，還可能在獲得任何利潤之前，就被這些交易手續費用吃掉獲利。個人交易者很少能透過剝頭皮策略獲利，不過如果你是巨額交易帳戶，可以談到較好的手續費折扣的話，情況可能會有所不同。

註 2　例如在高價移動平均線與低價移動平均線的通道稍有上升時，就立刻進行短線交易的策略；也就是從市場中的小幅價格變動中獲利。

幾日內盈利

如果你想進行短線交易，但又不想一直盯著電腦的話，這種交易的時間範圍可能比較適合你。在傳統交易中，持倉過夜（未在當天賣掉）的交易者被歸類為「波段交易者」（swing traders）。對於波段交易者來說，最常見的交易策略便是「區間交易」（range trading），也就是在這種交易中，你並非順著漲跌趨勢進行交易，而是找出價格在兩個範圍內上下波動的加密貨幣。如圖 17-2 所示，其想法是在區間底部買入並在頂部賣出。如果你使用的是可以「放空」（short-selling）服務的經紀商時，你也可以選擇另一個方向（作為空方）進行交易。

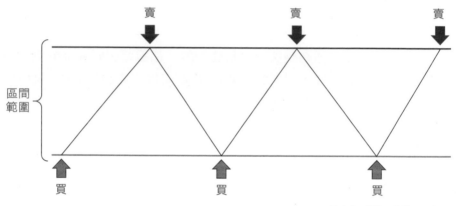

圖 17-2：
一種簡化的區間交易策略。

© John Wiley & Sons, Inc.

當然在實際交易中，這些價格範圍並不像圖 17-2 所看到的如此簡單乾淨。若要確定一個區間範圍，就必須精通技術分析，利用一些技術圖表模式（詳見第 16 章）和指標數字，幫助你確定一個交易的區間範圍。各位可以利用我們教過的各種技術分析圖表來判斷，也可以到我的網站或 Youtube 觀看更多關於技術分析的教學內容。

REMEMBER

選擇波段交易而非當日沖銷，最明顯的缺點就是可能無法獲得某些國家為當日沖銷者創建的優化稅率（例如台股當日沖銷證交稅減半）。事實上就美國而言，波段交易處於稅收的灰色地帶，因為如果持有超過一年（長線投資；詳見第 18 章），可以獲得額外的稅率優惠（有關稅收優化的更多內容，在第 21 章還會詳談）。

如果你交易的是加密貨幣市場走勢（例如期貨），在沒有實際購買的情況下，請確保不會為「持倉過夜」支付大量利息（一般稱隔夜費，亦即沒有當天平倉，留倉隔夜可能收取的利息或費用）。在制定波段交易策略之前，請先諮詢你的經紀商，或上網查看各家費用，選擇適合自己交易週期的經紀商。

幾週內盈利

這個時間框架屬於傳統市場中的「部位交易」（position trading，又稱頭寸交易）類別，也就是「比長線投資策略短，但比當日沖銷長」。這種類型的短線交易，被認為是風險最小的短線交易形式，但當然仍有一定風險。

對於這種類型的交易，可以藉由判斷市場趨勢在價格觸及壓力或支撐線前，將向上或向下移動來進行交易。「壓力線」是阻止價格走高的市場心理障礙，「支撐線」則相反，是市場難以跌破的價格（詳見第16章）。

由於要持有部位放著幾週的時間，必須將加密貨幣資產存在交易所的線上錢包中，這點同樣也會給你帶來額外的安全風險（詳見第7章）。因此在使用這類交易策略時，最好找提供價格投機服務（交易合約而非實物）的經紀商，這樣你就不必持有加密貨幣。

比較常用的部位交易策略包括以下幾種，如圖 17-3 所示：

>> 判斷趨勢（使用技術分析）。

>> 等待拉回。

>> 在上升趨勢中的拉回處買入。

>> 在壓力線賣出，獲利了結。

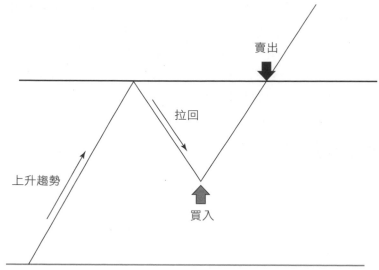

圖 17-3：
在市場呈上
升趨勢的拉
回時買入，
在壓力線處
獲利了結。

賣出

拉回

上升趨勢

買入

© John Wiley & Sons, Inc.

TIP

我經常在教學群組的課程裡使用「一目均衡表 + 費布那西回調線」的組合，為大家提供部位交易的策略，這部分將在第 20 章討論。

嘗試短線分析法

你不可能只靠閱讀財經新聞，就能成為一位成功的短線交易者。短線交易是一門藝術，它結合主動風險管理、群眾心理和價格行為方面的深刻理解，其內容可能超出本書所談的加密貨幣交易範圍。此外，加密貨幣市場並不像其他市場如此成熟，因此短線交易加密貨幣的風險可能更高。你可以把短線交易加密貨幣這件事，比喻為有點像是在交易低價水餃股或賭博，因為它們幾乎都是很容易賠錢的投資方式。無論如何，以下將介紹一些具有大型帳戶、高風險承受能力的專業交易者們，所使用的短線分析法。

WARNING

根據 Medium.com 的報導，加密貨幣市場的當日沖銷，雖然可以為某些投資者帶來 1 至 2% 的利潤，但他們卻會在其他兌換或交易費用上造成虧損。因此對於大多數投資人來說，加密市場的當日沖銷一直是一場零和遊戲（zero-sum，贏了一邊卻輸了另一邊）。

解讀圖表形態

我談到的大多數圖表形態分析,都可以應用在短線交易(詳見第 16章)以及中長線的交易策略(詳見第 18 章),你只要把圖表分析設為所需的時間範圍即可。在制定交易策略時,我通常會檢查三個不同的時間框架:如果我想在分析市場時更快獲利了結的話,會看三個比較短的時間框架;舉例來說,如果希望在幾小時內獲利,可分析以下三個時間範圍內的價格走勢:

» 30 分鐘 K 線圖(了解市場情緒)。

» 60 分鐘 K 線圖。

» 4 小時 K 線圖(了解大局)。

如果你在這三個時間框架中,都看到了不同形式的「看漲反轉」圖表形態時(詳見第 16 章),就相當可能是市場新上升趨勢的開始,如此就能引導我們成功採用看漲交易策略。以下所顯示的是比特幣 / 美元的範例,也就是 2018 年 9 月 5 日當時的美元(BTC / USD)加密貨幣 / 法定貨幣對圖表形態。

TIP

我所使用的分析圖表來自 tradingview 網站,他們提供許多技術分析工具和可自訂的圖表。

30 分鐘 K 線圖

當你正在查看 30 分鐘 K 線圖時,在當天上午 9:30 你突然看到大幅下跌的情勢,也就是比特幣的價格從大約 7,380 美元跌至 7,111 美元,如圖 17-4 所示。這種形態在技術分析師口中被稱為「看跌吞沒」的 K線形態(圖右超長黑 K)。你必須判斷這是否是新一輪下跌的開始?

圖 17-4：
2018 年 9 月
5 日 BTC /
USD 30 分鐘
K 線圖。

看跌吞沒 K 線形態

資料來源：tradingview.com

60 分鐘 K 線圖

從 30 分鐘 K 線圖切換到 60 分鐘 K 線圖時，我們可以看到同樣下跌
的長黑 K（如圖 17-5 所示）。由於現在看到的是更大時間範圍的分析
圖表，因此我們發現這次的下跌是在市場經歷了一段上升趨勢之後，
這很可能是上升趨勢裡拉回調整的訊號。但是這次能走多低呢？

看跌吞沒
K 線形態

圖 17-5：
2018 年 9 月
5 日的 BTC /
USD 60 分鐘
K 線圖。

資料來源：tradingview.com

4 小時 K 線圖

透過從 60 分鐘 K 線圖切換到 4 小時 K 線圖後，我們發現看跌吞沒的
形態，來自 8 月中旬以來一直在上漲的更長上升趨勢中。因此在觀察
4 小時 K 線圖後，我們可以確定關鍵支撐線為 6,890 美元和 6,720 美
元，價格可以在這個新的看跌市場情緒中拉回。在圖 17-6 中，我使用
了費布那西回調線，更準確的判斷關鍵價位（第 20 章將會討論更多
關於費布那西回調線的內容）。

因此根據技術分析的導引，我們可以預期在這次突然下跌之後會出現
一些修正，而且可能會進一步下跌至 4 小時 K 線圖上的關鍵支撐價
位。如此分析之後，潛在的交易想法，可能是在修正此時先以市價賣
出（放空），然後在一個或兩個支撐線處獲利（買回）。

圖 17-6：
2018 年 9 月
5 日 BTC /
USD 4 小時
K 線圖。

資料來源：tradingview.com

當市場突然下跌後，有時市場會在繼續進一步下跌前進行修正。通常
市場會自行修正至關鍵的樞軸點（pivot point，也就是如果價格跌破
或高於這一點，趨勢便會改變，價格就可能往下一條支撐線或壓力
線前進）。就本圖的情況來看，是在 23% 費布那西回調線，也就是
7,090 美元處。而等待修正的回報，就是在於我們可以用更高的價格
賣空，來賺取更多的獲利。風險則在於市場可能不會自我修正而一路

下跌，所以你也可能會因太早買回而錯過好價位。就我個人而言，如果我認為市場真的會轉為看跌情緒時，我會以市場價格先賣出一些，並在關鍵樞軸點設置「限價賣單」，以防止市場在進一步下跌之前，還自我往上修正了一大段。因此，這種操作方式可以讓你分散風險。限價賣單就是在經紀商平台設置的交易委託單，也就是設定特定價格，在未來到價時出售。

由於想要短線獲利了結，因此我會考慮在市場下跌到關鍵支撐線 38% 和 50% 費布那西回調線處，設置限價買單。在此範例中，我的目標是在 6,890 美元左右提取部分獲利，然後在 6,720 美元處完全退出交易。同樣的情況，如果市場繼續下跌，這樣的操作方式也可能會限制我的收益，不過如果價格沒有跌至第二條關鍵支撐線那麼低的話，它也可以控制住我的風險。也就是說，它可以給我一定比例的控制風險與適當報酬。圖 17-7 所顯示的是後來市場的實際表現圖表。

圖 17-7：
BTC / USD
4 小時 K 線
圖策略表現。

資料來源：tradingview.com

REMEMBER

當然在我看來，安全總比後悔好。這就是為什麼我總是建議我的學生在制定策略時，千萬不要貪心。

當時的 BTC／USD 價格確實有所修正，但並沒有達到 23% 的費布那西回調線。因此，如果你只是等待修正賣出，將錯失交易機會。市場也確實跌至關鍵支撐線 38% 和 50% 斐波納契回調線。如果你有先以市場價格賣出的話，可在兩個關鍵支撐線獲利。從另一方面看，價格確實繼續跌破了 50% 費布那西回調線，這也就代表你真的失去了投資報酬率最大化的機會。

使用技術指標

另一種常用的技術分析法，是使用相對強度指數（RSI）、布林通道（BOL）和一日均衡表（ICH）等技術指標。我把這些指標稱為「美容套裝元素」。因為把它們添加到分析圖表後，就可以讓這些線圖更加美化，並且能突出重要的特徵，就像在臉上化妝一樣！

這些指標是由技術分析師經過多年開發出來的「數學」工具，可以幫助我們預測市場的未來價格走勢。除了 K 線圖等圖表模式之外，也可以使用這些指標來獲得更準確的分析。不過在這種短線交易中，很多短線交易者只使用一、兩種技術指標，而比較不注意圖表的形態。事實上，你可以在短線交易中，只用一種指標來創建完整的交易策略（各位可以翻回第 16 章複習這些指標的說明）。如果要進一步了解我的「一目均衡表＋費布那西回調線」組合策略，請查看本書第 20 章，也可參考我的著作《Ichimoku Secrets》（暫譯：一目均衡表的祕密）。

杜絕非法拉高出貨

想成為一位加密貨幣交易者，必須了解那些操縱市場、獲取高額利潤，並讓其他人輸到脫褲的非法活動，到底如何發生？例如當一群人或一個有影響力的大戶，為自己的利益而操縱市場價格時，就會出現「拉高出貨」（pump-and-dump）的欺詐行為。舉例來說，這是一件表面上看起來並未違法的事，有一位名叫喬，極具市場影響力的人，在電視上說：「我認為比特幣明天將會達到 60,000 美元」，而在此之前，他已經事先安排交易大量比特幣的買賣策略。於是，當他的猜測

登上新聞的那一刻,其他正在看電視的人都會興奮起來,並根據他的建議開始購買比特幣。新聞炒作有助於比特幣的價格上漲,讓喬的策略得以進行。因此在市場上的其他人上車之後,喬立刻高價拋售(出貨)他的比特幣,獲得大量利潤,比特幣的價格也因此立刻暴跌。

任何交易市場,都可能發生拉高出貨的情況,但至少在股票等傳統市場上,美國證券交易委員會(SEC)積極的追捕這些騙市哄抬者,但在加密貨幣市場的法規上則尚未完備。根據《華爾街日報》發表的一項研究顯示,有幾十個交易集團在幾家最大的線上交易所操縱加密貨幣價格,在 2018 年 2 至 8 月期間,至少攫取了 8.25 億美元的非法獲利。

另一方面,已經有像 https://pumpdump.coincheckup.com/ 這樣的網站,持續追蹤在五分鐘內突然飆升超過 5% 的加密貨幣,協助交易者看出市場裡潛在的拉高和出貨的可疑走勢。

管理短線交易風險

短線交易的風險管理,可能與中長線的投資完全不同。為了避免短線交易的帳戶發生重大損失,我們必須更積極的讓風險與報酬達成平衡,「停損單」就是你可以考慮的一種作法。

停損單等於是你告訴經紀商「停損」(stop-loss),立刻讓你平倉(賣出或沖銷掉現有的投資)的價格。舉例來說,假設你認為比特幣將在下一小時內從 6,000 美元上漲至 6,100 美元,因此你現價買入頭寸。但結果卻相反,比特幣開始跌破 6,000 美元,讓你的買單處於虧損狀態。為了避免損失過多資金,你可以將停損單設為 5,950 美元,也就是將風險與報酬率,設定為對自己可以承擔的風險額度的價位,超過就會自動停損。

認識我的人都知道，我在長線投資時不會使用停損。而如同許多交易者所說的，進行短線交易而不使用停損的話，可能會讓你的帳戶被澈底清空。

如果你不是全職交易者的話，在中長期交易中，使用停損會比不使用的風險更大。在加密貨幣交易中使用停損之前，請確保你完全清楚自己的交易目標和風險承受能力。

計算風險報酬率（risk-reward ratio）簡單的方法是將「預估的淨利潤（報酬）除上你願意承擔的最大風險的價格」。舉例來說，1:2 的風險報酬率，就等於你願意承擔可能賠掉 100 美元的風險，賺取可能的 200 美元報酬。但在你了解自己可以承擔多少風險之前，必須先計算自己的風險承受能力，也就是第 3 章討論的內容。

Chapter **18**

長線投資策略

各 位知道第一批比特幣投資者，等了多久才能看到任何可能的回
報嗎？他們等了七年左右。當時一些比特幣礦工和早期投資
者，可能都已經忘記他們擁有過這些加密資產，在 2017 年比特幣大
漲的泡沫時期，急著尋找自己的比特幣錢包。

加密貨幣投資的關鍵跟其他市場一樣，「時間和耐心」可以成為你最
好的朋友。當然你依舊需要根據自己的風險承受能力和財務目標，小
心制定投資策略才能長期獲利。因此，本章的內容將介紹加密貨幣
「長線投資」的基礎知識。

時間站在你這邊：長線投資入門

談到長線投資策略時，我是把加密貨幣視為資產，就像任何其他類
型的金融投資一樣，因此你需要創建一個符合風險承受能力和財務
目標的「投資組合」。你可以先檢視自己建構加密投資組合的各種條
件（包括第 3 章的風險管理），然後使用這些條件來制定完整的計畫

（包括我在第 8 章介紹的，在各種類別中分配不同類型的加密貨幣資產）。在接下來的內容中，我將深入探討在開始進行投資組合管理時，必須牢記的幾件事。

你的個人目標和目前狀況

在長期管理你的投資組合時，應該考慮各種問題，其中的風險和報酬因素，是我在第 3 章介紹過比較顯而易見的因素。然而涉及到加密貨幣等風險資產的長線投資時，你的考量必須更加深入，以下是應先自我提問的問題：

>> 你現在的收入規模如何，以後還會增加嗎？

>> 你將來可能會換工作嗎？目前的工作穩定嗎？

>> 你現在的婚姻狀況如何？有小孩嗎？你認為自己在五年後的情況又會如何？

>> 你有任何投資經驗嗎？

>> 你是否有股票或房地產方面等任何其他投資？你的整體投資組合是否足夠多元化？

這些問題聽起來可能有點陳腔濫調，而且你可能已經在心中做好決定，但是長線投資是一種邏輯思考的過程，因此仔細寫下你個人目標和條件等各項最基本元素，一定可以帶來好處。當你依此評估自己的財務狀況和目標後，能夠更了解該如何制定加密投資組合。你的需求甚至能決定你將選擇的投資途徑。

舉例來說，如果你已經退休，而且未來的生活完全要靠這項投資組合時，可能就不適合做太多加密貨幣的長線投資。因為你需要考慮的是其他風險較低、且以「經常收入」（current income）為導向的作法。然而如果你還很年輕，願意在投資上冒險，並且希望獲得較高的報酬時，你甚至可以考慮我在第 17 章介紹的短線交易策略。就我個人而言，我有一份穩定工作、已婚、有一個小孩。我從 2017 年開始，將

15% 的投資組合，分配到加密貨幣的長期投資上，並隨著市場下跌逐漸加碼。然而對於我父母的投資建議上，我卻選擇告訴他們不同的做法，因為他們已經退休，需要經常收入的部分才能生活下去。所以我在 2018 年時，建議他們只把 5% 的積蓄分配給加密貨幣，目標放在未來幾年才實現資本收益（即將加密貨幣在投資組合占的比重降低）。

總而言之，請根據以下的「變量」，依照需求來建構投資組合：

>> 你目前的收入。

>> 你的年齡。

>> 你的家庭人數。

>> 你的風險偏好。

風險管理和計算風險承受能力，請再次複習第 3 章。

投資組合目標

評估個人目標和生活狀況，可以讓你離制定自己的投資組合更近一步。通常在建立長線的投資組合時，必須考慮以下的目標：

>> **產生經常收入**：這類投資可以用來應付定期支付的款項（生活開銷之類），不過它們比較不可能是高投資報酬率的項目。

>> **保本**：這種低風險、保守的投資策略，可以換來少量穩定的投資回報。

>> **資本成長**：若要專注於資本的成長，就必須提高風險承受能力，並在投資組合中減少基於經常收入的投資比重。

>> **減稅**：如果你的收入處於高稅率範圍，可考慮會產生資本收益的投資組合。如果你的稅級較低，「遞延納稅」（defer taxes，第 21 章會詳細解釋）並獲得高投資報酬的動機就降低了，因此，具有較高流動收入資產的投資組合，可能會較適合你。

>> **管理風險**：你當然應該在思考目標的同時，把風險管理加入投資決策的考量中。

投資組合目標會與你的個人目標、其他投資等，整個關聯在一起。舉例來說，「經常收入」和「保本」，對於風險承受能力低且性格保守的人來說，就是很好的投資組合目標。而如果你具有中等風險承受能力，並且不太依賴這些投資來獲得經常收入的話（例如你有穩定的工作），可以選擇「資本成長」作為投資組合目標。還有，包括美國在內的許多國家／地區，「稅收」也會在投資目標中扮演重要作用。舉例來說，如果你的收入處於高稅率範圍內，專注於資本收益可能會是更好的選擇，因為你可以遞延納稅。最後但同樣重要的，無論是短、中、長線的投資策略，都應該將風險管理納入你的投資組合策略中。

時間和加密貨幣的關聯：世界聞名的披薩

要真正了解時間對持有資產的重要性，請參考以下這個真實故事。2010 年 5 月 22 日，一位名叫拉茲洛·漢耶茨（Laszlo Hanyecz）的比特幣礦工（本身是一位程式設計師），從「棒！約翰」（Papa John's）餐廳買了兩個大披薩，一共花了（請暫停呼吸....）10,000 個比特幣！也就是說，這 10,000 個比特幣在當時的價值大約 30 美元。這筆交易也被認為是歷史上第一次有人使用比特幣，購買到實際具有價值的東西。他在當時流行的比特幣論壇 Bitcoin Talk 上，發布這則購買披薩的訊息，你可以在這裡看到這項歷史的奇蹟：https://bitcointalk.org/index.php?topic=137.0

一直到了 2018 年 5 月 22 日，也就是 8 年後第一次比特幣大漲時，他支付兩個大披薩所用的比特幣價值，相當於 8,370 萬美元，一個披薩大約等於 4,200 萬美元。因此現在每年的 5 月 22 日，就被戲稱為「比特幣披薩日」（Bitcoin Pizza Day）。

這個故事的的意義，在於每次你對加密貨幣的長線投資感到不耐煩時，請記住那位可憐的拉茲洛·漢耶茨，在每年比特幣披薩日懊惱不已的表情。他知道如果只是放著這些比特幣不動個幾年，而非想要得到那兩個披薩的一時滿足，他應該就能成為千萬富翁了。

制定長期策略

任何一種投資都可以用四個字來概括：賣高買低。當然沒有人能每次都做到完美，尤其在加密貨幣方面，其市場仍在測試各個新的心理價格點，因此預測其高點和低點，可能會比其他投資來得困難。以下將介紹我用來拓展長期加密貨幣投資組合的一些方法。

觀察心理關卡

2018 年時，加密市場仍然不夠成熟，無法進行澈底的長期技術分析。而且除了比特幣之外，許多加密貨幣都還很新，甚至還無法在交易圖表上形成一個完整的週期。但隨著時間經過，一些重要的心理支撐線和壓力線已經開始形成。我從中發現費布那西回調線（詳見第 20章）對於判斷這些重要線條非常有用，而且對於較新的加密貨幣也是如此。

心理關卡線條之所以出現在加密市場的原因，可能是因為許多加密貨幣投資者正在使用「傳統」的技術分析方法（詳見第 16 章），制定他們的加密貨幣投資策略。如此一來，我們可以預期加密市場的群眾心理會在更長的時間範圍內（例如每週和每月）的圖表上，形成與其他市場（例如股票和外匯市場）類似的圖表模式。群眾心理等於是市場上賣家（空頭）和買家（多頭）之間的持續拉扯，所導致的資產價格變動。這些重要的心理支撐線和壓力線，就等於市場上熊市和牛市的強弱區隔點，亦即價格難以突破的地板和屋頂。

你可以在我的網站跟 Youtube 頻道，找到許多關於投資群眾心理的內容。

確定心理關卡線條的關鍵位置後，可用它們來根據你目前的投資組合、風險承受能力和財務目標，制定不同類型的策略，以下是一些範例：

>> 在關鍵支撐線買入，在關鍵壓力線賣出。

>> 以目前市場價格買入並在關鍵壓力線賣出。

>> 當價格達到關鍵壓力線時，等待拉回買入更低的價格，然後在下一次抵達關鍵壓力線時賣出。

>> 在關鍵支撐線買入並長期持有。

你可以使用第 16、20 章的技術分析，為自己的投資策略確定支撐線和壓力線的位置。

達到目標價時賣出

加密貨幣的價格在達到關鍵壓力線後，非常可能會不斷持續走高，然而你想等多久？你要選擇哪一條壓力線？判斷壓力線對你的財務目標是否有意義呢？實現投資策略比較「實際」的方法之一，就是很單純的，在達到投資目標時賣出（你可以用我們討論過的限價賣單來做到這點）。這裡唯一的重點就是不要在賣出後「後悔」自己的決定，即使賣出後價格繼續飆漲也一樣。

賣出後市場當然可能會繼續上漲，但請不要讓情緒控制你的買賣策略。如果你需要這筆獲利，而且也已經實現了你的投資目標的話，就沒有理由後悔太早出售。如果市場發生任何新變動的話，你仍然可以透過全新的投資策略重返市場。

牢記稅務方面的影響

稅法經常變化，不同國家的稅法也不盡相同。然而在大多數情況下，各種稅收都會影響到任何投資行為。在加密貨幣經典時期的 2018 年時，美國稅法規定超過資本收益的資本損失最多可以抵銷 3,000 美元，而且可以在任何一年內沖銷其他收入。也就是說，如果你在一項投資中有虧損部位，並且認為「認賠賣出」才是明智之舉的話，那麼最好的出售時機就是當你獲得資本收益時，可利用這次的虧損來抵銷稅金。

因此，在開始投資前，你必須了解所在國家／地區的基本稅收知識。
第 21 章將會討論制定投資決策之前，如何考量稅金與繳法的內容。

考慮限價單和停損單

加密貨幣交易所和經紀商，都可讓你用各種類型的交易委託單來買賣
加密貨幣。大多數活躍交易者使用市場委託單時，會想要以最佳可能
價格來買入或賣出。而長線投資者可以使用其他類型的委託單，例如
限價單（limit order）和停損單（stop-loss order）。

長線投資者如果遇到必須立刻做出投資決策的情況時，也可以在不尋
常的情況下使用市價單（market order）交易。市價單通常會以接近目
前市價的價格快速成交。

在加密貨幣這類經常上下震盪的市場中，使用市價單有時會有風險。
因為加密貨幣的價格，很可能會在幾秒鐘內下跌或飆升。如果你剛好
在這些時間點下使用市價單時，很可能會被市價單所執行的實際價格
妨礙而買不到或賣不掉，這也就是為什麼使用限價單會比使用市價單
更安全的原因。

限價單

限價單是一種交易的指令，讓你以自訂價格買入或賣出。舉例來說，
如果目前比特幣市場價格為 6,434 美元，你認為價格還可能繼續下
跌，就可以設置買入的限價單在 6,000 美元，甚至低於該價位時執行
買入。

然後，你可以設置賣出的限價單，以在達到投資目標的價格點時賣出
獲利（例如 7,000 美元賣出）。我非常喜歡使用限價單，因為它們可
以讓我在市場正常運行時，安穩過我自己的生活，不必太擔心目前的
加密貨幣價格。

REMEMBER

在限價單下單之前，請務必仔細檢查你的限價單。確保限價買入委託單價格沒有高於目前市場價格，或是你的限價賣出委託單不低於目前市場價格。如果你在設置限價單時出錯（真的會發生），傳統經紀商的交易程式通常會發出警告。然而在撰寫本書時，大多數加密貨幣交易所並不提供這樣的禮遇，就我個人而言，我就是那種因粗心設置遠高於目前市場價格的限價買單下的受害者，而且交易所並未發出任何警告，立刻就完成交易，使我蒙受損失。

跟其他交易市場一樣，加密貨幣的限價單也可以選擇不同的有效期限。最常見的類型是「取消前有效」（GTC，good 'til cancelled）和「立即全數成交否則取消單」（FOK，fill-or-kill）：

>> 取消前有效（GTC）限價單：通常有效期為六個月。如果在該時間範圍內未能執行，你的經紀商／交易所可能就會取消該委託單。如果你仍想保持該委託單有效的話，可能就必須在六個月後續簽。

>> 如果沒有立即執行，則取消執行或終止限價單（FOK）。如同其字面意義，因此可能更適合短線交易策略（本地一般定義 FOK 為「立即全部成交否則全部取消」）。

交易平台所提供的其他類型限價單，還包括「有效期限」限價單（委託單在你選擇的「特定時間」之前一直有效），和「立即交易或取消」限價單（如果未能立即執行該委託單，則委託單將被取消）。因此，你不但可以為加密貨幣設置多個限價單，還可以選擇只購買非整數的加密貨幣（尤其是在比特幣之類的加密貨幣，已經變得如此昂貴時）。舉例來說，在我的某個加密貨幣交易帳戶上，我設置了比特幣兌美元（BTC／USD）的買入限價單，當價格達到 6,000 美元時購買 0.4 個比特幣。而在整個委託單表上，我還加了一個很好用的「取消前有效（GTC）限價單」，設定以 5,851 美元的價格購買 0.2 個比特幣（就是萬一跌更低時再買一點來補償）。透過設置多個限價單，可減少錯過行情的風險，避免全部壓在同一個價格上。

停損單

你可以使用停損單來限制加密貨幣下跌時的損失風險。停損基本上是限價單的一種形式（參考上一節），也就是要求經紀商平倉，而以特定價格承擔損失。我不是停損的忠實擁護者，但對於一些投資者來說，在市場快速下跌的情況下，儘速縮短損失也有其道理。而如同限價單一樣，停損單也可分成不同的類型，例如取消前有效（GTC）停損單。

WARNING

像加密貨幣這樣的波動性市場，通常從低點反彈的速度和從高點下跌的速度一樣快。這就是為何使用停損單很可能會過早平倉，錯失潛在的收益。如果你想使用停損單，就必須仔細分析市場，好為停損選擇合適的價位。若想獲得「最新的」加密貨幣投資策略，以及買入／賣出限價委託單的想法，歡迎參考我的網站或 Youtube 頻道。

Chapter **19**
損失最小化與收益最大化

根據短線交易者或長線投資者的不同屬性，我們可以選擇主動或被動的管理自己的投資組合。如果你是一位長線投資者（詳見第 18 章），可以透過在一定時間內購買並持有一個多元化的投資組合，以較為被動的方式管理此投資組合。而如果你是一位短線交易者，可使用我在第 17 章介紹的工具，以更積極主動的方式，管理並實現你想達成的目標。

雖然我是長線投資的忠實擁護者，但這並不表示我反對積極的投資組合管理。事實上，無論是長線或短線投資，我都曾一次又一次的看到有人透過積極活躍的管理投資組合，獲得更好的回報。我所說的「活躍」並不是指一直盯著螢幕，或是在聊天與上班會議期間，全天候的偷偷打開投資應用程式來進行交易。本章要介紹的是一些「管理策略」，可以用來協助你找到完成一切的甜蜜「平衡點」，而且仍能讓你維持正常的生活步調。

減少虧損

當投資者將虧損資產保留在投資組合中，同時積極出售資產中獲利的「贏家」時，也就是出現了在行為金融學中所稱的「損失規避」（loss aversion）[註1]現象。這種現象就是為什麼「與群眾對做」也是減少損失的一種方法。我將在接下來的內容裡解釋，並說明一些可用來降低加密貨幣投資損失的技術。

衡量收益

有時加密貨幣投資的管理可能相當困難，因為你的資產可能分散在不同的交易所和加密貨幣錢包中。此外，你可能用比特幣購買一些加密貨幣，又用美元（USD）購買其他加密貨幣，或是用以太幣或萊特幣等加密貨幣，再購買更多其他加密貨幣。這些複雜的加密貨幣交易，就是為何我會建議各位記錄自己的每次投資交易，以及對投資組合所做的任何變動。以下是確定投資組合報酬的三個步驟：

> » 計算你的投資金額。

> » 衡量你的資本收益，也就是你買賣加密貨幣獲得的利潤。

> » 衡量收入，也就是持有某些加密貨幣一段期間所獲得的利息回報（如果有的話）。

要計算投資金額，可以建立一個類似於圖 19-1 中的表格。在表格裡記錄代幣種類、數量、購買日期、成本（每個代幣成本與所有代幣總和）和目前價值。

註1　損失規避，原意指投資時，人們在有可能獲得利益時傾向於選擇低風險（小獲利就賣掉），而在有可能遭受損失時，卻傾向於選擇高風險（賠錢卻留著不賣）。此處也引申為在一般人均賠錢時，進場與群眾對做反而可能減少損失。

我在 2018 年 9 月 1 日時的加密投資組合

代號	幣名	數量	購買日期	總成本（含交易費用）/ 美元	每枚代幣成本（美元）	每枚代幣目前價格（美元）
BTC	比特幣	0.5	6/29/2018	2,965	5,900	7,155
ETH	以太幣	8	8/14/2018	2,250	275	293
XLM	恆星幣	200	8/07/2018	44	0.200	0.2257
EOS	EOS	50	8/16/2018	225	4.45	6.55

圖 19-1：
加密貨幣投資
記錄範例。

TIP

由於你可能使用法定貨幣（如美元），或其他加密貨幣來購買不同的代幣，因此你可能需要把投資的價值轉換為同一種貨幣，如此方便計算也容易查看。例如在前面的圖 19-1 中，我把所有購買價值都轉換為美元（USD）。另一種追蹤投資的方法，是根據購買其他加密貨幣的方式，建立單獨的記錄。舉例來說，你可以為「使用 BTC 購買」的投資資產，建立一個單獨的記錄，然後再為「使用美元購買」的投資資產，創建另一個單獨的記錄。

當然也可以根據投資的時間範圍，按月、按季或按年來創建這類記錄。舉例來說，如果你是短線交易者，可能需要每月記錄。而如果你是中長線投資者，便可使用季度或年度的記錄。我們通常可以透過經紀商或交易所的線上服務，計算出你在該交易所的投資回報（經紀商和交易所的介紹在第 6 章）。

WARNING

有許多加密貨幣愛好者，已經完全放棄以美元等法定貨幣來衡量獲利。如果你堅信比特幣是加密貨幣界的國王，而以太幣是皇后的話，你很可能會直接使用國王和皇后來購買其他加密貨幣。因為把加密貨幣購買收支轉換為美元價值，可能會很花時間。而且在大多數情況下，你並不能直接在交易所兌換為法定貨幣。由於美元、比特幣和以太幣相對於其他貨幣來說，都有自己的行情波動，因此這種價值轉換，很可能會帶來「錯誤」的收益或損失印象。例如轉換為美元後，你的初始投資看起來可能是獲利，然而換成比特幣來看時，卻可能處於虧損的狀態。

TIP

如果是在交易所使用比特幣等其他加密貨幣來購買代幣時，你可到 tradingview 等金融網站上，搜尋你的代幣和購買日期找到當時的美元價值。

要衡量你的資本收益和收入，只需向經紀商和交易所查詢帳戶訊息即可。加密貨幣交易所提供的資本收益訊息，通常位於「錢包」（Wallet）或「資金」（Funds）的標籤頁下。大部分交易所會以比特幣或美元計價，提供整個帳戶的預估價值。如果你有多個帳戶的話，請在你的投資記錄裡加入這些估計數字，並定期監控。

監控交易所費用

加密貨幣的買賣，需要靠加密貨幣交易所和經紀商的服務。這些公司主要透過交易費用來賺錢（詳見第 6 章）。雖然我並不建議各位只看費用是否便宜來選擇交易所，但有時這些交易費用會成為重要的決策因素之一，對於活躍的交易者更是如此。而如果你希望把法定貨幣轉換為比特幣等加密貨幣，然後發送到另一個交易所，來使用比特幣購買另一種加密貨幣的話，交易的費用可能還會更高。因此，交易費用很可能是加密貨幣「短線交易」策略裡的最大缺點。

TIP

以下是在保證投資安全的同時，又能維持較低兌幣費用的方法：

>> 在比較安全的交易所一次性購買主要加密貨幣，交易的費用可能會較高。因此當我需要比特幣和以太幣來交易其他加密貨幣時，我會先在允許使用美元交易的較高費用交易所，大量購買這兩種貨幣，也就是以高價換得安全。

>> 交易活躍的人，請為你的特定加密貨幣對，選擇質押借幣利率較低的交易所，但要記得定期把獲利存到硬體錢包（詳見第 7 章）中。

>> 交易活躍的人，可以考慮使用交易所本身的加密貨幣進行積極交易。因為這些平台貨幣與其他加密貨幣相比，在跨幣交易時的交易費用可能更低。舉例來說，幣安交易所為其加密貨幣 Binance Coin（BNB）提供許多更便宜的交易選項。

> » 計算自己的獲利時，一定要把交易費用算進去，而且要納入最優先的考量。舉例來說，如果你以 200 美元購買 1 個以太幣，但你支付了 1.50 美元的交易費用，那麼你的投資成本是 201.50 美元。雖然這點小錢對長線投資並沒有太大的影響，但對於活躍的短線交易者來說，時間一久就可以感受到這些侵蝕獲利的累積費用。

了解退出的藝術

我非常習慣遵守巴菲特（Warren Buffett）著名的兩條投資規則：

1. 永遠不要賠錢。

2. 永遠不要忘記第一條規則。

然而無論你的分析多麼仔細，有時很可能會發現擺脫目前手上糟糕的投資，會比堅持下去要更好。以下就是告訴各位我在退出投資時，採用的一些策略（可一併參考第 9 章的 IDDA 分析）。

不要貪心

REMEMBER

如果使用了我在第 16、20 章介紹的技術圖表，作為下單參考的話，請記得要把達成「獲利目標」的限價單，設置在與技術形態一致的價格上。你可能擔心當價格抵達獲利目標（PT）後，市場還會將繼續上漲，所以你很可能手癢，想重新調整你的獲利目標價格。當然有時市場真的會繼續上漲，但有時並不會。所以就個人而言，我更喜歡安全而非賠錢。因此。我並不會頻繁調整獲利目標的限價委託單（除非有正當的重要理由必須這樣做，而不只是直覺的想法）。

獲取部分利潤

我喜歡這條規則且深信不疑！你可以稱我為囤幣者，因為我永遠無法一次性的賣出所有加密貨幣（或任何其他資產）。我會根據自己的投資目標，制定策略性的「部分獲利了結」價格，剩下的就交給市場來處理。

舉例來說，如果我以 200 美元的價格購買 10 枚以太幣（ETH），並希望在關鍵壓力線處獲得部分利潤，我可能就會設定以 470 美元的價格賣出 2 枚以太幣，以 591 美元的價格再賣出 2 枚，然將其餘以太幣長期持有。如此一來，雖然我沒有賣出所有以太幣，但我可以持續的部分獲利。一旦賣出後以太幣價格繼續上漲時，我依舊會感到高興（反之亦然）。當然，計算這些關鍵的支撐、壓力線，一定要經過完整的技術分析。

若要進一步查看更多關於部分獲利了結的最新策略，請參考我的投資女王網站與 Youtuber 頻道。

放棄不良投資

每隔一段時間，你可能就會發現自己持有一種不值得擁有的加密貨幣。雖然在具有價值的長線投資時，我傾向於在價格下跌時購買更多代幣，但有時某種加密貨幣或其社群、管理層明顯看不到未來，這時就是重新審視基本面分析（詳見第 9 章）的重要時刻。當我們發現這種加密貨幣沒有機會反彈時，不妨硬著頭皮，在損失變得更大之前退出。如果你害怕退出的虧損時（參考第 19 章的損失規避），就可以使用我在上一節談到的部分獲利作法，進行反向的「部分虧損」價位設定。

當你放棄不良投資並承擔損失後，你可能有機會獲得稅收抵免，用來抵消其他你必須為資本收益支付的稅款。第 21 章會談到更多加密貨幣稅務的相關內容。

讓獲利上升

當市場開始上漲時，我們必須處理兩種情緒。一個是後悔在價格下跌時沒有買更多，另一個則是在達到獲利目標限價單價位（也就是經過仔細的技術分析所設定的價位）之前，提早賣出並獲利的誘惑。遇到這種情況時，我必須不斷提醒自己（並提醒我的投資課學生和其他投

資朋友）：「情緒」很少能讓利潤最大化。總而言之，「紀律」才能造就你的財富。以下將詳細介紹我用來避免情緒投資的一些技巧。

買在底部

每次投資都能夠以「最低價格」購買是非常不可能的一件事。但如果仔細研究市場心理和歷史價格模式，能幫助你買在接近底部的位置。我用來判斷價格是否接近底部的首選技術分析工具之一，就是「一目均衡表 + 費布那西回調線」組合策略。

正如我在第 20 章和我的《Ichimoku Secrets》（暫譯：一目均衡表的祕密）書中所解釋，你可以使用「一目均衡表 + 費布那西回調線」的組合來衡量群眾心理，並確定關鍵的支撐線和壓力線（再解釋一次，支撐線是指市場難以往下跌破的價格；壓力線則是市場難以往上突破的價格）。就長線投資而言，我通常使用日線圖進行一目均衡表分析。如圖 19-2 所示，在 2018 年 5 月 15 日當天，Ripple 的 XRP 價格跌破 0.70 美元之後，也跌破了每日一目「雲區」（cloud，由不同移動平均線圍成像雲一樣的區塊）下方。根據一目均衡表的分析，短期跡象顯示 XRP 的價格可能會進一步下跌至關鍵的費布那西回調線，以及 0.57 美元和 0.47 美元的支撐線處。透過這樣的分析之後，我就可以提前在這些關鍵價格處設置買入限價單，以更低的價格買入而非看跌立即買入。這樣你就有機會降低購買價格，將獲利最大化。

由於加密貨幣市場還沒有足夠的歷史數據可以作為交易依據，因此有時價格會持續跌破歷史低點，即所謂的創「新低」（new lows）。如果你對加密貨幣的基本面有足夠信心的話，這種「新低」讓你有機會以更低的價格買到更多，而且此時可用費布那西回調線來判斷新低點。使用這些回調線時，必須先確定最近價格為長時間上漲或下跌的趨勢，然後將圖表平台網站上的費布那西工具，從趨勢的頂部拖到底部（如果是下降趨勢時），或從底部拖到頂部（如果是上升趨勢時）。這些圖表工具會將費布那西回調線，神奇的加在你的圖表上。我經常在投資課程裡分享我的「一目均衡表 + 費布那西回調線」組合策略，就這麼簡單而已。

圖 19-2：
使用「一目均衡表 + 費布那西回調線」組合來判斷底部。

圖中標註：
- 突破一目雲區
- 78% 費布那西回調線
- 關鍵支撐線

資料來源：tradingview.com

理解「耐心」是有利可圖的美德

「耐心是有利可圖的美德」（Patience is a profitable virtue，原文為耐心是種美德），這句話是我在所有教育課程裡的主要口號！學生說我一再重複強調的這句口頭禪，澈底改變他們的投資方式，提高了他們的投資報酬率。每當我看到一張圖表而感到腎上腺素湧動時，我就會先退一步思考：先改變圖表的時間框架，著眼於大局，然後做更多基本面的研究。如果 IDDA 分析的所有五個點（詳見第 9 章）與目前的即時走勢並不一致，我就會放心登出交易帳戶，繼續過完我一天的生活。而且由於市場下跌，或你在某項資產上投入大量資金時，很容易會感到緊張。這時請記住「耐心」往往是獲得確實回報的最佳途徑。

判斷高點

「賣高買低」就是這個投資遊戲的名稱！而且你必須是諾查丹瑪斯或幸運的路克（Lucky Luke，西部牛仔漫畫人物），才可能在每次投資時，都賣在最高點。然而如果我們用歷史數據和技術圖表模式，可將賠率疊加到對自己有利的位置。就加密貨幣市場的活躍交易和中長線投資來看，我們仍然可以發現「一目均衡表 + 費布那西回調線」組合

策略相當有用（第 20 章還會詳加解釋），當然也要配合其他工具，例如技術圖表形態和關鍵心理壓力線來做判斷。

以瑞波的 XRP 為例，在 2018 年 9 月當時，我在日線圖上發現一個雙底（W 底）的圖表形態，如圖 19-3 所示。雙底是技術圖表上的一種常見形態，即價格兩次都難以跌破支撐線，因而形成兩個谷形底部。一旦確認雙底形態後，我們可以將它解釋為看漲反轉模式，表示價格可能開始上漲。

圖 19-3：
XRP／美元日線圖上形成雙底的模式。

資料來源：tradingview.com

依據雙底圖表形態的說法（參見第 16 章），中線投資者可以預期當價格從底部上漲到頸線的相同位置時（圖 19-3 中的 0.36668），可以從市場中獲利了結。當然你也可以等到下一個可用的費布那西回調線（0.42737 和 0.5314）再賣出。不過為了安全起見，我通常會在每個關鍵價位線「部分獲利」，以期分散風險。

而圖 19-4 則可看到，在 9 月 21 日當時，XRP 完成兩個支撐線，然後短暫維持水平發展後飆升。中線投資者可能會在這些水平發展時獲利了結，而長線投資者則維持在自己的目標價位等待。

對於長線投資者來說，獲利了結的時機可能更具挑戰性。加密貨幣市場是許多人剛剛發現的新投資機會。然而如同當初的網路泡沫一樣，炒作會導致價格的極端波動。我們過去在 2017 年的加密貨幣經典期間，曾經看過加密貨幣炒作的結果，當時比特幣價格飆升超過 1,000%，瑞波的 XRP 則飆漲了 36,018%。我認識一些在高點賣出而成為百萬富翁的投資者，也認識一些買在高點，不得不忍受虧損坐等下一次飆升的投資者。在這種情況下，大多數能夠在高點期間賣出的投資者，都是那些反對炒作以及與群眾唱反調的人。事實證明，這些長線投資者又再次等到了更高點。

圖 19-4：
雙底圖表形態確認，XRP 達到獲利目標價位。

資料來源：tradingview.com

WARNING

類似雙底這類技術圖表形態、一目均衡表等指標，或是反群眾而行等操作，並不一定就能保證獲得最佳結果。這些項目的做法都是用來為確定「最佳買賣價格」，提高可能性的工具。總歸一句話，你必須進行澈底的風險管理，才能符合你的個人財務目標和風險承受能力，也就是我們在第 3 章討論的內容。

使用圖表形態判斷高低點

TIP

以下是我用來判斷高低點的速查清單：

» **看跌反轉圖表形態**：價格飆升期間在圖表上形成，表示市場情緒和價格走勢可能轉為看跌並開始下跌。

» **看漲反轉圖表形態**：下降趨勢期間在圖表上形成，表示市場情緒和價格走勢可能轉為看漲並開始上升。

» **一目均衡表**：這種指標是由五條不同的移動平均線所組成，以價格是否突破雲區為其重點，可以協助我們更清楚的了解目前市場情緒，並預測未來的價格走勢（我們接下來就會談到）。

Chapter **20**

一目均衡表與
費布那西回調線的技術分析

我在第 16 章討論過，如何使用技術分析來制定加密貨幣交易策略。雖然大量的移動平均線和圖表形態，確實可以協助我們制定策略，不過我最喜歡的技術之一，還是把一目均衡表和費布那西回調線結合起來的分析。我將在本章討論這兩種技術指標的基礎知識，並向各位示範如何把它們運用在加密貨幣的交易上。

更進階複雜的「一目均衡表＋費布那西回調線」分析法，可能已經超出本書力求簡易的初衷。如果想要更深入研究的人，可以從我的《Ichimoku Secrets》（暫譯：一目均衡表的祕密）書中進一步研究。

掌握一目均衡表

雖然它的名字聽起來可能很專業，但我向各位保證，一目均衡表的存在目的，反而是為了讓技術分析更容易，而非更難！它的原名「Ichimoku Kinko Hyo」在日文中是一句短語，大意是「一目了然的平衡表」。在加密貨幣投資中，一目均衡表確實可以讓我們「一目了然」（Ichimoku）的找到所有必須了解的、關於市場價格行為的各種訊息。

一目均衡表內容項目說明

一目均衡表是由幾個不同的移動平均線（MAs）所組成，每條移動平均線都有特定的用途。彼此之間的定位和價格，可以協助我們了解目前的市場情緒，預測市場未來的方向。以下是在一目均衡表的圖表上可以看到的圖表項目說明：

>> 雲帶（日文：Kumo）

>> 基準線（日文：Kijun）

>> 轉換線（日文：Tenkan）

>> 延遲線（日文：Chiko）

>> 先行帶（日文：Senkou）

在圖 20-1 中，我把基準線用一條粗深色線表示，轉換線則用一條粗淺色線表示，而為延遲線使用的是一條細線，雲帶是另外兩條移動平均線之間的空間（用網點表示），也就是先行帶（日文：Senkou）A 和 B 之間的範圍。根據雲帶的方向，該空間通常為綠色（本地為紅色）表示看漲，紅色（本地為綠色）表示看跌市場情緒。看漲的市場情緒代表價格有希望上漲，看跌的市場情緒是指價格很可能下跌（這些線條或區塊，你的一目均衡表圖表提供業者使用的配色，可能會跟我的圖表不同）。

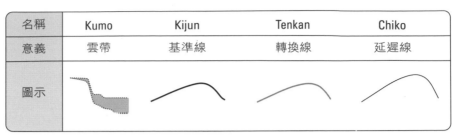

名稱	Kumo	Kijun	Tenkan	Chiko
意義	雲帶	基準線	轉換線	延遲線
圖示				

圖 20-1：
一目均衡表內
容項目。

TIP

如果你在當地找不到這類圖表服務，例如包括一目均衡表與費布那西回調線之類的技術分析時，我推薦各位我使用的 TradingView（www.tradingview.com/）網站圖表服務。包括加密貨幣、外匯和股票等幾乎任何資產，都可以使用這些技術分析圖表。

圖 20-2 所顯示的是　目均衡表上各條線在圖表上的運作情況。這張圖表顯示瑞波幣（XRP）/ 比特幣（BTC）對，在四小時（或 240 分鐘）的基礎價格走勢，每根 K 棒（詳見第 16 章）都顯示 XRP / BTC 在四小時內的價格走勢。一目均衡表各線圍繞價格移動，根據圖表的自動計算，在價格行為上方和下方交叉前進，這些走勢會成為未來價格方向的指標。

圖 20-2：
一目均衡
表套用於
XRP / BTC
四小時圖。

資料來源：tradingview.com

一目均衡表基礎詳解

你可以使用一目均衡表的各個組件位置以及價格，預測市場的下一步走勢。以下要介紹一目均衡表的基本內容。

首先必須說明，過去的表現並一定不代表未來的結果。因此圖表上顯示的這些跡象，都只能算是對你的投資進行深入研究的「補充」；請勿當成百分之百的趨勢保證。例如在技術分析方面，你還必須研究其他圖表形態（詳見第 16 章）與一目均衡表策略互補加強。此外，在做出最終投資決定之前，請務必執行 IDDA 分析（詳見第 9 章）的所有要點。

買入訊號

如果你在圖表上判斷出以下的一個或多個訊號，則價格可能繼續走高，因此是買入的好時機：

>> 如果價格往雲帶上方移動，表示市場有看漲趨勢，因此是買入訊號。

>> 當延遲線移動到雲帶上時，可以視為買入訊號。

>> 當轉換線越過基準線時，該交叉可以視為市場情緒從看跌轉向看漲，因此是買入訊號。

賣出訊號

以下代表賣出訊號：

>> 當價格低於雲帶時。

>> 當延遲線穿過雲帶下方時。

>> 當轉換線穿過基準線下方時。

其他常見形態解釋

除了純粹的買入賣出訊號外，一目均衡表還可以幫你判斷支撐和壓力，並提供對市場狀況的整體了解。以下是一些形態解釋：

>> 只要五條線平行，趨勢就會持續朝該方向前進。

>> 當價格在雲帶內時，代表市場正在盤整，因此並非買入或賣出的好時機。

>> 使用目前雲帶較低處作為支撐線，這是市場難以跌破的價格。

>> 使用目前雲帶較高處作為壓力線，這是市場難以突破的價格。

剛入門的投資者可以使用一目均衡表作為買入和賣出的參考。你也可以結合兩種或多種形態的解釋，再根據風險承受能力，調整自己的投資策略。

費布那西回調線

單獨使用一目均衡表，只能讓你了解市場的一部分，並不能協助你制定退出的策略。因此接下來的步驟，是要確定市場可能難以突破的關鍵支撐線和壓力線（也就是難以跌破的支撐線和難以漲過的壓力線）。雖然有許多種分析方法可以用來尋找支撐線和壓力線，但我最喜歡的還是使用費布那西回調線。

費布那西背景說明

費布那西是義大利數學家李奧納多·皮薩諾·比戈羅（Leonardo Pisano Bigollo）的「綽號」，也有人尊崇他為「中世紀最有才華的西方數學家」。他對數學界最著名的貢獻包括將十進制數字系統（也稱為 Hindu-Arabic numeral system「印度 - 阿拉伯數字系統」）引入西方世界。以及他所推廣的、一般稱為「費布那西數列」（Fibonacci sequence）。

從數學上來看，費布那西數列指的是一系列數字，這個數列裡的每個數字都是前面兩個數字相加的和。因此，如果將數字 0 和 1 相加，則結果為 1，然後把該數字添加到序列中。然後將 1 和 1 相加，並將結果 2 添加到序列中。依序再加入前面數字的和，形成下一個數字，一路加下去之後，我們就會得到費布那西數列：0, 1, 1, 2, 3, 5, 8, 13, 21, 34, 55, 89, 144⋯。

費布那西數列雖然可以用在技術分析中，但我們使用的並非純粹的數列數字。在技術分析中使用的費布那西回調線，是經由計算序列中數字之間相除所得的比例。將此比例應用於上升趨勢或下降趨勢，即可輕鬆確定支撐線和壓力線位置。

其比例的計算方式如下：在前幾個數字之後，如果用任一數字除以後面的數字，會得到大約 0.618，例如 34 除以 55（四捨五入）後為 0.618。如果用任一數字除以跳過後面數字的下一個數字，便會得到 0.382。如果用任一數字除以跳過後面兩個數字的下一個數字，則會得到 0.235。技術分析中使用的序列，便由以下比例組成：0.78、0.618、0.5、0.382 和 0.236。

如何在圖表中插入費布那西回調線

好消息是你並不需要進行任何數學計算！只要在你的圖表服務中找到費布那西工具的選項，將其點選套用於價格趨勢上即可。以下就是實際採取的步驟：

1. 尋找價格趨勢。

可以是上升趨勢或下降趨勢，趨勢的分析方法請參閱第 16 章。

2. 在你的工具選單中找到「費布那西回調線」（Fibonacci retracement）工具。

3. 點擊後便可將費布那西工具應用於趨勢底部（如果是上升趨勢則由下往上拖移）或趨勢頂部（如果是下降趨勢則由上往下拖移）。

4. 將費布那西工具拖移到趨勢的另一端，然後再次點擊以將費布那西回調線放置在圖表上。

費布那西回調線出現，圖 20-3 為套用後的回調線位置範例。

資料來源：tradingview.com

圖 20-3 在四小時圖表中顯示恆星幣（XLM）與比特幣（BTC）的價格走勢。XLM／BTC 對的趨勢底部位於 0.00003309，趨勢頂部位於 0.00003901。將費布那西工具從底部拖移到頂部後便會看到標記為 0.786、0.618、0.5、0.382 和 0.236 的費布那西回調線出現。

結合一目均線表和費布那西回調線技術分析

當你習慣看到一目均線表或費布那西回調線，出現在各種分析圖表上時，可開始練習將它們同時應用於圖表上，分析的樂趣也將由此展開。一開始在圖表上看到這麼多線，可能會讓人覺得眼花撩亂，但過了一段時間以後，你甚至可能認為沒有同時疊上一目均線表和費布那西回調線的圖表，感覺就像是空白的圖片一樣。

在費布那西回調線上選擇趨勢（向上或向下）時，有很多選項可供選擇。多數情況下，這些趨勢都會接近相同的費布那西回調線。費布那西回調線的關鍵壓力線和支撐線，經常會與一目均衡表的支撐帶和阻力帶相互吻合，因為費布那西回調線所展示的，是真實的關鍵心理價位，這也就是費布那西回調線的美麗和魔力之處。

有很多種使用一目均衡表和費布那西回調線的方式，可以用來協助我們進行技術分析。我建議各位可以同時使用其他技術分析方法和圖表形態（詳見第 16 章）來確認自己的分析。例如我們可以用一目均衡表來發現買入或賣出訊號，再用費布那西回調線來確定可以獲利的價格位置。

舉例來說，你在日線圖上發現了雙底形態，也就是看漲反轉圖表模式（雙底形態是一種看漲反轉的圖表形態，由圖表上關鍵支撐線的兩個低點組成；請參閱第 16 章），就可以將一目均衡表應用於圖表上，然後你注意到一目均衡表上的買入訊號（均線穿過雲帶向上）。這項發現是基於「日線圖雙底形態＋一目均衡表買入訊號」所判斷出來的絕佳入場點。

不過當你買入之後該怎麼辦呢，應該在哪個時機點獲利呢？費布那西回調線就可在此派上用場。根據風險承受能力（詳見第 3 章）的不同，你可以選擇某條費布那西回調線作為獲利目標，透過經紀商或交易所帳戶建立限價單（以特定價格買賣資產的委託單），在到價時自動賣出而獲利。

圖 20-4 顯示了一個關於 XLM／BTC 四小時圖的案例研究，在價格跌破雲帶的 0.00003579 之後，可發現基於一目均衡表的看跌訊號。

基於一目均衡表的策略，你可以在一目均衡表雲帶的較低處（0.00003579），大約在比 0.5 斐波納契回調線 0.00003605 稍高位置時，建立「賣出」限價單。而在獲利了結方面，你可以考慮當價位跌到 0.00003435 處的 0.786 費布那西回調線位置「回補」。

對於想要使用停損單的交易者，可以使用 0.382 費布那西回調線或更
高的回調線位置，具體如何必須取決於你的風險承受能力（為了說明
方便，我並未提及此圖表上可以看到的其他看跌訊號，各位可以試著
自己找找看）。停損單的做法是透過經紀商下委託單，可在萬一虧損
時提前結束虧損，退出交易（詳見第 17 章）。

圖 20-4：
使用一目均
衡表與費布
那西回調
線，建立看
跌時的交易
策略。

WARNING

前面的案例研究是在四小時 K 線圖上進行的，屬於中線投資，風險較
高。如果你想找保守一點的投資策略，請使用每日和每月等較長的時
間框架（詳見第 16 章）。

TIP

各位可以隨時來我的網站與 Youtube 頻道，觀看我使用一目均衡表和
費布那西回調線，制定投資策略的範例。

Chapter **21**

稅收和加密貨幣

在 2017 年加密貨幣市場開始被大肆炒作之前,許多投入加密貨幣市場的人(無論是挖礦或投資者),可能都沒考慮過加密貨幣的稅收影響。然而隨著加密貨幣投資變得更加主流之後,其相關稅收已經成為焦點,因此我將在本章為各位說明加密貨幣稅收的基礎知識。

請記住,這些稅務方面的指南是基於美國的稅法。因此請依據你的加密投資時間框架、利潤類型和個人財務狀況,諮詢當地會計師以了解報稅相關事宜。

加密稅分為三種

加密貨幣的稅收設置相當複雜,以至於美國國會早在 2018 年 9 月就向美國國稅局(IRS)提交一封公開信,要求簡化加密貨幣稅收(可在 https://waysandmeansforms.house.gov/uploadedfiles/letter_irs_virtual_currencies.pdf 看到這封信)。

在大多數情況下,你的加密貨幣資產被視為財產而非貨幣,代表你要為加密貨幣投資繳納資本增值稅。在這種情況下,在你出售加密貨幣以獲取利潤之前,並沒有任何納稅義務。然而如果你透過挖礦獲得代幣的話,該怎麼辦呢?或者,如果你的雇主用加密貨幣支付你的薪水呢?為簡單起見,以下將加密稅收義務分為三種可能的情況。

所得稅

如果你投資了我在第 12 章談過的所有昂貴挖礦設備,並因此獲得加密貨幣的挖礦獎勵,那麼你可能就會被視為加密貨幣企業主。從技術上來看,你的業務營運是得到加密貨幣來取得報酬,因此你必須繳納國稅局的所得稅。所以如果你為一家以加密貨幣支付薪水的公司工作,同樣也要繳納所得稅。

就我個人而言,早在 2016 年 開始為 News-BTC 報導加密貨幣新聞時,就被要求以比特幣作為報酬。各位知道我有多後悔在 2017 年比特幣價值飆升至 20,000 美元之前,沒有接受這項提議嗎?非常後悔啊!假設當時我接受了新聞台的這項提議,就必須為收到的比特幣支付所得稅;而如果我將拿到的比特幣在接下來的 2017 年的高峰期,換成美元的話,我還必須為交易中獲得的利潤,繳納資本增值稅(下一節會討論資本增值稅)。

如果你在一年內收到價值超過 400 美元的挖礦或其他加密貨幣收入獎勵,就要向國稅局報告。如果你在家裡挖礦,也可以在納稅申報表的附表 C 上,將挖礦收入填為自營業收入。就我個人而言,我是透過投資女王的業務開展而進行挖礦活動,這種方式有助於我在淨收入變高時,因經營公司而獲得更好的稅收減免,本章稍後會討論如何讓你的加密所得稅最小化。

請務必記錄你的挖礦活動和財務報表,為國稅局的審查做好準備。此外,如果你以商業實體的身分進行申報,請務必諮詢稅務專業人士,找出適合自己的最佳選擇。而且會計費也可以用來抵稅。

即使是加密礦工或礦場所有人，也都必須了解加密貨幣投資的基礎知識。如果你將加密貨幣出售，或是交易為其他加密貨幣或 NFT 之類的任何產品，都可能需要支付資本增值稅。這通常會取決於你是長期或短期持有，我在接下來兩節會加以解釋。挖礦的利潤通常取決於加密貨幣的市場價值，扣掉你必須為它們支付的稅額。因此，如果想確定最適合開採的加密貨幣，也請各位運用我在第 9 章介紹的 IDDA 分析技術。例如當你的挖礦策略不再划算的話，請盡快換到更有利可圖的加密貨幣上。IDDA 的要點之一是資本分析，因此也包括稅務問題的考量。

長期資本增值稅

我在第 2 章說過，「資本收益」是人們投資加密貨幣的主要原因之一，這也是國稅局對加密貨幣進行分類的方式。就像股票和房地產一樣，出售加密資產獲取利潤後，也要繳納資本增值稅。如果是虧損的情況，也可以用損失來扣抵稅金。從目前的規定來看，如果你持有加密資產超過一年的話，通常可以有更好的稅率，這種稅率被稱為「長期資本增值稅」。

購買加密貨幣所獲得或損失的金額，經過簡單的數學計算後，可算出資本收益。舉例來說，如果你以 5,000 美元購買一個比特幣，並以 10,000 美元的價格出售，你便獲得 5,000 美元的資本收益（可以扣掉交易費用）。

短期資本增值稅

短期資本增值稅跟我在前面提到的挖礦和加密所得稅非常類似。如果你定期出售或交易加密貨幣，持有期間都不滿一年的話，你的利潤或損失便可能被歸類為一般收入，對稅收的影響通常不大。即使你沒有將加密貨幣兌換成美元，而是用加密貨幣來購買東西（無論是購買有形產品或其他加密貨幣），你仍可能要繳納這類短期稅。

經常進行幾筆交易的活躍交易者，跟交易加密貨幣當沖者適用的稅法不同。我會在後面的〈降低你的交易稅〉討論其差異。

將加密課稅最小化

無論是透過加密貨幣或加密資產獲得的收益，以下都是幫你降低國稅局欠稅金額的方法。

降低挖礦所得稅

在美國以公司或商業實體所進行的挖礦活動，而非以個人經營者挖礦時，可能會獲得更好的稅率。因為這樣的做法，可以利用企業主為支付「業務相關費用」，獲得稅收的減免，並獲得比個人更好的稅率。例如那些為挖掘比特幣購買的高階電腦，就可以為你的企業申報降低你的應稅收入。還有這些電腦裡是否安裝額外的挖礦設備，例如我在第 12 章中提過的 ASIC 和昂貴的 GPU 等？甚至挖礦花了大量的電費呢？恭喜！你都可以透過這些挖礦的設備，獲得稅收減免的獎勵。

TIP

當然，如果你的加密貨幣真的很值錢的話，即使是個人礦工，在早期的挖礦業務也可能相當有利可圖。不過它更可能讓你花大錢，而且遠超過你所獲得的回報（例如加密貨幣市場大跌，表現不佳的情況）。在撰寫本書時，如果你的總淨收入超過 60,000 美元的話，以「某公司」（LLC、C 公司、S 公司）[註1] 的形式來進行徵稅申報，可能會對你較有幫助。當然還是請各位一定要諮詢稅務專業人士，以找到最適合自己的稅務策略。

REMEMBER

只有在獲得挖礦收入之前創建了 LLC，C 公司或 S 公司，才能申請經營業務的相關費用。在公司「成立之前」取得或擁有的任何東西，都不能出於稅收目的而計入公司業務費用中。

註 1　美國常見公司類型有 LLC（Limited Liability Company）為責任有限公司；C（Corporation）公司為股份有限公司；S（S coperation）公司雖為股份有限公司，但由股東成員繳稅。

降低你的交易稅

如果你是當日沖銷者的話，很可能有資格比偶爾交易的人支付更少的稅款。如果對以下「國稅局當日沖銷測試」的三個問題，你的答案都是「是」的話，你就可以成為當日沖銷者：

>> 你的目標是從加密市場的每日價格變化中獲利嗎？而非隔夜持有甚至長期持有部位？

>> 你是否將大部分時間用於交易而非你的全職工作？

>> 你是否擁有大量且定期的交易模式，而且每日進行大量交易？

如果你確實有資格成為當日沖銷員，就可以作為「個體經營者」來減少稅金。也就是說，你可以像任何其他獨資經營者一樣，在附表 C 中扣除所有與交易相關的軟硬體開銷與費用。

TIP

根據 finance.zacks.com 網站的說明，無論你的公司是否為獨資公司，都將根據你的投資損益進行徵稅。如果你的公司有保險、醫療保健和員工福利的話，也可以用當日沖銷賺到的錢來支付而節稅。

WARNING

由於追蹤自己的短期加密貨幣交易活動，可能會發現令人難以置信的混亂。因為加密行業有大量的價格波動特性與市場情緒波動等，而且加密貨幣市場還可以讓你「全天候」進行大量交易，這些情況都會讓你難以手動監控自己的資產變化。在本章稍後，我將介紹一些可用來追蹤交易活動的工具與資源。

降低資本增值稅

如果你無法成為當日沖銷者（並未通過「國稅局當日沖銷測試」的三個問題）的話，降低加密「資本增值稅」的最佳選擇就是成為一名長線投資者：持有你的資產超過一年，在購買後的一年內，不要將加密貨幣出售、交易或購買任何東西。

正如我前面提到的，持有超過一年（長期的定義）的投資，資本增值稅可能遠低於持有不到一年的投資（也就是短期）的資本增值稅。2018 年時，長期資本收益的稅率為 0、15 或 20%，實際取決於個人稅級而定。舉例來說，如果你屬於高收入稅級，你的資本增值稅稅率可能為 20%。你可以到當地國稅局查詢更多關於「稅級」的內容。

用一種加密貨幣購買另一種加密貨幣，也可能讓你面臨繳納更多稅款的風險。要在特定的加密貨幣交易所購買某些加密貨幣時，你可能別無選擇，只能在很短的時間內把這些加密貨幣相互轉換（漲跌時機的緣故），無法長期投資。不過如果初始的加密貨幣已經獲得巨額利潤的話，就無法被歸類為「長期」定義下的加密貨幣投資者。這些比較複雜的稅務細節部分，還請各位與稅務相關的專業人士討論，確保自己支付合宜的稅率。

查看你所在州的稅率

在美國不同州會有不同的州稅法，有些州對特定族群或某些行業的稅率，就是會比其他州來得更好。佛羅里達州等，經常被認為是「退休者的天堂」（retirement haven），因為你無須繳納個人所得稅和遺產稅，而且還可以獲得大量的資產保護和財產稅優惠。而對加密貨幣投資者來說，懷俄明州等，則對加密貨幣公司和投資者有相當好的稅收優惠，因為加密貨幣完全免徵財產稅。早在 2018 年時，懷俄明州就已成為第一個將加密貨幣定義為全新資產類別的州。懷俄明州官員將加密貨幣納入「實用代幣法案」（utility token bill），並於 2018 年 3 月通過而成為正式法律；這項法案的目的在使這些特別的加密貨幣，不必受到「貨幣傳輸法」（money transmission law）的約束。

隨著加密貨幣變得越來越流行，有更多的州陸續制定這類法律來激勵企業和個人，將自己的加密相關業務和資金帶進該州。掌握這類節稅優惠的政府措施，也是我們必須時時了解加密行業最新發展的原因。Benzinga Pro 這類金融新聞網站，可以協助你及早獲得此類訊息。

評估加密交易的應稅收入

REMEMBER

總歸一句話，提報加密貨幣收入和資本收益是你自己必須做的事。必須記錄所有應稅事件：即每次出售或交易加密資產而換取了其他東西的記錄。在撰寫本書時，美國國稅局並不要求第三方報告加密貨幣（即你購買加密貨幣的實體，不論公司或交易所，不必報告其銷售情況），因此這也讓追蹤和報告變得更加困難。在評估加密活動時，請牢記以下提示和要點。

追蹤你的加密活動

TIP

加密市場不斷擴大，也出現更多的監控資源可供交易者、投資者和礦工使用。以下是可以協助你產生稅務報告的資源：

> **» CoinTracker**（https://www.cointracker.io/?i=eALc6OxcyXpD）：
> 可以自動將你的加密交易與越來越多的交易所（例如 Coinbase、Kraken、KuCoin 等）同步，生成稅務表單。此外，它還提供線上支援團隊可供諮詢。

> **» CoinTracking**（https://cointracking.info?ref=I248132）：
> 可以分析你的投資活動，根據損益生成稅務報告相關內容。

> **» CryptoTrader.tax**（http://cryptotrader.tax?fp_ref=behp6）：
> 能夠幫你連接到不斷增加的交易所列表（例如 Coinbase、Binance、Bittrex 等），協助你在幾分鐘內，計算出你的加密貨幣交易稅金；它也有相當出色的線上客服支援，可以即時回答問題。

處理加密分叉

我們在第 5 章討論過在加密貨幣分叉時（簡單說就是加密社群裡的一部分人，決定建立自己的貨幣版本），可以獲得相同數量的新代幣。當然，天下沒有免費的午餐，你必須為經過分叉所收到的額外新代幣繳稅。舉例來說，如果你擁有一些以太幣，然後它經歷了一次硬分

叉，此時除了原來的以太幣資產不變外，你還會收到分叉後的等量新加密貨幣。於是，你必須為這些新代幣支付一般所得稅，而非長期資本增值稅；也必須根據收到新加密貨幣之日的美元換算價值，進行課稅。

撰寫本書時，美國國稅局仍未提供太多關於硬分叉和稅收的說明。請記得諮詢稅務專業人士以了解最新訊息，並使用專業網站來追蹤你的所有加密記錄，例如 http://cryptotrader.tax?fp_ref=behp6 等。

跨國加密投資的報告

加密貨幣市場及其規則不斷演變。因此你必須及時了解所有加密交易的相關稅務。就算你在美國以外的國家投資加密貨幣，也需要向國稅局報告這些交易活動。

在撰寫本書時，你並不需要在外國銀行帳戶報告（FBAR）中，說明你的加密貨幣資產。這是基於 2014 年美國國稅局的一份聲明，摘要如下：「目前監管的美國財政部金融犯罪執法局（FinCEN，Financial Crimes Enforcement Network），在外國銀行和金融帳戶報告（FBAR，Report of Foreign Bank and Financial Accounts）的相關內容裡，並不要求報告數位貨幣（或虛擬貨幣）帳戶，但在未來有可能會要求報告此類帳戶。」請諮詢稅務專業人士，確保時時了解國稅局的最新加密法規，因為它們每年可能都會有變化。另外也請記住，雖然你不必在 FBAR 上報告加密貨幣的狀況，但這並不表示你可以對國稅局完全隱瞞你在境外的加密貨幣活動。

請容我再重複一遍：你必須了解加密交易活動所產生的相關稅收。美國國稅局一直在追查境內境外的各種加密貨幣投資情況。甚至也曾強迫 Coinbase 在 2017 年交出客戶記錄。因此本來並不了解加密稅收影響的人，也可能跟那些試圖隱藏加密投資的人一樣，捲入被查稅的問題中。

5

投資加密貨幣
十大注意事項

本單元內容包含：

了解在開始進入全新的加密貨幣世界之前，必須考量的問題。

虧損時，可以做些什麼？

投資加密貨幣時，化危機為轉機的方法。

Chapter **22**

進入加密貨幣世界之前的
十個注意事項

已 經準備好嘗試加密貨幣投資了嗎？在本章中，我將重點介紹開始加密投資之旅前，必須考量的重要事項，其中許多都是我已經在前面章節詳細解釋過的重點。

不要太過興奮

REMEMBER

剛開始探索一個全新的世界，總是相當令人興奮，而且早點開始也經常可以讓你領先於前。然而就像任何類型的投資一樣，加密貨幣投資同樣需要紀律、風險管理和極大的耐心。而且我們不應該把加密投資視為一種「快速致富」的計畫，就算你的希望可能成真，尤其自從 2017 年市場出現令人瞠目結舌的投資報酬率，甚至後來在 2021 年又再次看到這種收益的可能性。然而一定會獲利的機率依舊非常低，原因很簡單：泡沫終究會破滅。當大部分投資者對整個市場的了解越來越多，他們所做出的投資決策一定也會更加慎重。各位也應該如此慎重而為！

衡量你的風險承受能力

加密投資適合你嗎？你應該在這個市場上投資多少錢？你能忍受高波動性嗎？你有長期的耐心等待潛在的爆發嗎？以上這些問題都可以透過衡量「風險」承受能力，來找到答案。任何類型的投資當然都必須先邁出第一步，這「第一步」包括你的風險「意願」（希望可以承擔多少？）與風險「能力」（實際上能夠承擔多少？）請翻回第 3 章，了解衡量承受能力的風險類型和資源。

保護加密錢包的安全

比特幣等加密資產都必須存放在加密錢包中，因此在購買加密貨幣之前，你必須擁有一個加密錢包。目前有各種不同的錢包類型，其中有些來自你購買加密貨幣的交易所，不過加密交易所的錢包並不是最安全的錢包類型，甚至還經常成為駭客攻擊下的受害者（請翻回本書第 7 章，詳細了解開始投資之前，可用於保護加密貨幣錢包的各種方法）。

尋找最適合自己的加密貨幣交易所 / 經紀商

一般人比較常用的加密貨幣交易方式，通常是透過交易所和經紀商。這些交易所有些只提供幾種加密貨幣，有些則會廣泛的提供各種加密貨幣的交易；有些交易所的費用較高，有些則有較好的客戶服務，有些則是在安全方面的聲譽卓著。有些可以讓你把法定貨幣（所在國家 / 地區的當地貨幣，例如美元）直接兌換成加密貨幣，有些則很可能要求你必須以一種加密貨幣（例如比特幣），來兌換其他數位資產（如瑞波幣或萊特幣）。

所以要找到最好的加密貨幣交易所或經紀商，就必須仔細檢查所有可能選項，找找看哪一家最適合你的加密貨幣需求（請翻回第 6 章，了解如何選擇不同類型的加密貨幣交易所和經紀商）。

REMEMBER

有時因為目的不同，最好同時使用多個交易所進行加密貨幣交易，我個人目前就使用了三家交易所進行交易。

短期投資或長期投資

投資時間的長度範圍，取決於你的風險承受能力、財務目標、目前的財務狀況以及空閒的時間等。如果你已經有一份需要大量注意力與時間的全職工作，就不該把加密投資組合或任何其他資產進行短期的管理方式。因為你應該把精力集中在主要工作上（才不會被解僱），每隔幾週左右管理一次投資組合，維持跟上目前的漲跌趨勢即可。這種長線投資需要負擔的風險也相對較少。

TIP

整理一下：計算你的風險承受能力在第 3 章；短線投資和長線投資則在第 17、18 章。

從小投資做起

如果你只想先試試水溫，還沒有可靠的財務計畫時，請先不要把一大筆資金貿然投入市場。你可以先從幾百美元開始，或者任何你負擔得起的金額，然後再慢慢擴大投資組合。此外，請不要把能投資的錢只投資在單一加密貨幣上。如果你完全是投資新手，更不能把投資的資金完全分配給加密貨幣。在你找到自己的最佳投資組合之前，「多元化」絕對是最重要的關鍵，對於投資新手來說，更是如此。

就我個人而言，我的投資組合包括股票、交易所交易基金（ETF）、外匯及加密貨幣。在任何給定時間裡，各位都可以在我的投資組合中，

找到至少十種不同的加密貨幣（加密貨幣和其他金融資產多元化在第2、10章）。

追隨理念

TIP

許多加密貨幣基於區塊鏈應用，目的在解決世界或社會上的特定問題（詳見第4章）。區塊鏈應用可以為許多大眾關心的問題提供解決方案，範圍從解決無法擁有銀行帳戶的問題，到防止選舉詐騙，一直到幫助農民等。投資於區塊鏈應用理念與你相近，或對你有吸引力的加密貨幣，更可藉由支持該應用而能更快實現其理念目標。這種成就感讓你的投資更具意義，也更有樂趣。因此，當你從幾百種可用選項裡挑選加密貨幣時，關注背後的理念也會很有幫助。各位可以回頭翻閱第8章所討論的各種加密貨幣類別。

是否考慮挖礦

挖礦是比特幣與許多加密貨幣的背後支柱。加密貨幣的挖礦是使用強大的電腦計算能力來解決複雜的數學方程式；成功解開問題者，將可獲得加密貨幣獎勵。不過挖礦通常被認為非常昂貴，因為必須投資專用的高階電腦設備，並在運行計算時的挖礦過程消耗大量電力。然而有時根據加密貨幣的目前價值，可能會讓挖礦行為變得有利可圖。舉例來說，如果某種加密貨幣的挖礦花費，低於實際購買該加密貨幣的成本時，可能就必須考慮挖礦。

TIP

第12章解釋許多關於挖礦定義、挖礦術語、挖礦所需設備的訊息。你也可以使用一些加密貨幣網站上的「挖礦計算機」來檢查挖礦行為的獲利能力。

先考慮投資其他資產

如果你從未投資過任何東西，可能會發現自己對整個加密貨幣行業有點不知所措。甚至可能連教育自己制定投資策略、了解從未接觸過的金融知識等都相當困難。在這種情況下，或許可以考慮先從投資自己比較熟悉的東西開始，例如你比較了解的公司所發行的股票等。在你對熟悉的事物進行過投資之後，再慢慢的將投資組合擴展到加密貨幣等新工具上（不同資產類型的投資可參閱第 2 章）。

我自己第一次交易的資產類別是外匯，也就是將一個國家的貨幣（例如美元），換成另一個國家的貨幣（例如日圓）。在我進行首次交易時，還是一位在日本讀大學的外國學生，所以我本來就經常檢查日圓兌換美元的價格，當然也就因為熟悉而更容易了解當時的匯率走勢。

加入支持群組

大部分的交易者，可能都是自己在電腦或智慧型手機上進行交易。如果你身邊的朋友對此都不感興趣的話，這件事很快就會成為一項非常孤獨的活動。因此，當市場發展不順時你可能會感到沮喪，而當市場表現良好時，也可能被勝利沖昏頭，不知何時該獲利了結。

雖然我在本書探討如何制定投資策略，以確定最佳的市場進入點和退出點，不過如果有人能與你同舟共濟，總會很有幫助。有許多加密貨幣在 Telegram 應用程式上都有專屬頻道，在 Reddit 和 BitcoinTalk 等網站上，也會擁有自己的聊天室，讓大家可以在其中分享訊息並與其他加密投資者交流。我的投資女王網站也是這類資源之一，除了分享我在股票、外匯和加密貨幣等，不同資產類別中的投資策略外，網站裡的各國投資者也很積極的參與對話，會在尋找當地交易所等事務上互相幫助。你也很可能在上述這些群組裡，發現自己未曾想過或看過的問題。

Chapter **23**
加密投資失利時
可以採取的十種行動

無論你是短線交易者或長線投資者，可能偶爾就會看到自己的加密投資組合處於下跌趨勢，例如其中一個或多個加密資產處於虧損的情況。所以在不知不覺中，你可能會突然處於 FUD（fear, uncertainty and doubt，恐懼、不確定和懷疑）的加密貨幣投資情緒中。這種情況當然令人非常沮喪，也可能導致你做出情緒化的投資決定，而非深思熟慮的投資策略。因此，本章要列舉出當市場不利於你時，可以採取的十種行動。

什麼都不做

我們一再強調「耐心是有利可圖的美德」。如果你已經做了我教給各位的 IDDA 分析（詳見第 9 章）裡的所有要點，進行過全面的分析，卻仍遇上這種情況的話，目前的市場下跌很可能是暫時的。如果給它一點時間，可能就會發現你的加密資產又回到積極向上的趨勢了。只

要等待的時間夠長，即使是最艱難的市場也會再次反彈（當然前提是你真的仔細做過上述分析）。由於加密貨幣算是相當新的市場，還沒有足夠的歷史資料，可以證明它會隨其他市場（例如股票市場）的情緒連動。然而由於大多數投資者會把加密貨幣歸類為與股票一樣的資本收益資產，因此，加密貨幣市場很可能也會遵循類似股票投資的市場心理。這種「資本收益資產」（Capital gain assets）的投資，其目的當然就是投資在可以獲得資本收益的資產上，為你帶來正面的投資回報。不過如果等待獲利的時間太長的話，就不一定適合所有的交易者和投資者。

根據你的生活和財務目標的不同，或許可以把「時間」當成你在投資上最好的朋友。當你制定一個「十年計畫」來實現財務目標（例如買房子）時，你就不必太過擔心市場上的短期上下波動。

重新評估風險承受能力

正如我在第 3 章中所說，衡量風險承受能力，是投資任何事物必須採取的第一個步驟。隨著生活延續、環境的變化，很可能會影響你的風險承受能力。因此在投資組合下跌時，可能就是重新評估風險承受能力的好時機，並可藉此確定下一步行動的最佳做法。

舉例來說，如果你現在的風險承受能力比投資當時更高的話，或許就可以考慮增加承受虧損的部位大小（稍後還會詳細討論）。一旦你的財務狀況對你的風險承受能力產生了負面影響，而你也沒有太多時間可以處理時，就可以考慮減少損失（稍後也會討論到）。

評估的底線就是永遠不要只根據「情緒」，或是風險承受能力高低的「感覺」，而做出輕率的決定。只要仔細計算你的風險承受能力，很可能就會得到意外的驚喜。

著眼大局

我們可以從技術面、基本面的角度來評估局勢：

» 從技術面（詳見第 16 章）來看，我們可以切換到更長的時間框架，更清楚的了解市場走向。舉例來說，市場可能處於非常長期的上升趨勢，價格也已上漲了很長一段時間。在這種情況下，目前的下跌可能是一個健康的「修正」，甚至是購買更多加密資產的好時機。

» 從基本面（詳見第 9 章）來看，你應該回到為何選擇投資特定加密貨幣的原因，例如因為他們的事業、管理、社群、技術，或是其他一切有助於加密貨幣的價值長期成長因素。請翻回第 9 章，了解更多關於基本面分析的訊息。

研究加密貨幣下跌的根本原因

正如上一節討論的〈著眼大局〉，你可能會發現有個核心的基本問題，正在把你的加密資產推往貶值的方向。也許是該加密貨幣不再得到大型金融公司支持，或是捲入了一場騙局，甚至資金用完了，無法繼續對背後的技術進行投資等。你可以上網搜尋，查看任何特定加密貨幣的基本面，只需搜尋該加密貨幣名稱，然後瀏覽「新聞」類別下的最新搜尋結果。如果基本面變糟，並且確實是價值下跌的原因，你可能就要重新評估自己的投資部位，盡可能減少損失。

作為一位加密愛好者，建議各位關注 Cryptobriefing、Coindesk 和 Newsbtc 等加密貨幣新聞網站，以及時了解最新的加密貨幣相關新聞。

考慮避險

「避險」（Hedging，亦稱對沖）是一種常見的風險管理投資策略。避險基本上就是對沖你目前的部位（Position，同時擁有買賣合約）或行業（同時購買行業內優劣者），以抵消它所涉及的風險。我在第 14 章討論過選擇權和期貨等衍生性金融商品的避險，你也可以透過多元化的投資類別（以下兩節還會詳述），或反作你目前的部位來避險。舉例來說，如果你投資購買比特幣與另一種加密貨幣（例如以太幣）對，而比特幣價格正在下跌時，就可以考慮在不同的交易中賣出比特幣（賣空），利用比特幣目前的下跌趨勢獲利，以抵銷損失。

當你在允許賣空的經紀商交易加密貨幣時，部位對沖就特別有用。有關對沖策略的更多內容，也可參考我的網站或 Youtube 頻道。

加密資產多元化

當你有虧損的加密貨幣時，添加風險類型完全不同的其他加密資產，也等於是另一種形式的對沖，可以用來平衡你的投資組合。然而判斷該添加哪些加密貨幣資產，可能非常困難。因為至少在撰寫本書時，大多數加密資產都面臨類似的風險。你可複習第 3 章所談的風險相關內容，再配合第 9 章來尋找最適合加入投資組合的其他加密貨幣。

其他金融資產多元化

在加密貨幣投資成為主流之前，這種策略可能最有幫助。如果你的分析顯示加密貨幣市場的看跌期較長，而債券等其他金融工具比較有利可圖時，可能就要考慮從加密貨幣的投資組合裡，加入其他金融資產來分散風險。這種方法等於又是另一種不同形式的對沖。關於這點可複習第 2、10 章，了解更多關於資產多元化的內容。

兌換為更有前景的加密貨幣

在加密貨幣下跌後，當你為加密資產重做 IDDA 分析時（詳見第 9 章），可能會發現自己的某個特定加密貨幣並不值得持有。如果是在投資股票的情況下，你別無選擇只能承受損失（必須先賣出下跌的股票，才能再買其他新股票），不過在加密貨幣世界中，我們可以選擇兌換為不同的、更好的加密貨幣進行交易。舉例來說，假設你以高價購買了一堆名為「劣質幣」的加密貨幣，結果它的價值一直在暴跌，完全沒有復甦的跡象。與此同時，你發現了一種新的、廉價的、前景光明的，名為「優質幣」的加密貨幣。雖然你可能無法用已經貶值的「劣質幣」兌換到大量新的「優質幣」，但你仍然可以儘早減少「劣質幣」的損失，並從兌換到更好的「優質幣」中受益。

請考慮添加目前部位

華倫·巴菲特是相當著名的投資者，他在市場下跌時，也會為虧損添加部位，亦即以更便宜的價格購買到更多下跌的股票。當然他只會針對基本面強勁且處於暫時、健康下修中的資產如此。而且他也會同時考慮到風險的問題。

這種策略也適用於加密貨幣的投資。在你因此感到興奮之前，請記住加密貨幣市場的行為，可能與巴菲特投資的股票市場有所不同，而且在未來幾年，很可能也會持續的不可預測與上下波動。因此你必須確保在一段時間內，能夠承受更大的預期損失風險，直到加密貨幣市場逐漸步入正軌。

為虧損增加部位時，請避免使用保證金或向經紀商借款。這些作法絕對會增加你的投資風險。

增加虧損部位，可以降低平均持倉（持有部位）價格，然後在價格回升時獲利更多。

考慮停損

大家可能知道我並不喜歡設定停損，停損是當市場向下時，我們設置好賣出價格的市場委託單。當加密貨幣這類資產價格不利於你的投資部位時，你會設置停損，然而有時也會因為個人風險承受能力太低，或目前市場條件等各種原因，讓你別無選擇。在這種情況下，你可能需要考慮直接擺脫虧損部位，將之放棄，然後再專注於投資組合裡的其他獲利來源。

短線交易者更可能使用停損（詳見第 17 章）；長線投資者（詳見第 18 章）則應提前進行風險管理計算，確保自己有足夠的時間，可以等待下跌的趨勢反轉。

如果你投資一個騙局下的加密貨幣，而且很晚才知道自己錯了的話，停損可能會變得非常有用，因為它可以讓你在資產價值降到零之前，限制你的損失。

Chapter **24**

加密投資者的十大難題與機會

本章將介紹在加密貨幣投資冒險中，可能面臨的十個「阻礙難題兼獲利機會」。我之所以把難題與機會結合在一起，是因為當你以正確的方式面對時，便可能將「危機化為轉機」。

初來乍到的新加密貨幣

比特幣是有史以來第一個加密貨幣，在 2018 年的第一次高峰期已滿 10 歲，所以它已經不再是投資者感興趣的唯一加密貨幣了。無論好壞，新的加密貨幣不斷出現，我們可以預期這個數字還會不斷增加。然而最可能發生的情況是，並非所有 2018 年可交易的 1,600 種加密貨幣，都有機會在誕生的五年內大放異彩。從另一方面來講，尚未誕生的某個加密貨幣，也有可能在未來大爆發並永久取代比特幣的地位。

REMEMBER

我把這個概念取名為難題與機會，是因為你必須保持開放的心態，把眼光看向未來，才能從眾多新出現的加密貨幣中，挑選出真正有潛力的加密貨幣（選擇最佳加密貨幣的相關內容在第 9 章）。

尋找經濟數據

尋找加密貨幣相關的經濟數據,是目前投資該行業面臨的難題之一。雖然已經有許多專注於加密貨幣的新聞機構,但要找到推動市場的「真實」經濟數據,可能相當困難。由於加密貨幣行業尚未發展出成熟的行業經濟體系,因此有時媒體真的可以憑空製造市場的恐懼或貪婪,背後完全沒有可靠的財務報表支持。為避免在投資時落入此類陷阱,你可能必須同時關注多個加密新聞網站,並對所有報導的內容持保留態度。

以下是一些金融新聞和加密新聞網站列表(按字母順序排列),各位可以關注這些網站的報導,以對加密市場有更全面的了解(譯按:讀者可選擇將網頁「翻譯成中文」,來閱讀這些加密新聞網站的報導):

» AMBCrypto(AMB 加密新聞):https://ambcrypto.com/

» Benzinga Pro(Benzinga Pro 新聞):
  https://pro.benzinga.com/?afmc=2f

» Bitcoin Exchange Guide(比特幣交易指南):
  https://bitcoinexchangeguide.com/

» CCN(加密貨幣新聞):www.ccn.com/

» CoinDesk(幣桌新聞):www.coindesk.com/

» CoinGape(幣口新聞):https://coingape.com/

» CoinGeek(幣技客新聞):https://coingeek.com/

» Cointelegraph(幣電訊報):https://cointelegraph.com/

» Crypto Briefing(加密簡報):https://cryptobriefing.com/

» Crypto Daily(加密日報):https://cryptodaily.co.uk/

» The Daily HODL(每日持幣):https://dailyhodl.com/

» Forbes(富比士):https://www.forbes.com/digital-assets/
  crypto-advisor-portfolio/

> **»** Global Coin Report（全球加密貨幣報告）：
> https://globalcoinreport.com/

> **»** MarketWatch（市場觀察）：www.marketwatch.com/

> **»** NewsBTC（比特幣新聞）：www.newsbtc.com/

法規

在撰寫本書時，加密貨幣法規還處於起步階段。有些國家在法規方面會領先於其他國家，也已經為其國民創造早期利用加密貨幣行業獲利的機會。如果在你的國家，相關法規進展緩慢時，也請不要失望。雖然缺乏監管是此行業的另一個重大問題，但它也很可能讓早期投資者在價格低廉時，獲得投資的優勢。因為隨著越來越多的國家監管加密貨幣市場，並將其視為一種真正的金融工具後，加密貨幣的價格可能會隨之穩步上漲。

駭客

你可能好奇「駭客事件」這類問題如何成為轉機？如果你是駭客事件的直接受害者，那很顯然是個問題（第 7 章說明了保護你的加密貨幣免受駭客攻擊的方法）。雖然駭客攻擊是加密行業會面對到的問題，而且它在未來可能也不會消失。然而駭客攻擊事件，通常只會「暫時」對加密市場的價格產生負面影響，此時不就正好變成其他市場參與者，有機會以較低價格購買的好時機？

利用駭客事件來獲利，並不是說你應該投資被駭客入侵的公司，而是必須研究並分析情勢。如果特定的加密貨幣或加密貨幣交易所，受到的傷害「不可逆轉」的話，可能就要保持距離。然而當加密業界發生這類事件時，也可能會同時影響到市場上的其他加密貨幣。類似某個球隊有一名球員打得不好時，對所有其他球員也可能造成負面的士氣影響。這些受到影響的加密貨幣，就是可以考慮關注的對象。

泡沫

你在 2018 年時可能認為加密貨幣的泡沫被戳破，市場已經慢慢的趨於穩定。結果在 2021 年，加密貨幣市場又揚起另一波泡沫。因此，沒有任何跡象可以證明新的加密貨幣，甚至現有的加密貨幣，不會再出現另一場泡沫高點。透過分析研究，你可以辨識出沒有基本面的快速價格成長，來判斷市場泡沫，也就是它們通常來自市場炒作。而且這是最好的時機，若非以更高價格出售你的加密貨幣資產，要不就乾脆「遠離」一切炒作，直到泡沫戳破而平靜下來。「遠離」是真正的挑戰，因為你必須與你的 FOMO（害怕錯過）心理來場拉鋸戰。

下跌行情

當你的加密貨幣投資組合下跌時，你的自信感和積極態度可能都會隨之下降。但請記住，你所虧損的部位，並非針對你的智商、家族遺傳或任何針對個人的侮辱。一切只是基於市場情緒的自然波動，不該讓它影響到你。正如我在第 23 章所討論的，你可以透過擴大投資和對沖來利用下跌行情。

虧損的投資組合，並不代表你一定是個失敗的投資者，沒有能力在市場上獲利。同樣情況，成功的投資組合，也並不代表你一定是愛因斯坦（或華倫·巴菲特）的親戚，當然也不能證明你已經成功掌握了投資的藝術。

新貨幣和新項目

新的經濟系統浪潮正逐漸湧起，它很可能會也可能不會以區塊鏈支持的加密貨幣作為結束。在撰寫本書時正在進行的新項目包括 Initiative Q（已改名為 Quahl，目前暫時停止用戶註冊中），它在 2018 年 6 月作為一項社會實驗而展開。其經濟模型背後的理論基礎在於：每種貨

幣所具有的價值，是來自人們擁有它和商店接受它作為「支付系統」。因此 Initiative Q 宣稱自己是「未來的支付網路」。更具體的說，它使用一種名為 Q 的「未來貨幣」，進行一項長期的社會金融實驗。

早期採用者（免責聲明：我也是其中之一）可以邀請其他人，並鼓勵他們邀請更多人來獲得免費的 Q 貨幣。該項目的理念聲稱，如果有夠多的人持有 Q，Q 便可能會成為一種可以取代美元，在全球範圍內使用的合法貨幣。

我認為這種類型的新項目，既是機會也是問題的原因在於，你會遇到許多可能包含大量風險，或可能無法完成其目的的未來經濟模型。例如很多人覺得 Initiative Q 就是變相的傳銷，因而拒絕加入邀請，我當然願意為這些害怕洩露個人訊息的人喝采。不過我認為 Initiative Q 的風險已經很低了，因為它所要求的只是你的姓名和電子郵件地址，而且在它們的宣傳裡也強調，如果項目不成功，公司將銷毀這些資料。

Initiative Q 的邀請方式是用以下的連結：https://initiativeq.com/invite/BBCN_O8hm（有中文）。邀請連結會不定期開放或停用，所以當你點擊此連結時，它有可能會處於停用期間。不過你可以透過此連結造訪 Initiative Q 的社交媒體頁面，然後找到可用的連結。此外，如果你詢問朋友或家人，很多人可能都有連結可以分享。當然另一種可能便是當你閱讀到這本書時，該項目或許已經中止！（譯按：作者預測正確，該項目目前停止註冊，創辦人認為目前的規模並不足以推出新貨幣。）

多元化

我們在第 10 章詳細討論過多元化投資。雖然多元化通常是風險管理的黃金策略，但太過多元化反而可能對你的投資組合有害。為何如此？因為將資金分散到太多的不同資產上時，很可能失去對表現最佳的股票進行大筆投資的機會。而如果你在真正的獲利贏家資產上投資太少的話，你的投資報酬率也會降低。

如果你已經對特定加密貨幣進行了澈底的 IDDA 分析（詳見第 9 章），並確信一定會上漲的話，可考慮將更多資金分配給該加密貨幣，而非為多元化之故去購買大量並不確定的加密貨幣。有時候你只需要一、兩個正確的大投資，就能實現自己的財務目標。

愛上特定加密貨幣

投資需要遵守紀律與做出艱難的決定。雖然加密貨幣可能很吸引人，但從長遠來看，對特定加密貨幣太過眷戀的話，很可能會造成投資帳戶的虧損。如果到了應該告別某個過去是加密貨幣贏家（但現在不是）的時候到了，那就果斷告別吧。愛上你過去信任的特定加密貨幣當然很棒，但我們從事投資是為了賺錢，請不要讓感性牽動你的投資決策（不過，當你已經完成所有邏輯分析之後，倒是可以用上一點直覺來判斷）。也請記住，你的加密貨幣並不會以同樣感性的方式愛你。

使用 IDDA 分析

無論您是何種類型的投資者或交易者，IDDA 分析（詳見第 9 章）都可以作為你的導引。使用 IDDA 需要耐心了解市場如何運作，不能只是隨心所欲的選擇。即使你喜歡的某位金融名嘴正在推薦某種特定的加密貨幣，也不能把它當成是基本面分析。而如果你只在某個時間框架內發現一個強勁的趨勢，就必須同時檢查其他指標，才能算是完整的「技術分析」。因此，請在做出投資決定之前，確保 IDDA 的所有分析都指向同一個方向。

如果有投資方面的問題，歡迎隨時找我求助：
https://learn.Investdiva.com/start。

附錄

本單元內容包含：

活躍的加密貨幣交易者應該造訪的最佳去處。

哪裡可以獲得正確投資組合管理方面的幫助。

Appendix **A**

加密貨幣投資者參考資源

我 在本書詳細介紹了如何選擇加密貨幣,以及在投資加密貨幣之
前如何分析市場。而在本附錄中,我將詳細說明可以在哪裡找
到所需資源。但請各位記住,這些訊息是截止至撰寫本書時的資料,
當你拿到這本書時,情況一定也會有所變化。

加密貨幣市值前段班

截至 2019 年為止,市場上已經存在 2,000 多種加密貨幣,而且數量
還在不斷增加。探索加密貨幣的方法之一,是根據它們的「市值」進
行比較,也就是透過將加密貨幣總數量乘以它們的目前市價來計算。
大家通常很關心這個數字,因為這數字彷彿代表投資人對特定加密貨
幣的信心指數,亦即其價格可能上漲,因而擁有更高的市值。其實市
值排名每天都會發生變化,但為了供各位參考,我在本節中按照截至
撰寫本書時的市值,對排行前 200 名的加密貨幣進行分類(閱讀本章
前請先複習第 8、9 章,了解有關市值、不同類型的加密貨幣,以及
根據你的需求確定最佳加密貨幣的更多內容)。

各位不該只根據市值來分析加密貨幣優劣。雖然本節依市值排名提供參考，但有太多其他潛在因素，都可能影響數位資產未來成功與否。（更多相關訊息請參閱本書第 2 單元）。

市值前 100 名的加密貨幣

市值排名前 100 名的加密貨幣，比較可能會遇到投資者的投機行為。他們能進入前 100 名的事實，代表市場對他們充滿信任。但請各位記住，沒有哪一種加密貨幣大到不能倒，當然，你也很可能會在鮮為人知的加密貨幣中，找到自己鍾愛的璞玉。以下是根據 Crypto Briefing（https://cryptobriefing.com/）所公布，截至撰寫本書時的前 100 名加密貨幣名單。有關 Crypto Briefing 上特定加密貨幣的更多詳細訊息，請點選其主頁，在畫面上方的「即時數據」下選擇「幣名與市值」，然後點擊表格中的加密貨幣名稱（譯按：Crypto Briefing 目前以新聞為主，大家可以使用 CoinMarketCap、CoinGecko 等加密貨幣市值網站來查詢排名）。

以下每個幣種都有自己的網站，可以在搜尋引擎上直接找到。如果幣名太過籠統（例如 Ark 的同名網站很多），請考慮在其旁邊輸入符號或加上關鍵字「crypto」（加密），縮小搜尋結果的範圍。CoinMarketCap（https://coinmarketcap.com/）和 CoinGecko（www.coingecko.com/en）等網站，都有提供最新的排名、價格和市值（以下中文幣名依 CoinGecko 網站為參考）。

>> Bitcoin（BTC，比特幣）

>> Ethereum（ETH，以太幣）

>> Ripple（XRP，瑞波幣）

>> Bitcoin Cash（BCH，比特現金）

>> EOS（EOS）

>> Stellar（XLM，恆星幣）

- Litecoin（LTC，萊特幣）

- Cardano（ADA，卡爾達諾）

- Tether（USDT，泰達幣）

- Monero（XMR，門羅幣）

- TRON（TRX，波場）

- Binance Coin（BNB，幣安幣）

- IOTA（MIOTA，埃歐塔）

- Dash（DASH，達世幣）

- Ontology（ONT，本體幣）

- NEO（NEO，小蟻）

- Tezos（XTZ）

- Ethereum Classic（ETC，以太坊經典）

- NEM（XEM，新經幣）

- Zcash（ZEC，大零幣）

- VeChain（VET，唯鏈幣）

- DogeCoin（DOGE，狗狗幣）

- Bitcoin Gold（BTG，比特黃金）

- 0X（ZRX，0X 協議）

- Maker（MKR）

- OmiseGo（OMG，嫩模幣）

- ByteCoin（BCN，字節幣）

- Decred（DCR）

- Lisk（LSK，應用鏈）

- Huobi Token（HT，火幣積分）

- QTUM（QTUM，量子鏈）

- Icon（ICX）

- Aeternity（AE，阿姨幣）

- Zilliqa（ZIL）

- Basic Attention Token（BAT，注意力幣）

- Bitcoin Diamond（BCD，比特鑽石）

- Nano（XNO，納米幣）

- SiaCoin（SC，雲儲幣）

- BitShares（BTS，比特股）

- DigiByte (DGB，極特幣）

- Verge（XVG）

- Steem（STEEM，斯蒂姆幣）

- Pundi X（NPXS）

- Holo（HOT）

- Waves（WAVES，波幣）

- TrueUSD（TUSD）

- Metaverse（ETP，元界）

- Golem（GNT）

- Iostoken（IOST）

- Augur（REP）

- Stratis（STRAX）

- Komodo（KMD，科莫多幣）

- ChainLink（LINK）

- Electroneum（ETN）

- Status（SNT）

- Populous（PPT）

» Aurora（AOA，極光鏈）

» Wanchain（WAN，萬維鏈）

» Ardor（ARDR，阿朵幣）

» MaidSafeCoin（MAID）

» Ark（ARK）

» Ravencoin（RVN）

» GSENetwork（GSE）

» Mithril（MITH，祕銀幣）

» Aion（AION）

» KuCoin Shares（KCS）

» aelf（ELF）

» Bankera（BNK）：

» Digitex Futures Exchange（DGTX）

» NEXO（NEXO）

» Veritaseum（VERI）

» HyperCash（HC，紅燒肉）

» Reddcoin（RDD，瑞迪幣）

» Odyssey（OCN）

» FunFair（FUN）

» Loopring（LRC，路印協議）

» Revain（REV）

» Polymath Network（POLY）

» Decentraland（MANA）

» Dropil（DROP）

» GXChain（GXC，公信寶）

- » PIVX（PIVX，普維幣）

- » QuarkChain（QKC）

- » DigixDAO（DGD，黃金代幣）

- » Xfinite Entertainment（XET）

- » MonaCoin（MONA，萌奈幣）

- » Crypto.com（MCO）

- » Horizen（ZEN）

- » QASH（QASH）

- » Waltonchain（WTC，沃爾頓鏈）

- » CyberMiles（CMT，草莓糖）

- » Loom Network（LOOM）

- » Nebulas（NAS，星雲幣）

- » TenX（PAY）

- » Dentacoin（DCN）

- » Kyber Network（KNC）

- » Bancor Network Token（BNT）

- » Power Ledger（POWR）

- » Zcoin（XZC）

- » Ino Coin（INO）

REMEMBER

為加密貨幣找到訊息一致的來源非常困難，例如 Crypto Briefing 網站上關於加密貨幣市值的訊息，可能會與其他網站上的訊息不同。至少在所有網站開始使用類似的加密貨幣市場指標之前，你不該認為加密貨幣相關新聞網站上找到的內容，一定都是正確的市場資訊，至少目前的情況並非如此。

加密貨幣排行 101 到 200 名

此列表來自撰寫本書時，Crypto Briefing 網站上排行第 101 到 200 名的加密貨幣，其中包括許多知名投資者本身押注的加密貨幣，因為他們在價格相當低廉時購買了這些加密貨幣，而這些加密貨幣在未來很有可能超越排名在前面的加密貨幣（搜尋這些加密貨幣的詳細訊息或官網，請參閱上一節）。

» NXT（NXT，未來幣）

» Theta Network（THETA）

» SALT（SALT）

» Dragonchain（DRGN，龍鏈）

» Gas（GAS）

» Syscoin（SYS，系統幣）

» Ambrosus（AMB）

» Enigma（ENG）

» Bytom（BTM，比原鏈）

» Dai（DAI）

» Genesis Vision（GVT）

» Ether Zero（ETZ）

» Civic（CVC）

» Kin（KIN）

» Elastos（ELA，亦來雲）

» Nexus（NXS）

» EmerCoin（EMC，崛起幣）

» Dent（DENT）

» Cindicator（CND）

- MobileGo（MGO）
- Cortex（CTXC）
- GoChain（GO）
- Nuls（NULS）
- Storj（STORJ）
- Eidoo（EDO）
- Bitcoin Private（BTCP）
- Sirin Labs Token（SRN）
- Factom（FCT，公證通）
- Enjin Coin（ENJ，恩金幣）
- Neblio（NEBL）
- Storm（STORM）
- Gifto（GTO）
- Substratum（SUB）
- WaykiChain（WICC，維基鏈）
- Nectar Token（NEC）
- Matrix AI Network（MAN）
- Groestlcoin（GRS）
- Request Network（REQ）
- RChain（RHOC）
- Centrality（CENNZ）
- SmartCash（SMART）
- Bibox Token（BIX）
- ODEM（ODEM）
- Iconomi（ICN）

- » SingularityNET（AGI）

- » Docademic（MTC）

- » Hydro（HYDRO）

- » Noah Coin（NOAH）

- » Mainframe（MFT）

- » Quant（QNT）

- » Hycon（HYC）

- » Endor Protocol（EDR）

- » Skycoin（SKY，天空幣）

- » iExec RLC（RLC，雲算寶）

- » Byteball Bytes（GBYTE，字節雪球）

- » Red Pulse Phoenix（PHX）

- » Ethos（ETHOS）

- » Vertcoin（VTC，綠幣）

- » Cryptaur（CPT）

- » Scry.info（DDD）

- » Time New Bank（TNB）

- » Ignis（IGNIS）

- » SmartMesh（SMT）

- » IoTeX（IOTX）

- » Clams（CLAM）

- » PayDay Coin（PDX）

- » Infinity Economics（XIN）

- » Gold Bits Coin（GBC）

- » Streamr DATAcoin（DATA）

- Crypterium（CRPT）

- THEKEY（TKY）

- Pillar（PLR）

- Telcoin（TEL）

- FUSION（FSN）

- High Performance Blockchain（HPB，芯鏈）

- Po.et（POE）

- SONM（SNM）

- Santiment Network（SAN）

- Linkey（LKY）

- Bluzelle（BLZ）

- Libra Credit（LBA）

- Peercoin（PPC，點點幣）

- Wagerr（WGR）

- CyberVeinToken（CVT，數脈鏈）

- Aragon（ANT，阿拉貢）

- NIX（NIX）

- Content Neutrality Network（CNN）

- Zipper Network（ZIP）

- ARBITRAGE（ARB）

- NavCoin（NAV，納瓦霍幣）

- PumaPay（PMA）

- TokenPay（TPAY）

- CRYPTO20（C20）

- Penta Network Token（PNT）

- » Gnosis（GNO）

- » Raiden Network Token（RDN，雷電網路）

- » Ubiq（UBQ）

- » TomoChain（TOMO）

- » Quantstamp（QSP）

- » ProCurrency（PROC）

加密貨幣資訊網站

隨著加密貨幣逐漸走向主流，投資者也開始將更高比例的投資組合，分配給這些數位加密資產。我們可以期待傳統媒體業者的金融新聞，會更頻繁的報導與加密貨幣相關的話題。不過，你一定也要關注專門報導加密貨幣訊息的加密新聞網站。通常不同的加密新聞網站會把重點放在不同主題上，例如專注於突發新聞、挖掘內幕消息、整體市場訊息等。在本節中，我將為各位介紹不同類別的加密新聞訊息來源。

加密貨幣新聞

在本節中，我列出專門報導加密貨幣的新聞網站，以及也有報導加密貨幣的傳統媒體網站。

專門報導加密貨幣新聞的網站如下：

- » AMB Crypto（AMB 加密新聞）：https://ambcrypto.com

- » Bitcoinist（比特幣主義者）：https://bitcoinist.com/

- » Bitcoin Magazine（比特幣雜誌）：https://bitcoinmagazine.com/

- » Blockonomi（區塊經濟）：https://blockonomi.com

- » CCN（加密貨幣新聞）：www.ccn.com/

» CoinDesk（幣桌新聞）：www.coindesk.com/

» CoinGape（幣口新聞）：https://coingape.com/

» CoinGeek（幣技客新聞）：https://coingeek.com/

» CoinJournal（幣雜誌）：https://coinjournal.net

» Cointelegraph（幣電訊報）：https://cointelegraph.com/

» Coin Insider（幣內幕）：https://www.coininsider.com/

» Crypto Briefing（加密簡報）：https://cryptobriefing.com/

» Crypto Crimson（加密深紅）：https://cryptocrimson.com
（原網址已失效，目前剩下其 Facebook 專頁。）

» Crypto Daily（加密日報）：https://cryptodaily.co.uk/

» Crypto Recorder（加密記錄器）：https://www.cryptorecorder.com/

» Crypto Vibes（加密氛圍）：www.cryptovibes.com/

» Cryptolithy（加密貨幣）：https://cryptolithy.com/

» Ethereum World News（以太坊世界新聞）：
https://ethereumworldnews.com/

» ETHNews（以太新聞）：www.ethnews.com

» Hacked（駭取新聞）：https://hacked.com/

» NewsBTC（比特幣新聞）：www.newsbtc.com/

» Ripple News（瑞波新聞）：https://ripplenews.tech/

» Smartereum（智慧坊）：https://smartereum.com

» The Daily HODL（每日持幣）：https://dailyhodl.com/

也有提供加密新聞的傳統新聞網站如下：

» 彭博：www.bloomberg.com

» CNBC：www.cnbc.com/

>> 富比士：www.forbes.com/crypto-blockchain/#1c35cd8b2b6e

>> 市場觀察：www.marketwatch.com/

>> 華爾街日報：www.wsj.com

>> 雅虎！財經：https://finance.yahoo.com/

此外，如果你想尋找有關某特定加密貨幣的新聞，只需要在搜尋引擎上輸入名稱，然後點擊「新聞」標籤頁面即可找到最新的報導。

加密貨幣投資分析

我在上一節提到的許多加密貨幣新聞網站，通常也都會提供各種數位資產的投資分析。以下是比較注重投資的新聞網站：

>> Crypto Vest（加密投資）：https://cryptovest.com/

>> FXStreet（外匯街）：www.fxstreet.com/cryptocurrencies/news

>> Invest Diva（投資女王）：www.investdiva.com/investing-guide/category/cryptocurrencies/

>> Invest In Blockchain（投資區塊鏈）：www.investinblockchain.com/

>> Investing.com（英為財情）：www.investing.com/crypto/

>> Nasdaq（那斯達克）：www.nasdaq.com/topic/cryptocurrency

參考這類投資網站提供的投資策略之前，請務必了解自己的風險承受能力和投資目標。有關風險的更多內容，請參閱第 3 章；有關短線策略的更多內容請查看第 17 章；有關長線策略的更多內容則請查看第 18 章。

我在本書提供了所有加密貨幣的知識與投資策略，而在我的投資女王網站裡，除了加密貨幣以外，還提供包括股票和外匯等方面的投資策略，也會教你如何在這些資產中分散你的投資組合。有興趣的讀者可以在此加入我的行列 https://learn.investdiva.com/join-group。

加密相關股票新聞

我在第 13 章介紹過,你也可以透過接觸加密行業的相關股票,「間接」投資於區塊鏈和加密貨幣市場,達成讓投資組合多元化的目的。許多傳統的財經新聞網站,都會提供這類訊息,以下是比較重要的幾個網站:

» Benzinga(Benzinga 新聞):https://pro.benzinga.com?afmc=2f

» Business Insider(商業內幕):www.businessinsider.com

» CNBC:www.cnbc.com/

» Financial Times(金融時報):www.ft.com/

» Fortune(財星):http://fortune.com

» New York Times(紐約時報):www.nytimes.com/section/technology

» Reuters(路透社):www.reuters.com/

» Wall Street Journal(華爾街日報):www.wsj.com/

加密貨幣即時行情

許多加密貨幣的新聞網站會在特定頁面上提供市場數據,而有些網站主要就在提供這些即時數據,以下是這類網站的列表:

» CoinCap(幣值網):https://coincap.io/

» CoinCheckup(幣查網):https://coincheckup.com/

» CoinCodex(幣典網):https://coincodex.com/

» CoinGecko(幣虎):www.coingecko.com/

» Coinlib(幣庫):https://coinlib.io/

» CoinLore(幣知):www.coinlore.com/

» CoinMarketCap（幣市值）：https://coinmarketcap.com/

» Coinratecap（幣值排行）：www.coinratecap.com/

» CryptoCompare（加密比較）：https://www.cryptocompare.com/

» Live Coin Watch（即時幣值）：www.livecoinwatch.com/

» OnChainFX（梅薩里 OnChainFX）：https://onchainfx.com/

比較工具

有些網站可以為你可能已經很熟悉的線上加密資源網站，提供比較和替代的其他資源。舉例來說，如果你正在尋找像 CoinMarketCap 這類加密資料來源的其他替代網站時，你只需在「替代網站」，亦即專門提供替代資源的網站上搜尋，即可找到類似 CoinMarketCap 的其他線上加密資源網站，而且通常還可以看到這些替代線上加密資源網站的評語。以下是目前常見的替代服務提供商列表：

» AlternativeTo：https://alternativeto.net

» finder：www.finder.com/cryptocurrency

» Product Hunt：www.producthunt.com

加密貨幣市場與錢包

無論是活躍的交易者與投資者，或是只想購買數位資產並將其藏在床墊底下的人，各種類型的加密愛好者，都可以找到適合自己的市場進行交易。以下列出你可以進行這些交易活動的地方。

加密貨幣交易所

我在第 6 章提過，交易所是買賣加密貨幣的主要場所之一。以下是撰寫本書時最受歡迎的一些交易所：

» Binance（幣安）：www.binance.com/

» Bisq：https://bisq.network/

» Bitfinex：www.bitfinex.com/

» Bittrex：https://bittrex.com/

» Coinbase（比特幣基地）：https://www.coinbase.com/

» Gemini（雙子星）：https://gemini.com/

» Huobi Global（火幣）：www.huobi.com/

» Idex：https://idex.io/

» Kraken：www.kraken.com

» KuCoin：https://www.kucoin.com/zh-hant

» NEXT.exchange：https://next.exchange/

» Poloniex（波場）：https://poloniex.com/

» Stellar Dex：https://www.stellar.org/

REMEMBER

以上列表包含不同類型的交易所，你應該根據安全性、各種費用、加密貨幣擁有數量等進行比較（第 6 章介紹過如何選擇最佳加密貨幣交易所）。

經紀商

我在第 6 章說過，經紀商是交易所的替代品之一，其運作方式與傳統股票和外匯經紀商的方式類似。以下是一些提供加密貨幣交易服務的經紀商：

» AVATrade（愛華）：https://www.avatrade.com.tw/

» eToro：https://www.etoro.com/zh-tw/

» Plus500：https://www.plus500.com/zh/

» Robinhood（羅賓漢）：https://robinhood.com/us/en/

TIP

已經有越來越多「券商」也開始提供加密貨幣交易服務。你可以使用
第 6 章的說明來找到當地的最佳加密貨幣經紀商。

其他服務

我在第 6 章說過，除了交易和投資之外，還有許多其他管道，可以讓
你購買比特幣和其他著名加密貨幣，以下是這類管道的列表：

» CoinTracker（幣蹤）：https://www.cointracker.io/

» Coinmama（硬幣媽媽）：https://www.coinmama.com/

» LocalBitcoins（在地比特幣）：https://localbitcoins.com/

» XCoins（X 硬幣）：https://xcoins.com/en/

加密貨幣硬體錢包

上面提到的許多交易所，都為投資者提供線上錢包。然而正如第 7 章
所說，最好還是將加密貨幣保存在更安全的硬體錢包中。以下是撰寫
本書時最受歡迎的兩種硬體錢包：

» Ledger Nano S：https://shop.ledger.com/products/ledger-nano-s

» Trezor：https://trezor.io/

分析圖表和稅收相關資源

若要分析加密貨幣的價格走勢，必須有正確的圖表工具來執行我們的 IDDA 分析（詳見第 9 章）。而且不論賺錢或虧錢，你的投資工作都尚未完成最後一步：由於加密貨幣成為公認的資產，因此你必須透過「納稅」來完成你的國民責任，所以我們還必須追蹤記錄自己的交易活動。

TIP

大多數加密交易所和經紀商，都提供了各種圖表等交易工具來進行技術分析。但他們的圖表服務，也可能無法讓你使用第 16 章所展示的高級技術分析技術。目前我最喜歡的圖表工具之一是 TradingView（www.tradingview.com/）。

包括美國在內的大多數國家／地區，都必須為加密貨幣交易繳納資本增值稅。以下介紹的資源，可以幫助你出於稅收目的來管理你的交易（有關稅收和加密貨幣的介紹，請參見第 21 章）：

» CoinTracker：https://www.cointracker.io/

» CoinTracking：https://cointracking.info/

» CryptoTrader：https://cryptotrader.software/

» Coinledger：https://coinledger.io/

Appendix **B**

個人投資組合管理參考資源

投資組合管理是一門藝術，而且我相信你才是管理自己資金的最佳人選。即使你決定聘請理財顧問為你管理投資組合，然而對市場如何運作有基本的了解，仍然是較為明智的作法，你也才有能力監督別人幫你處理資金的方式。歸根結柢一句話：沒有人會像你一樣關心你的錢！

因此在本書附錄 B 中，我將介紹一些管理投資組合方面的補充資源，無論你投資加密貨幣、股票、外匯，或是多元化的組合，都能協助各位成為自己金錢的主人。

讓你的錢為你工作大師課程（這是我自己的業配）

你是那種努力辛苦賺錢的人嗎？或者你是那些讓錢為自己工作以創造更多錢的人呢？你認為哪種類型的人最後會賺到更多錢？如果你的答案是第二種，那就對了（即使你無法參加本課程，仍可耐心聽聽以下的投資概念）。

富人為什麼越來越富有？答案就是他們已經發現了讓錢為他們工作，而非自己為錢工作的祕訣。在我的「讓你的錢為你工作的三個祕訣大師班」（3 Secrets to Making Your Money Work for You MasterClass）中，將為你分析我自己和學生的投資組合管理策略，讓錢為你工作而創造財富。你將因此發現：

>> 讓你的錢為你工作一年賺的錢，絕對比你在朝九晚五工作 15 年所賺的錢還多。

>> 不必一直盯著螢幕分析市場。

>> 只要用一點初始資金即可開始投資。

如果你想了解這三個賺錢的祕訣，請造訪我的投資女王網站 www. InvestDiva.com，並點擊「開始」按鈕，可看到關於如何參加「免費」的大師指導班級簡介，聽完再決定是否付費參加高級課程。

讓錢為你工作

我的工作是擔任投資女王網站的執行長，我很喜歡自己的工作，不過這個公司並非我最賺錢之處。2017 年時，我光是把白天工作的薪水投入，就賺了超過六位數的獲利，而且完全不必在螢幕前花大量時間盯盤，或是在此過程裡出賣我的寶貴時間。到底如何辦到的呢？

假設你的目標是在一年內賺到 100 萬美元，你有幾個選擇：第一種方法是成為擁有 15 年資歷的一家科技公司副總裁，然後在工作上全力以赴。不過即使做到這一點，你在頂級公司的大部分收入，通常是來自分紅的部分，也就是出售你從公司獲得的股票分紅的結果。然而對你不利的地方在於，獲得股票獎勵通常也會伴隨著出售限制和罰則。最糟糕的是，你很可能會在辦公室度過一生，錯過自己喜歡的事，例如與家人共度時光或環遊世界等。

第二種方法是讓你的錢替你工作，產生複合收入，讓你不必一直在電腦螢幕前閒晃。

不用把自己綁在電腦前就能賺錢

時間，是你生命中最重要的資產。我最喜歡這種投資策略的一點，就是我不必一直在線上分析市場。因為就我個人而言，我寧願和女兒一起睡覺或共度親子時光。此外，持續監控分析也有其缺點：

>> 對你的健康、眼睛或生活的整體幸福感不利。

>> 在交易市場裡，「當日沖銷」會激起人們最大的恐懼和貪婪，這些情緒很可能會導致你做出倉促的投資決策，造成投資組合的虧損。

>> 白白浪費可以與家人、朋友在一起的時光。

在我的大師班進階課程中，我將引導所有學員完成制定財務計畫的步驟，根據個人獨特的財務狀況和風險承受能力來制定投資策略，並協助你制定預算計畫，讓你得以高枕無憂，讓你的投資策略發揮作用，也就是讓你賺錢！

REMEMBER

這些知識你只需要懂一次即可。因為這並不是火箭科學，每一個故意拋出難解詞彙的理財顧問，都是在試圖阻止你發現他們的祕密。就時間管理而言，十年前我花了很多的時間在一個不肯說實話的理財顧問身上，因為他很努力的向我推銷產品，而不是像我現在做的，告訴大家如何管理自己的投資組合。

打造專屬於你的策略

許多所謂的「投資大師」們創造出千篇一律的交易訊號，這有時可能成為讓你虧損最多，或阻止你獲得最大收益的最快方法之一。根據線上交易學院（Online Trading Academy）在 2016 年的一項研究說明，86% 的基金管理表現，低於市場的平均水準。所以請你意識到每個人都是獨特的，你跟投資大師不同，也跟大師團隊中的其他人不同。因為你的金錢心態、財務歷史、目前財務狀況、風險偏好、風險承受能力、財務目標以及實現這些目標所制定的時間表，不可能跟別人完全一樣。只有當你了解財務規劃的基本原理，計算自己的風險承受能力

後，才能制定適合自己的投資策略，讓你比存放在管理基金的作法，帶來更快更多的回報。

基金經理擁有多年經驗，所以他們可能非常擅長管理自己的資金，並透過制定獨有的策略為自己創造了大量財富。但是對他們有用的東西對你可能完全不起作用，也可能無法協助你創造真正的財富。說實話，你聽說過多少人透過把錢存入管理基金而成為百萬富翁呢？我沒聽說過。而且所有像華倫·巴菲特這樣白手起家的百萬富翁，都是自己理財，他們也都不是天才。

投資的閱讀類資源

我將在本節列出一些補充書籍，為各位提供另類的市場相關訊息，藉此協助你分散投資組合。你可以到當地書店、圖書館或最喜歡的線上書店，了解這些有用的書。

《Invest Diva's Guide to Making Money in Forex》

外匯市場是我的第一個投資對象。只透過一次交易，我就賺了我一生中單一個月內所賺到最多的錢，而且那甚至是我對市場如何運作都還一無所知的時候。看起來我當然很幸運，但再更深入參與外匯行業後，我開始明瞭任何投資者都可以用這些方法，增加對自己有利的獲勝機率。

請各位記住，外匯市場可能是你所能遇到風險最高的市場之一。這就是為什麼在加入外匯市場之前，事先「自我教育」如此重要的原因（外匯市場的介紹在第 15 章）。在我的《Invest Diva's Guide to Making Money in Forex》（暫譯：投資女王的外匯賺錢指南）一書中，我會逐步引導初學者成為優秀外匯交易者的必要步驟。

《連股市小白都懂的股票投資》

股票投資是目前最流行的投資方法之一，因此已經有許多可用於投資組合中的既定策略。就個人而言，我把至少 50% 的投資組合分配給股票（與加密貨幣市場相關的股票討論在第 13 章）。

保羅·姆拉傑諾維奇在《連股市小白都懂的股票投資》（Stock Investing For Dummies，Wiley 出版）一書中，描述了選擇、投資和從股票市場中獲利的過程。他也指出投資人應該遠離什麼，何時應該停損，以及成為一名成功的股票投資者，應該具備的風險管理基礎。本書中的策略同時適合新手和高階投資者。

你可以在保羅·姆拉傑諾維奇的網站 Raving Capitalist 上找到這本書（中譯本即為標題的《連股市小白都懂的股票投資》）。

《股票投資心理分析》

各位應該可以看出，在你正閱讀的這本書裡，我經常會談論市場心理和市場情緒的說法。如果你有興趣了解更多驅動市場漲跌的因素，以克服影響決策時的情緒和心理障礙，我建議各位閱讀馬丁 J· 普林（Martin J. Pring）的這本投資《股票投資心理分析》（Investment Psychology Explained，Wiley 出版，中譯本即為標題的《股票投資心理分析》）。本書介紹的一些經典交易原則，在加密市場交易活動變得更加熱絡以後，一定也會適用於加密貨幣市場。

《Ichimoku Secrets》

我的書《Ichimoku Secrets》（CreateSpace Independent 出版平台，暫譯：一目均衡表的祕密），是一本使用了第 20 章介紹的技術指標，所引申出來的「速度與激情」投資版本。我的目標是讓這個複雜的話題變得超級簡單，讓你在幾個小時內看完這本書後，就準備好結合使用「一目均衡表＋費布那西回調線」，創建適合自己風險承受能力的投資策略。

TIP

你可以在我的投資女王網站買到這本電子書，網址是：https://learn.investdiva.com/ichimoku-secrets-trading-strategy-ebook

關於作者

琪亞娜 · 丹尼爾（Kiana Danial）是一位屢獲殊榮的國際知名個人投資暨財富管理專家，也是受到高度推崇的專業演講者、作家和「高階主管教練」（Executive Coaching），並為許多公司、大學和投資集團提供工作坊與研討會等活動。她常以專家身分出現在許多電視台和廣播電台節目上，也曾出現在紐約證券交易所、那斯達克股票交易所的相關報導中。琪亞娜曾經上過華爾街日報、時代雜誌、富比士雜誌、TheStreet.com 財經網站，以及許多其他出版物，還有 CNN 的報導。她得過許多獎項，包括 2014 年上海外匯博覽會最佳金融教育提供者、2016 年紐約商業女性影響力獎、2018 年財富與金融國際年度個人投資專家獎等。

她在伊朗出生和長大，屬於少數派的宗教群體。後來獲得日本政府的獎學金，前往日本學習電機工程，並取得相關領域的兩個學位，還在日語授課的課程環境中，進行量子物理學方面的研究。身為班上唯一的女性和外國人，琪亞娜決心將自己的一生奉獻給少數族群，尤其是成為這個由男性主導的金融行業中的少數女性之一。

致獻

獻給我可愛的女兒潔絲敏（Jasmine），她在我開始寫這本書的時候出生，成為我順利完成此書的最佳獎勵。

獻給我最棒的丈夫麥特，他無條件的全力支持我。

致謝

我要感謝許多人為本書順利出版所提供的幫助。特別感謝「小白系列」叢書的資深作者保羅·姆拉傑諾維奇，他無私地把這個題目交給我、信任我，讓他的支持和善意充滿在這本書中。我還要感謝密雪兒·黑克（Michelle Hacker）帶領大家完成這本書。感謝喬其特·比蒂（Georgette Beatty）和梅根·諾爾（Megan Knoll）的細心編輯、提出意見和各種建議。感謝卡菈·珂帕（Kara Coppa）維持了本書的準確性。最後且相當重要的是要感謝崔西·博吉（Tracy Boggier）和雪莉·拜考夫斯基（Sheree Bykofsky）讓這本書的企劃通過，並支持我創造出一本很棒的投資指南。

第一次投資加密貨幣就上手

作　　者：Kiana Danial
譯　　者：吳國慶
企劃編輯：蔡彤孟
文字編輯：詹祐甯
設計裝幀：張寶莉
發 行 人：廖文良

發 行 所：碁峰資訊股份有限公司
地　　址：台北市南港區三重路 66 號 7 樓之 6
電　　話：(02)2788-2408
傳　　真：(02)8192-4433
網　　站：www.gotop.com.tw
書　　號：ACD022600
版　　次：2023 年 04 月初版
建議售價：NT$520

國家圖書館出版品預行編目資料

第一次投資加密貨幣就上手 / Kiana Danial 原著；吳國慶譯. --
初版. -- 臺北市：碁峰資訊, 2023.04
　　面 ；　公分
譯自：Cryptocurrency Investing For Dummies
ISBN 978-626-324-441-2(平裝)
1.CST：電子貨幣　2.CST：投資
563.146　　　　　　　　　　　　　　　112002407

讀者服務

● 感謝您購買碁峰圖書，如果您對本書的內容或表達上有不清楚的地方或其他建議，請至碁峰網站：「聯絡我們」\「圖書問題」留下您所購買之書籍及問題。(請註明購買書籍之書號及書名，以及問題頁數，以便能儘快為您處理)
http://www.gotop.com.tw

● 售後服務僅限書籍本身內容，若是軟、硬體問題，請您直接與軟體廠商聯絡。

● 若於購買書籍後發現有破損、缺頁、裝訂錯誤之問題，請直接將書寄回更換，並註明您的姓名、連絡電話及地址，將有專人與您連絡補寄商品。